JN057992

21世紀の
旅客航空
運輸産業

長谷川裕一（元国土審議会特別委員）監修

西嶋啓一郎 著

セルバ出版

巻　頭　言

　１年半以上に渡る新型コロナとその変異株の拡大により、度重なる非常事態宣言が出され、日本国民の生活および企業活動に多大な影響を及ぼしています。この度のパンデミック・コロナ禍は、日本の先人たちが生命を懸けて築いてくださった「平和」と「繁栄」の成果を「当たり前だ」と思ってしまっている平和ボケの子孫、つまり今の私たちへ「無常」という現実を突きつけた神仏からの啓示だと、私は受け止めています。

　そうは言いながらも、現実は言葉に尽くせぬ国難にあります。わが国の国民は、太古の昔から手を取り合って輪になる。輪になって話し合う。全員が賛成するまで話し合う。強い者は弱い者を助け、弱い者は強い者を支える。そうした文化・国民性を持ち合わせています。第二次世界大戦後も、東北大震災や熊本地震等の天変地異の大災害に遭ったときも、国民が皆凛とした姿勢を持ち、その都度、焦土から這い上がってきました。

　西嶋啓一郎先生が執筆された本書は、コロナ禍により大打撃を受けている旅客航空運輸産業に焦点を当てられ、人が空を飛ぶ夢の時代から現代の空港民営化まで、猛烈なスピードで発展してきた歴史・流れをきちんと整理されたことで、アフターコロナの新しい時代の旅客航空運輸産業の未来・ビジョンへと導く素晴らしい著書であります。

　本書を熟読し、今こそ日本人としての「誇り」や「品性」をもって、感染を食い止め、愛する家族、愛する仲間、愛する国家のために、皆が長期的な視点に立って力を合わせれば、きっと今の航空運輸産業の危機からは立ち直

ることができると改めて感じました。私が感動した本書が、広く多くの方々に読まれることを期待しています。

　2021年　晩秋

元国土審議会特別委員

お仏壇のはせがわ相談役

長谷川　裕一

発刊にあたって

　2021年5月11日（木）から福岡のローカルネットニュースに、「2050年代を見据えた福岡のグランドデザイン構想」と題し、全62回にわたって「新福岡空港構想」を中心とした、「現空港跡地活用構想」、「都市高速第2環状線構想」、「地下鉄ネットワーク構想」などの福岡における交通インフラ系整備構想を提言させていただきました。全部で約30万回のアクセスがあったと聞いてその反響に驚いています。

　「2050年代」という今から約30年後の世界は、人によっては遠い先のように感じますが、ライト兄弟が世界初飛行に成功したのが1903年ですから、飛行機の歴史はたったの118年しか経っていません。あっという間の時間だと思います。「2050年代」には、いろいろな技術開発や環境問題の解決などによって、ますます豊かな世界が広がっていることでしょう。

　現在、福岡の都心部は、「天神ビッグバン」や「博多コネクティッド」という国家戦略特区の活用によって、街並みが大きく変わってきています。時代の流れに沿って変化していくことはとても大事なことではありますが、一方で20世紀を代表する建造物が50年前後で取り壊されていくことに、昭和・平成という自分たちが生きてきた時代が消えていってしまうような寂しさを感じます。

　そうした足元の開発が、行き当たりばったりの都市づくりにならないように、今私たちは、政界・行政・経済界・市民団体が一緒になって、30年後、50年後、さらには100年後、200年後の子孫のために『自分が住む街のグ

ランドデザイン』をそれぞれ描く必要があるのではないかと思っています。

　西嶋啓一郎先生が執筆された本書は、「飛行機開発の歴史」から「航空運輸産業発展の歴史」、「東アジアの主要国際空港の分析」、そして「日本の空港民営化の事例分析」と非常にわかりやすく体系的にまとめられています。

　「都市計画」や「まちづくり」において交通インフラ整備が重要であることはいうまでもありませんが、こうした振返りの中で次の時代への新しいアイデアが出てくるものだと思います。

　今、私たちが勉強しなければならない航空・空港・運営について、この118年の歴史をまとめられた本書が、広く多くの方々に読まれることを期待します。

　2021年11月吉日

株式会社アクロテリオン代表取締役

下川　弘

21 世紀の旅客航空運輸産業

長谷川　裕一（元国土審議会特別委員）監修

西嶋　啓一郎　著

 中国南方航空 深圳航空  中国東方航空 中国国際航空

 四川航空 厦門航空  山東航空 北京首都航空

 中国西部航空  天津航空 春秋航空 吉祥航空

　国際連合の専門機関である世界保健機関（WHO ＝ World Health Organization）は、2020 年 2 月 11 日に新型コロナウイルス感染症の正式名称を「COVID-19」とすると発表した。COVID-19 の「CO」は「corona」、「VI」は「virus」、「D」は「disease」の意味となる。ウイルス名については、国際ウイルス分類委員会（ICTV ＝ International Committee on Taxonomy of Viruses）が同年 2 月 7 日までに SARS（重症急性呼吸器症候群）を引き起こすウイルス（SARS-CoV）の姉妹種であるとして、「SARS-CoV-2」と名付けていた。SARS-CoV-2 は、2019 年末頃から中国の武漢市を中心に出現し、世界中で患者数が増加していったと考えられている。

　アメリカの Johns Hopkins 大学の CSSE（Center for Systems Science and Engineering）は、WHO、アメリカの疾病予防管理センター（CDC ＝ Centers for Disease Control and Prevention）、中国の国家衛生健康委員会や健康管理専門家向けの SNS などから情報を収集し、COVID-19 の広がりを追跡するためのオンラインダッシュボードを公開している。2021 年 4 月 19 日 10 時 00 分に更新された COVID-19 の世界の発生状況についての Johns Hopkins CSSE によれば、新規感染者数 809,004 人、累計感染者数 140,322,903 人であり、このパンデミック（感染症の大流行）は、現代の誰もが経験したことのない事象であった。

　SARS-CoV-2 の感染拡大は、旅客航空運輸産業に大きな影響を及ぼした。感染症対策による移動制限等のために、世界中の定期航路の運航が大幅に減少した。国際航空運送協会（IATA ＝ International Air Transport Association）は、2020 年 4 月 14 日に、その年の 1 年間における世界の航空会社の旅客収益が 3140 億ドル（約 33 兆 7000 億円）減少し、前年比 55% 減となる試算を発表した。

　こうした状況の中、オーストラリア第 2 位の航空会社であるヴァージン・オーストラリアが、2020 年 4 月 21 日に任意管理手続（日本の民事再生法に相当）に入ったことを発表し、事実上、経営破綻した。LCC などとの競争激化により業績不振に陥っていた同社に、COVID-19 パンデミックによる需

要急減が追い討ちをかけたことになった。中小規模の航空会社では、2020年3月にイギリスの地域航空会社のフライビーが経営破綻していたが、航空大手の破綻はヴァージン・オーストラリアが初めてとなった。

　アメリカでも航空各社の経営は厳しい状況におかれていた。航空大手のユナイテッド航空は、2020年の1～3月期の税引前の純損益が21億ドル（約2300億円）の赤字になる見通しであることを米証券取引委員会（SEC＝Securities and Exchange Commission)に提出した。このため米財務省(USDT＝United States Department of the Treasury）は、2020年4月14日に、COVID-19パンデミックで打撃を受けたアメリカン航空、デルタ航空、ユナイテッド航空を含む大手航空会社10社に対して、総額250億ドル（約2.7兆円）の支援を行っている。

　世界的な旅客需要の大幅減は、日本の航空業界にも打撃を与えた。入国制限や国内移動の自粛で、国内の旅客需要が大幅に落ち込んだ。このためスカイマークは、2020年4月15日に、東京証券取引所への上場申請を取り下げることを決定した。全日空を傘下に持つANAホールディングスは、同年4月20日に2020年1～3月期の連結最終損益が594億円の赤字となる見込みであることを発表した。同社は、日本政策投資銀行を通じて「危機対応融資」を活用し、3000億円規模の資金調達を行っている。

　ヨーロッパでは、フランス、ドイツ、イタリア、スペイン、ベルギー、イギリスなどEU経済を牽引する国においても、COVID-19の被害が深刻であった。フランスでは、2020年4月からの厳しい罰則付の外出禁止（ロックダウン、都市封鎖）が2か月間を超え、感染者数の減少傾向から制限緩和が行われ、経済活動が緩やかに回復し始めたかに見えた。しかし、感染者数は再び増加に転じ、6月には死者数が3万人を超えた。フランスに限らず世界の各国においても、ロックダウンや緊急事態宣言などの発令によって、人々の移動を制限する対策が取られた。そしてフランスと同様に、制限が維持されている間は感染者数の減少がみられたが、制限を緩めた途端に第2波、第3波のリバウンドが発生するという、収束がみられない状況が続いた。

　こうした状況の中で、多くの航空会社では、COVID-19への対策をサービスに取り入れている。アラブ首長国連邦(UAE)の大手航空会社エミレーツは、

新型コロナウイルスへの対策として、2020年4月15日から、航空会社として世界初のポリメラーゼ連鎖反応（PCR＝Polymerase Chain Reaction）検査を実施した。ドバイ保健局と連携して、チェックインエリアで血液を採取し、10分以内に結果が判明するキットを活用したサービスを行った。日本航空も2021年3月15日から、航空便利用客に対して、通常5,000円以上かかる自宅でできるPCR検査を、特別価格（税込2,000円）での提供を行っている。

　カナダ政府は、2020年4月17日から、航空機を利用する乗客に対し、非医療用のマスクもしくは口と鼻を覆うことができるフェイスカバーの携帯が義務付けられたことを公表して、20日の搭乗から実施された。この場合、マスクをしない人の搭乗を拒否することも周知された。

　日本では、2020年9月、LCCのピーチアビエーションの機内において、マスクの着用要請を拒んだ乗客がいたため、目的地に向かう途中の空港に緊急着陸した。マスク着用拒否した乗客はそこで強制的に退機させられた。航空会社では、他の交通機関に比べ、より厳しいマスク着用ルールが適用されるため、そのことが利用者の安心安全につながっている。

　また、ほとんどの航空機内では、機内を循環する空気は高性能空気フィルターを通ることになっている。飛行中の機内の空気は概ね2分〜3分で入れ替わるため、機内では常時清潔な空気環境が保たれることになる。このため航空機での移動は、安全性が高いサービスが提供されていることを航空会社は強調している。

　航空会社におけるこのような感染症対策は、旅客航空運輸にとって新しいサービス基準となるもので、COVID-19パンデミックが収束しても、安心安全を提供するサービスとしてさらに改善が続くものと考えられる。また、COVID-19パンデミックによる安全対策は航空会社のサービスだけではない。航空機が発着する空港における安全管理体制にも新しいサービスが必要になっている。

　COVID-19パンデミックの影響による乗客数の減少は、多くの航空会社の経営に打撃を与えることとなり、2020年から2021年にかけて、フラッグキャリアを含む多くの航空会社が経営破綻ないしは運航停止の状況に陥っ

た。旅客航空運輸産業は、COVID-19 パンデミックの最も影響をうけた産業であるとも考えられる。

　しかし、この未曾有の危機により旅客航空運輸産業に新しい経営戦略が生まれたことも確かである。COVID-19 パンデミックの影響により、社会全体において新しいタイプの生活スタイル（ニューライフイノベーション）が生まれようともしている。

　本書では、旅客航空運輸産業の発生から、第二次世界大戦後の成長、21 世紀の新たな展開を見ることで、COVID-19 パンデミック以後の旅客航空運輸産業のあり方について考えるものである。

2021 年 11 月

西嶋　啓一郎

序章　21 世紀の旅客航空運輸産業

第 1 編　人が空を飛ぶ夢

第 1 章　乗り物による人類の進歩

第 2 章　航空運輸産業の新たなる展開

第 3 編　空港

第 1 章　国際拠点空港を目指す東アジアの主要国際空港

第2章　日本における空港民営化―福岡空港民営化を例として

あとがき

序章

21 世紀の
旅客航空運輸産業

概要

　21世紀の旅客航空運輸産業は、新たな変化の局面にあるといえる。日本では、時速500km／hを超える磁気浮上式高速新幹線が既に着工され、2037年には東京〜大阪を最速67分で結ぶ計画である。アクセスとカーボンニュートラルに優れる新幹線が、地上間での移動において、飛行機に取って代わる可能性は大きい。また、2020年に世界中で発生したCOVID-19パンデミックにより、フラッグキャリアを含む多くの航空会社が経営破綻の危機に遭遇した。

　本章では、現在の世界を取り巻く状況として、グローバリゼーションの伸展、COVID-19パンデミックによる都市封鎖、温暖化がもたらす気候変動などの地球環境問題への対応という視点で、21世紀における旅客航空運輸産業の新たな取組課題を見ていく。

1　はじめに

　1970年代に始まるアメリカのディレギュレーションによる航空運輸産業の規制緩和と、1989年の東欧革命に続く1991年のソ連崩壊による冷戦終結がもたらした世界経済のグローバル化は、情報通信技術の飛躍的な発展、および旅客航空運輸産業における業態転換と新たな企業連携をもたらした。

　旅客航空運輸産業についていえば、1978年のアメリカモデル航空協定の発効によって、サウスウェスト航空のビジネスモデルが確立されたことや、少し遅れて始まった市場経済のグローバル化、ボーダーレス化に対応するために、航空会社間の戦略的な提携として生み出されたグローバル・アライアンスを示すことになる。

　また、旅客航空運輸産業を取り巻く状況として、機材を運行させるための燃料にも、社会の関心が高まっている。それは、SDGsアジェンダ2030が示すとおり、現在の世界が直面する環境問題が、特定の国や地域では対処できないほどの広がりをみせているからである。特に、近年のスーパータイフーンなどの異常気象は、開発途上国において甚大な被害をもたらしている。このため、地球温暖化抑制のために様々な国際協調の協議が行われている。そ

のため、旅客航空運輸産業においても、航空燃料使用における CO_2 排出削減に対して人々の関心が集まっている。

　そして、2019 年 12 月に発生した COVID-19 は、2020 年にパンデミックとなり、世界的な都市封鎖を引き起こした。このため、人の移動は制限され、旅客航空運輸産業にとっては、かつてないほどの厳しい経営状況に追い込まれている。

　本書は、21 世紀の旅客航空運輸産業のこれからのあり方について、旅客航空運輸産業の成立の経緯から発展、新しい仕組みづくりを見ていくが、本章では、そのプロローグとして、現在の旅客航空運輸産業を取り巻く状況を概観する。

2　グローバル化と旅客航空運輸

グローバリゼーション

　21 世紀は、グローバリゼーションの時代だといえる。グローバリゼーションとは、社会的あるいは経済的な関連が、旧来の国家や地域などの境界を越えて、地球規模に拡大して様々な変化を引き起こす現象である。そのためグローバリゼーションという言葉は、様々な社会的、文化的、経済的活動において用いられている。ここでは、様々な分野でグローバリゼーションが広がっている背景として、「国際関係の変化」と「技術の進歩」について見ていく。

国際関係の変化を背景としたグローバル化

　世界史的に見れば、グローバリゼーションは、大航海時代に起源を発する。大航海時代により、ヨーロッパ諸国が植民地を世界各地につくり始め、これによりヨーロッパの政治体制や経済体制のグローバリゼーションが始まり、物流のグローバリゼーションが起こった。

　現代のグローバリゼーションは、1970 年代から国際決済が急速にオンライン・グローバル化したことで、「グローバリゼーション」という語が使われるようになった。第二次世界大戦後の東西冷戦という政治体制において、アメリカを盟主とする西側諸国で多国籍企業が急成長し、資本主義のもとで

規制緩和や自由競争が推し進められた。これにより、人・物・金といった三大要素が国や地域を越えて自由に、盛んに行き来するようになった。これが現代のグローバル化を拡大するきっかけになったといえる。

そして、1990年には、「ボーダーレス（無境界）」という語で、「国境を越えて揺さぶる力が物を言う」という論調で東欧革命後の世界が語られた。きっかけは「ベルリンの壁崩壊」である。1989年11月9日に、それまで東ドイツ市民の大量出国の事態にさらされていた東ドイツ政府が、その対応策として、旅行および国外移住の大幅な規制緩和の政令を「事実上の旅行自由化」と受け取れる表現で発表したことで、その日の夜にベルリンの壁にベルリン市民が殺到し、混乱の中で国境検問所が開放され、翌日1989年11月10日にベルリンの壁の撤去が始まった。原田は、「グローバル化の進展が喧伝されたのは、1991年のソ連崩壊がきっかけである」と指摘している[1]。

冷戦が終結して対抗するイデオロギーが存在しなくなったことから、世界的に民主化を求める動きが非常に強くなった。また、これまで国際政治の主役だった国家のほかにも様々な組織が台頭した。具体的には、世界貿易機関[2]（WTO）、世界知的所有権機関[3]（WIPO）、国際通貨基金[4]（IMF）などの国際機関の役割が増大し、国民国家の枠組みにとらわれない非政府組織[5]（NGO）などの組織が拡大した。

国際的な金融危機や環境問題は、一国だけで解決できるような問題ではないことは、今日明らかであろう。したがって、このような国民国家の枠組みにとらわれない国際機関加盟国のすべてが協力し、世界規模の問題に取り組んでいくことで、解決に向かう方向性が生まれる。グローバル化は、国際問題への関心を高めるとともに、協力を促す効果もあるといえる。

技術の進歩を背景としたグローバル化

現代のグローバリゼーションは、世界各国間の情報交流を増大し続けたが、1990年代後半以降のインターネットの成立と普及は、情報の交流を爆発的に増大させた。そして21世紀になると、情報通信技術[6]（ICT）が日進月歩的に発展したことから、輸送と通信にかかるコストが劇的に低下し、インターネットを活用した情報交換ではほとんどコストをかけずに、国や地域をまた

ぐことに成功した。こうした情報革命は、金融の流れを加速するとともに、国や地域を越えたビジネスをより容易にしたことで、グローバル化の機運が一気に上昇した。

ICTには世代交代がある。日本では第1世代（1G）は、携帯電話登場時期の1985〜1990年代に使用された通信システムであった。音声以外のデータのやり取りも可能だが、アナログ方式であったために1999年にサービスが終了した。1993年に始まった2Gは、電話だけでなくメールなどのデータ通信もできるようになった。3Gは、アップル社のiPhoneが初めて登場した時代に使われた移動通信システムで、日本国内でのサービス開始は2001年であった。4Gが日本国内でサービス開始となったのは2015年であった。3Gと4Gの大きな違いとしては、通信速度が挙げられる。

そして2018年以降、日本を含めた世界各国では、5Gに移ろうとしている。これは、人工知能[7]（AI）とモノのインターネット[8]（IoT）の導入が急速に進められているためである。AIはデータを分析するのに対して、IoTはデータを取得する。この関係性は密接で、双方が機能すると膨大なデータを有効活用できる。AIと絡めたIoTは、旅客航空運輸産業においても様々な利用方法が検討されている。

したがって、グローバリゼーションとは、技術の革新によって従来の国や地域といった物理的な垣根を越え、政治・文化・経済などが世界規模で拡大

【図表1　アメリカ・ジョンズ・ホプキンス大学によるCOVID-19ダッシュボード】
（2021年3月17日）

出典：ジョンズ・ホプキンス大学「COVID-19 Dashboard」を基に著者作成。
https://coronavirus.jhu.edu/map.html（2021年3月17日閲覧）

していくことだと考えられる。

3　COVID-19 パンデミックと旅客航空運輸

COVID-19 パンデミックによる規制拡大

　新型コロナウイルス感染症は、新型コロナウイルスである「SARS-CoV2」による感染症のことである。世界保健機関[9]（WHO）は、このウイルスによる感染症のことを「COVID-19」と名づけた。

　COVID-19 は、2019 年 12 月以降、中国湖北省武漢市を中心に発生し、アメリカやブラジルなどの南米諸国、スペイン、イタリアなどのヨーロッパ地域でも爆発的な流行が生じ、感染者・死者ともに発祥地の中国を大きく上回り、短期間で全世界に広がった。

　アメリカのジョンズ・ホプキンス大学の集計によると、2021 年 3 月のCOVID-19 感染者は 1 億 2000 万人を超え、死者数は 260 万人を超えている。

　COVID-19 では感染の度合いに応じ、各国が外出禁止令などの措置を講じた。感染の再拡大に拍車がかかる欧州では、フランスが 2020 年 10 月 30日から全土を対象に外出制限を実施した。イギリスでは 11 月 5 日からイングランド全域で外出規制や店舗閉鎖などの措置を導入した。ベルギーでは11 月 2 日から全土で都市封鎖が行われた。同様に感染が拡大するアメリカでは、ミシガン州がレストラン屋内での飲食を禁止するなど、州ごとに規制の厳しさが異なった対処となった。

旅客航空運輸産業への影響

　都市封鎖は、人と人の接触を減らすのに有効な手段である一方、経済や雇用に甚大な影響を与える副作用もはらむものであった。特に旅客航空運輸は、COVID-19 により最も影響を受けた産業といえる。世界中の航空会社で運航が大幅に減少した。国際航空運送協会[10]（IATA）の報告書によると、2020 年 3 月の世界の旅客輸送容量[11]（RPK）は前年比 52.9% と大幅に減少し、乗客数（季節調整済）は 2006 年の水準に低下した。同協会は、2020年の世界の旅客収益の損失が、最大総額 1,130 億ドル（約 12 兆 1,741 億円）

規模に達すると見積った[12]。

　日本の旅客航空運輸産業に目を向けると、やはり COVID-19 パンデミックの大きな影響を受けている。2020 年の羽田空港の乗降客数が、国土交通省東京空港事務所から発表されたものを見ると、国内線は前年比 59％減の 2801 万 2983 人、国際線は同 83.1％減の 312 万 9093 人であった。国内線は、感染が拡大した 2020 年 4 月に前年と比べ 90％以上の減少となっていた。その後、一旦回復傾向がみられたものの感染の再拡大により、2020 年 12 月は 58.8％減に落ち込んだ。国際線は 2020 年 4 ～ 12 月はいずれも前年比 95％以上の減少となっている[13]。

　関西国際空港と伊丹空港（大阪国際空港）を運営する関西エアポートと、神戸空港を運営する関西エアポート神戸の 2021 年 1 月の利用実績においても、COVID-19 パンデミックの影響が大きく表れていた。関西国際空港の国際線と国内線を合わせた総旅客数は、前年同月比 95％減の 14 万 2307 人で、COVID-19 パンデミックによる出入国制限が影響し、限定的な旅客流動となっている。国際線の旅客数は 98.8％減の 2 万 3714 人で前年を下回った。このうち外国人旅客は 98.9％減の 1 万 5397 人となり、大きく前年を下った。日本人旅客は 98.6％減の 8257 人で前年を下回った。また、通過旅客は 99.8％減の 60 人だった。国内線の旅客数は 79％減の 11 万 8593 人で、関西 3 府県への緊急事態宣言の発令などにより、12 か月連続で前年を下回った。

　国際線と国内線の旅客と貨物便を合わせた総発着回数は 73％減の 4870 回で、12 か月連続で前年を下回った。国際線全体では、81％減の 2663 回で、12 か月連続で前年割れ。このうち旅客便は 96％減の 523 回で、12 か月連続で前年を下回った。一方で旅客便の運休により、貨物便の需要が大幅に増加。貨物便は 95％増の 2099 回となった。国内線は 46％減の 2207 回だった。

　伊丹空港の旅客数は、73％減の 35 万 3540 人だった。発着回数は 41％減の 6947 回で、貨物量は 74％減の 6297 トンだった。神戸空港の旅客数は 71％減の 8 万 361 人。発着回数は 30％減の 1950 回だった[14]。

　中部空港（セントレア）の 2021 年 1 月実績においても、COVID-19 パンデミックの影響が大きく表れていた。国際線と国内線を合わせた総旅客数は 13 万 797 人、前年同月比 88％減で前年同月を下回った。旅客数の内訳は、

25

国際線が 3400 人、前年同月比 99％減で前年同月を下回った。国内線は 12
万 7397 人、75％減で前年同月を下回った。国際線のうち日本人は 400 人で、
外国人は 99％減の 3000 人だった。

　総発着回数は 3887 回、前年同月比 62％減で、内訳は国際線が 537 回、
前年同月比 88％減、国内線は 3350 回、前年同月比 40％減だった。国際線
のうち旅客便は 96 回、前年同月比 98％減だった [15]。

2020 年以降に経営破綻あるいは運航停止した航空会社
　中国の海南航空（Hainan Airlines）を中核とする複合企業の海航集団（HNA
Group）が、COVID-19 パンデミックに伴う旅客の減少が追討ちとなり、経
営破綻した（図表 2 参照）。

【図表 2　　2020 年以降に経営破綻あるいは運航停止した航空会社】

航空会社名		IATA コード	本拠地	業態	設立	運航停止
フライビー	Flybe	BE	イギリス	RA	1979	2020年運航停止
ヴァージン・アトランティック航空	Virgin Atlantic Airways	VS		LCC	1984	2020年に破産手続を申請
ジャーマンウイングス	Germanwings	4U	ドイツ	LCC	2002	2020年運航終了を早める方針を明示
ゴールデンエア	Golden Air	DC	スウェーデン	RA	1976	2013年にブラーテンズリージョナルに名称変更
ノルウェー・エアシャトル	Norwegian Air Shuttle	DY	ノルウェー	LCC	1993	2020年経営破綻
エア・カナダ・ルージュ	rouge	RV	カナダ	LCC	2012	2021年COVID-19のため運航停止
アビアンカ航空	AVIANCA	AV	コロンビア	FSC	1919	2020年に破産手続を申請
ラタム航空	LATAM Airlines		チリ	FSC	2016	2020年に破産手続を申請
ヴァージン・オーストラリア	Virgin Australia	VA	オーストラリア	LCC	2001	2020年経営破綻し経営再建中
エアアジア・ジャパン	AirAsia Japan	DJ	日本	LCC	2014	2020年に破産手続を申請
イースター航空	Eastar Jet	ZE	韓国	LCC	2007	2021年1月に会社更生手続きを申請
タイ国際航空	Thai Airways	TG	タイ	FSC	1960	2020年経営破綻
ノックエア	Nok Air	DD		LCC	2004	2020年コロナ禍の影響で破産
ノックスクート	NokScoot	XW		LCC	2013	2020年事業清算
海南航空	Hainan Airlines	HU	中国	RA	1993	
雲南祥鵬航空	Lucky Air	8L		LCC	2004	海南航空の子会社
ウルムチ航空	Urumqi Air	UQ		LCC	2014	海南航空の子会社
中国西部航空	West Air	PN		LCC	2004	海南航空の子会社
FSC:Full Service Carrier、LCC:Low-cost carrier、RA：regional airline						

著者作成

　海南航空は、1993 年に海南省（Hainan）の省都、海口市（Haikou）～

北京間の就航から営業を開始した。その後、地方航空会社を次々と買収しながら路線を拡大し、中国国際航空（エアチャイナ）など中国三大大手に次ぐ業界第 4 位に発展した。2000 年には海航集団を設立し、不動産、金融サービス、観光、物流などを含む多数の業界に進出。買収した海外資産は 400 億ドル（約 4 兆 2,048 億円）に上り、ヒルトン・ワールドワイド（Hilton Worldwide）の株式 25％、ドイツ銀行（Deutsche Bank）の株式 10％を占める筆頭株主にもなったコングロマリットである。

　香港のキャセイパシフィック航空が発表した 2020 年通期決算は、216 億 5,000 万香港ドル（27 億 9,000 万ドル）の赤字で、過去最大の赤字を計上した。新型コロナウイルスの流行に伴う旅行需要の急減、リストラ費用、保有航空機の評価損計上が響いたことが伝えられた [16]。

　オーストラリアのカンタス航空は、2020 年 3 月下旬から国際線を運休している。国内線も、州の間の移動制限で回復が遅れた。2021 年 2 月に発表された上半期（7-12 月）決算では、売上高が前年比 75％減の 23 億 3,000 万豪ドル（19 億米ドル）となった [17]。

　COVID-19 パンデミックに伴う旅客の減少の影響を受け、会社更生手続中のタイ国際航空が発表した 2020 年 12 月期の連結決算は、最終損益が過去最悪となる 1,411 億バーツ（約 5,000 億円）の赤字だった。

　タイ国際航空の 2020 年 12 月期の売上高は、74％減の 483 億バーツだった。大幅な減便により旅客数が 76％減の 587 万人に落ち込んだ。旅客需要の早期回復が見込めないため、保有する航空機や部品について 827 億バーツの減損損失を計上したことによるものである [18]。

　図表 2 の 2020 年以降に経営破綻あるいは運航停止した航空会社は 18 社であるが、内訳はナショナルフラッグ（国を代表する航空会社）を含むフルサービスキャリア [19] が 3 社、格安航空会社 [20]（LCC）が 12 社、地域航空会社（RA ＝ regional carrier）が 3 社となっている。

4　地球環境問題と旅客航空運輸

　ジェット燃料からの大量の CO_2 排出は、航空会社が環境負荷を軽減でき

るかのカギを握っている。オックスフォード大の研究者らが運営するアワー・ワールド・イン・データ | アワー・ワールド・イン・データ[21]（OWID）によると、航空業界は、世界の CO_2 排出量の 2.5% を占めている[22]。

　航空機の燃費は着実に改善しているが、その効果は旅客の増加により相殺されるとみられている。一方、持続可能な新燃料[23]（SAF）を利用すれば、航空会社の CO_2 排出量は最大 80% 削減できるとの試算もあり、電動航空機による排出量削減の可能性はさらに高い。各社がカーボンニュートラル[24]を掲げる中、航空機の動力源は重要な検討事項になると考えられる。

　また、持続可能な燃料は高価という考えが一般であるが、バイオ燃料や CO_2 から生成する代替燃料は、当局が CO_2 排出規制を強化し炭素税を導入すれば、新燃料のコストは従来のジェット燃料と変わらなくなる可能性があるという考えもある。現時点では、飛行を大幅にクリーンにする電動航空機は、旅客機として実用可能な段階に達していない。もっとも、さらなる投資やバッテリー技術の進歩により台頭する可能性は高い。

　国際民間航空機関[25]（ICAO）は、国際航空にて 2021 年〜 2050 年まで年平均 2% の燃費効率を改善するグローバルな目標を達成するため、2010 年の総会で 2020 年以降は温室効果ガス（CO_2）の排出量を増加させない「CNG2020[26]」を採択した。そしてそのために ICAO は、次の目標達成の 4 つの手段（Basket of Measures）を提唱した。
・新技術の導入（新型機材等）
・運航方式の改善
・SAF の活用
・市場メカニズムの活用（排出権取引制度）

　また、2016 年 ICAO 総会では、2021 年以降は CO_2 排出量の増加を伴わないものとする「国際航空の成長スキーム[27]（CORSIA）」が採択された。

　また、IATA は、ICAO の取組みに対応し、次の 3 つの具体的な行動計画を策定した。
・2020 年カーボン負荷ゼロの成長
・2009 年から 2020 年まで、燃費効率、年 1.5% の向上
・2050 年までに 2005 年 CO2 排出量対比 50%

IATA の行動計画は、具体的な指標となる項目と達成目標と時期が明示されている。

日本では ANA グループが IATA の行動計画を基に、2050 年度に向けた環境目標の達成や CORSIA 対応など、CO_2 排出量削減の取組みとして、4 つの柱「オペレーション上の改善」「航空機の技術革新」「SAF 導入に向けた取組み」「排出権取引制度の活用」を推進している。

COVID-19 パンデミックによる景気後退への対策で、ICAO や IATA の行動計画は注目されている。

また、環境を重視した ESG 投資 [28] などを通して経済を浮上させるグリーンリカバリー [29] なども注目される。航空業界は大量の二酸化炭素（CO_2）を排出しており、旅客需要が回復に向かえば排出削減の取組みが一段と求められる。そのため、バイオ燃料や CO_2 からの燃料生成、電動航空機といった技術が注目されている。

アメリカでは、デルタ航空は CO_2 排出量を排出枠購入などで間接的に相殺する「カーボンオフセット」や、燃費性能の高い旅客機を増やすなどの CORSIA 対応に 10 億ドルを投じる方針を明らかにしている。ユナイテッド航空は、2018 年、50 年までに CO_2 排出量を実質ゼロにするカーボンニュートラルを宣言した。イギリスでは、ブリティッシュ・エアウェイズを傘下に抱えるインターナショナル・エアラインズ・グループ [30]（IAG）も間もなく同じ目標を掲げた。

航空機燃料については、ここ数年の燃費改善により飛行距離 1 マイル [31] 当りの CO_2 排出量は減ったが、従来のジェット燃料が深刻な大気汚染源である事実は変わらない。そこで各航空会社は、IATA の行動計画に従い温暖化ガス排出量を大幅に削減するために、持続可能なバイオ燃料や CO_2 回収、電動旅客機など一連の再生可能テクノロジーの導入を検討している。

もっとも、こうした新興テクノロジーや代替燃料は、コストが高く現時点では規制の壁に直面している。欧州エアバスのハイブリッド水素旅客機「ゼロイー（ZERO-e）」のように、実用可能な試作機の開発にはまだ何年もかかる技術もある [32]。このため、各社は将来を見据えた新技術への投資と、短期的な排出削減目標とのバランスをとる方法を見い出さなくてはならない。

【図表 3　ANA グループにおける CO2 排出量削減の取組み】

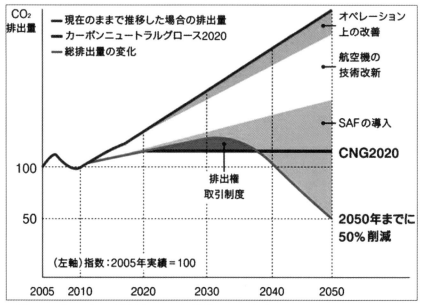

出典 :ANA グループ H.P.「環境をめぐる世界情勢」図より転載。
https://www.ana.co.jp/group/csr/environment/operating/　(2021 年 3 月 1 日閲覧)

　2021 年 10 月 31 日、英スコットランド・グラスゴーで国連気候変動枠組条約第 26 回締約国会議（COP26）が開催された。一方、イタリア・ローマで開催された主要 20 か国・地域首脳会議（G20 サミット）は、同日、最終日を迎え、気候変動を食い止めるため「意味のある効果的な行動」を約束したものの、具体的な方策は明示しなかった。

　COP26 には、2030 年までに CO_2 排出量をどのように削減して地球を救うのか、その方針を提示するために約 200 の国と地域の代表が集まった。人間が使用する化石燃料による温室効果ガスが原因で温暖化が進む中、科学者たちは、気候の大惨事を避けるために緊急の行動が必要だと警告している。

　開会式で、アロク・シャーマ COP26 議長は、「私たちが共有する惑星は、悪い方向へ向かって変化している。これは誰もが承知していることで、対策をとるには誰もが一致しなくてはならない」と述べた。

　COP26 は、もともと昨年開催の予定だったが、新型コロナウイルスの影

響で延期された。シャーマ議長は、「（延期された）この1年間、気候変動は休んでいたわけではない」と述べ、「必要な対策を直ちに編み出さなくてはならない。そのための作業はきょう始まる。成功するも失敗するも、私たちは全員一緒だ」と、国際社会の共同歩調の必要性を訴えた。

そして、その上でシャーマ議長は、「私たちは交渉を前進させ、かつてないほど野心的で行動を伴う10年間を開始させられるはずだ」と、COP26の進展に期待を示した。

イギリスのボリス・ジョンソン首相は、COP26開幕に先立ち、COP26が「世界の真実の瞬間」になると述べていた。

5　結び

21世紀に旅客航空運輸産業を取り巻く状況は大きく変化している。それは、グローバル化の伸展や中国の台頭およびインド太平洋地域の経済拡大、地球環境問題とSDGsアジェンダ2030の広がり、2019から2021年にかけて世界を襲ったCOVID-19パンデミックなどである。

COVID-19による旅客航空運輸産業への打撃は、過去のパンデミックや災害、9.11アメリカ同時多発テロ事件に代表されるテロなどより、はるかに打撃範囲が広く長期化するものとなった。

過剰なサービスの縮小は、ブランドのイメージダウンにつながり、運賃の値上げは利用客の減少の要因となる。

各国の政府の景気刺激策と連動しながら、消費を煽るといった巧妙な戦略が求められるが、この歴史上かつてない事件は、旅客航空運輸産業に新しいイノベーションを起こすきっかけとなることも予想される。

アメリカのディレギュレーションによる航空運輸産業の規制緩和によって、LCCやグローバル・アライアンスという旅客航空運輸産業のあらたな形態や連携が展開されているが、2020年にはCOVID-19パンデミックによりフラッグキャリアを含む多くの航空会社が経営破綻や運航停止に追い込まれた。

旅客航空運輸産業が2030年に向けてどのような経営戦略を打ち出していくか、本書のリサーチクエスチョンはこの問題を見ていくための道調べである。

【図表4　頭文字のリスト】

頭文字	正式名称	日本名
AI	Artificial Intelligence	人工知能
CNG2020	Carbon Neutral Growth 2020	2020 年以降総排出量を増加させない目標
CORSIA	Carbon Offsetting and Reduction Scheme for International Aviation	国際航空の成長スキーム
CSR	Corporate Social Responsibility	企業の社会的責任
ESG	Environment Society Governance	環境を重視した投資
IAG	International Airlines Group	インターナショナル・エアラインズ・グループ
IATA	International Air Transport Association	国際航空運送協会
ICAO	International Civil Aviation Organization	国際民間航空機関
ICT	Information and Communication Technology	情報通信技術
IMF	International Monetary Fund	世界通貨基金
IoT	Internet of Things	モノのインターネット
NGO	Non-Governmental Organizations	非政府組織
OWID	Our World in Data	アワー・ワールド・イン・データ
RPK	Revenue Passenger-Kilometers	旅客輸送容量
RSB	Roundtable on Sustainable Biomaterials	持続可能なバイオマテリアル円卓会議
SAF	Sustainable Aviation Fuel	代替航空燃料
SRI	Socially Responsible Investment	社会的責任投資
WHO	World Health Organization	世界保健機関
WTO	World Trade Organization	世界貿易機関

参考文献
・原田泰（2009）「新社会人に効く日本経済入門」毎日新聞社、毎日ビジネスブックス、p 30
・ANA グループ H.P.「環境をめぐる世界情、https://www.ana.co.jp/group/csr/environment/operating/

引用
1　原田泰（2009）「新社会人に効く日本経済入門」毎日新聞社、毎日ビジネスブックス、p 30
2　世界貿易機関（WTO＝World Trade Organization）は、1995 年に設立された国家間のグローバルな貿易の規則を取り上げる唯一の国際機関である。
3　世界知的所有権機関（WIPO＝World Intellectual Property Organization）は、1970 年に設立された全世界的な知的財産権の保護を促進することを目的とする国際連合の専門機関である。
4　国際通貨基金（IMF＝International Monetary Fund）は、1945 年に活動を開始した国際金融、並びに、為替相場の安定化を目的として設立された国際連合の専門機関で

ある。

5　非政府組織（NGO＝Non-Governmental Organizations）は、民間人や民間団体のつくる機構・組織で、赤十字社連盟、国際商工会議所（ICC）、世界労連（WFTU）、国際自由労連（ICFTU）、YMCA、YWCA などがある。

6　情報通信技術（ICT＝information and communications technology）は、通信とコンピューター、そして主要な企業アプリケーション、ミドルウェア、ストレージ、視聴覚システムなどを統合し、ユーザが情報をアクセス、保存、送信、操作できるようにする技術である。

7　人工知能（AI＝Artificial Intelligence）は、人間の知的ふるまいの一部をソフトウェアを用いて人工的に再現したもので、経験から学び、新たな入力に順応することで、人間が行うように柔軟にタスクを実行するものである。

8　モノのインターネット（IoT＝Internet of Things）は、パソコンやスマートフォンのように、さまざまなモノが、インターネットにつながる技術をいう。

9　世界保健機関（WHO＝World Health Organization）は、国際連合機関の一であり、人間の健康を基本的人権の一つと捉え、その達成を目的として、1949 年に設立された機関である。スイスのジュネーブに本部がある

10　国際航空運送協会（IATA＝International Air Transport Association）は、1945 年 4 月にキューバ・ハバナにて設立された。設立時は 31 か国・57 社の航空会社で構成さたが、現在では 120 ヶ国以上の航空会社が加盟し、世界の定期運航のうち約 83％を IATA 加盟の航空会社が占めている。IATA は航空会社の活動を支援し、業界の方針や統一基準制定に寄与している。本社としての登記はカナダ・モントリオールで、本社機構はスイス・ジュネーブに置いている。

11　旅客輸送容量（RPK＝Revenue Passenger-Kilometers）は、各有償旅客が搭乗し飛行した距離の合計。有償旅客数 × 輸送距離（キロ）。

12　THE OWNER、「コロナパニックで航空会社は破綻の危機？　推定減収『12 兆円以上』の打撃」（2020 年 5 月 24 日）、https://the-owner.jp/archives/3063（2021 年 3 月 1 日閲覧）

13　読売新聞オンライン「国土交通省東京空港事務所 2021 年 2 月 24 日発表」（2021 年 2 月 24 日）https://www.yomiuri.co.jp/national/20210224-OYT1T50213/（2021 年 3 月 1 日閲覧）

14　関西エアポート PRESS RELEASE（2021 年 2 月 25 日）「関西国際空港・大阪国際空港・神戸空港 2021 年 1 月利用状況」、http://www.kansaiairports.co.jp/news/2020/2932/J_TrafficReport_january2021.pdf　（2021 年 3 月 1 日閲覧）

15　PRTIMES（2021 年 2 月 25 日）「中部国際空港 2021 年 1 月の空港運用実績を発表」、https://prtimes.jp/main/html/rd/p/000000307.000024522.html（2021 年 3 月 1 日閲覧）

16　REUTERS（2021 年 3 月 10 日）「香港キャセイ航空、通期決算は過去最大の赤字」、https://www.reuters.com/article/instant-article/idJPL4N2L81CK（2021 年 3 月 1 日閲覧）

17　REUTERS（2021 年 2 月 25 日）「豪カンタス航空、国際線再開時期は 10 月末に後ずれ」、https://jp.reuters.com/article/qantas-results-idJPKBN2AP0E1（2021 年 3 月 1 日閲覧）

18　日本経済新聞電子版（2021 年 2 月 25 日）「タイ航空、前期末の債務超過 4500 億円　機材を減損」、https://www.nikkei.com/article/DGXZQOGS252TK0V20C21A2000000/（2021 年 3 月 1 日閲覧）

19　フルサービスキャリア（FSC＝Full Service Carrier）は、従来型の旅客サービスを提供している航空会社のことで、基本的には、複数の座席クラス（ファースト・ビジネス・エコノミーなど）を提供し、機内食や飲料も予め運賃に含めて提供する等の共通点がある。他にレガシーキャリア（LC＝Legacy Carrier）とも呼ばれる。

20　格安航空会社・ローコストキャリア（LCC＝Low Cost Carrier）

21　アワー・ワールド・イン・データ（OWID＝Our World in Data）は、、貧困、病気、飢餓、気候変動、戦争、実存的リスク、不平等などの大きな地球規模の問題に焦点を当てた科学的なオンライン出版物で、研究チームはオックスフォード大学を拠点としている。

22　日本経済新聞電子版（2021年3月1日）「航空のグリーンリカバリー支える新技術」、https://www.nikkei.com/article/DGXZQODZ231440T20C21A2000000/（2021年3月1日閲覧）

23　持続可能な航空燃料（SAF＝Sustainable Aviation Fuel）は、ジェット機で使用される高度な航空バイオ燃料種別の名称であり、持続可能なバイオマテリアル円卓会議（RSB＝Roundtable on Sustainable Biomaterials）などの信頼できる独立した第三者によって持続可能なものとして認定される。この認証は、世界標準化団である ASTM インターナショナルによって発行された安全および性能認証に追加され、定期旅客便での使用が承認されるためには、すべてのジェット燃料が要件を満たす必要がある。

24　カーボンニュートラル（carbon neutral）は、何かを生産することや、一連の人為的活動を行った際に、排出される二酸化炭素と吸収される二酸化炭素が同じ量であるという概念。

25　国際民間航空機関（ICAO＝International Civil Aviation Organization）は、1946年4月4日設立。シカゴ条約に基づき、国際民間航空に関する原則と技術を開発・制定し、その健全な発達を目的としている。

26　CNG2020（Carbon Neutral Growth 2020）は、2020年以降総排出量を増加させない目標である。

27　国際航空の成長スキーム（CORSIA＝Carbon Offsetting and Reduction Scheme for International Aviation）

28　ESG投資とは、企業活動における環境（Environment）、社会問題（Society）、企業統治（Governance）を重視する投資手法で、環境問題への取り組みや、株主、顧客、従業員、地域社会など、利害関係者に対し、いかに企業の社会的責任（CSR）を果たしているかをチェックして投資を行うことである。一般的にこのような投資は社会的責任投資（SRI）と呼ばれる。

29　グリーンリカバリー（Green Recovery）は、新型コロナウイルス感染症の流行で冷え切った世界経済の再起を図るのに際し、脱炭素社会など環境問題への取り組みも合わせて行おうとするアフターコロナの政策の一つで、もともと環境意識が高かったヨーロッパを中心に提唱され、世界恐慌からの回復を画したニューディール政策になぞらえ「グリーンニューディール」と形容されることもある。

30　インターナショナル・エアラインズ・グループ（IAG＝International Airlines Group）は、スペインのマドリードに登録事務所およびイギリスのロンドンに事業本部を置く多国籍航空持株会社で、イベリア航空、エアリンガス、ブエリング航空、ブリティッシュ・エアウェイズ、レベルの持株会社である。

31　1国際マイル＝1609.344m

32　欧州航空機大手のエアバスは、水素を燃料とした旅客機を2035年までに実用化させたいとしている。

第1編
人が空を飛ぶ夢

第1章
乗り物による人類の進歩

概要

　21世紀になり、人の移動のための手段である乗り物は、劇的な進化を遂げようとしている。人が空を飛ぶ夢も、空を超えて宇宙に行くこともSFの世界ではなくなろうとしている。空を飛んで遠くへ行くための乗り物といえば飛行機であるが、少し先の未来には、ロケットに乗るという選択肢も考えるようになるかもしれない。アメリカのベンチャー企業、スペースX社は、2022年以降にロケットを利用した旅客運輸産業を計画している。この計画では、現在飛行機で15時間ほどかかるニューヨーク～上海間を39分で結べるようになり、実現すれば10倍以上の時間短縮になる革命的な変化である。

　本章では、乗り物による人類の進歩を俯瞰することで、21世紀の旅客航空運輸産業の新たな方向性を見ていく。

1　はじめに

　人類は、「どこまでも速く、遠くに、可能な限り費用は低く」というように、電車や自動車などの「乗り物」を発展させてきた。現代では、自動車や鉄道、飛行機に船舶など、「乗り物」は人やモノの移動にとって欠かせないものになっている。

　現在、われわれは、日々の業務や暮らしにおいて、目的に応じて自動車や鉄道、飛行機に船舶など、多様な「乗り物」を組合わせて、世界のどこへでも素早く移動することができる。また、AI、IoTなどの新しい技術の進展は、

個々人の移動を最適化するために様々な移動手段を活用し、利用者の利便性を高めるものとして「サービスとしての移動（MaaS[33]）の開発が進められている。

Maas は、バス、電車、レンタカー、タクシー、レンタサイクル、飛行機などあらゆる交通手段が、ニーズに合わせてパッケージ化され、定額で提供されるというサービスになる。これにより、人は車を所有することから解放され、より多くの自由な時間を過ごせ、駐車場として使っていたスペースを別の用途に活用でき、環境汚染を減らし、不要な出張を減らし、通勤の質を向上させ、車の故障などのトラブルに悩まされることもなく、結果としてより自由な人生を楽しむことができるというコンセプトである。

現在、日本では、東京〜大阪間に、直線的なルートで最高設計速度 505 km/h の高速走行が可能な超電導磁気浮上式リニアモーターカー「超電導リニア」を採用する「中央新幹線」が計画されている。先行開業予定の東京（品川駅）〜名古屋駅間を最速で 40 分で結び、2037 年の全線開業では、東京〜大阪を最速 67 分で結ぶ計画である。

現在、東京〜大阪間のビジネス移動は、新幹線では「のぞみ」に乗車すれば約 2 時間半、「ひかり」で約 3 時間、「こだま」だと約 4 時間で、料金は乗車券と特急券の合計で 14,720 円（2021 年 2 月）である。一方、飛行機では、羽田〜大阪（伊丹）間のフライトの所要時間は約 1 時間 10 分（羽田〜関西国際空港も同程度）で、料金は割引で 10,000 円（JAL/ANA）ほどである。発着と到着の駅や空港へのアクセスの差はあるが、同区間のビジネス移動では飛行機での移動が新幹線を上回っている。

しかし、「中央新幹線」が開通すれば、料金設定の問題はあるが、東京〜大阪のビジネス移動は飛行機から新幹線へのシフトが予想される。これは、地球環境問題における化石燃料の使用削減において大きな意味を持つ。大量の化石燃料を消費する飛行機に比べ、電気をエネルギーとする新幹線の利用が地球環境問題においては優れているからである。この超高速新幹線が将来的に陸地内での移動手段として定着し、海を渡る飛行機との連携が実現すれば化石燃料削減に寄与できる。

21 世紀になり、「乗り物」による人類の進歩は、Maas や超電導リニアと

いう技術をみても、大きな期待を持つもではあるが、人は最初から「乗り物」を持っていたわけではない。「乗り物」が誕生するのは、人類の長い歴史の中でも比較的新しいことである。本章では、乗り物の歴史を紐解いて、人々の生活や社会がどのように発展してきたのかを振り返る。

2　自分の足での移動から乗り物を使った移動へ

　人の歴史は、移動の歴史と言っても過言ではない。自分の足で移動するほかなかった人は、やがて「乗り物」を手に入れ、どんどん遠くを目指した。現代では、陸、海、空、そして宇宙へと人類の活動は展開している。

【図表5　乗り物の歴史（石器時代・青銅器時代・鉄器時代）】

時代	乗り物	用途
紀元前10000以前	人の足	歩いて移動し物を運ぶ。
紀元前10000頃	筏・丸太	荷物を載せて水上を移動。
紀元前7000頃	丸木舟（カヌー）	
紀元前5000頃	そり	動物に荷物を運ばせる。
紀元前3500頃	車輪付き車	
紀元前3000頃	馬	乗馬による交通が発展。
	帆走船	風力の利用により川上へも航行。
紀元前1000頃	交易船	さらに大きく、遠くまで航行可能。

出典：科学技術振興機構（2018）「乗りものの歴史」Science Portal、https://scienceportal.jst.go.jp/gateway/sciencewindow/20180731 w01/ を基に著者作成。

　図表5は、人類誕生から紀元前1000年頃までの人類の移動手段を示したものである。紀元前10000年頃には、筏や丸太に荷物を載せて運ぶことが行われていた。現在記録が残っている古い乗り物の1つに、オランダのホーヘフェーンのペッセ村で見つかった丸木舟（ペッセカヌー）がある。放射性炭素年代測定により、ボートは紀元前8040年から紀元前7510年までの中石器時代初期の期間に建造されたことが示された。ボートは、ヨーロッパアカマツの丸太がくりぬかれたダグアウトスタイルのカヌーで、長さ298㎝、

幅44cmであった。当時の人は、簡素なこのような簡単なボートをつくり、海や川、池や湖に浮かべて、人力で移動して魚を捕っていたと考えられる。風の力を使う帆のついた船ができるのは、かなり後の紀元前3000年頃とされる。

　また、陸上では、紀元前5000年頃から荷物を運ぶ方法として、ロバなどの動物が使われるようになっていた。動物の利用では、紀元前3000年頃になると、人は馬に乗り始める。人力から動物へ。人が歩いて移動する速さをはるかに超える馬に乗ることで、それまでとは比べものにならないほど速く、より遠くへ移動することができるようになった。さらに時代が進むと、街道を舗装などで整備して、馬やロバなどが引く車輪付車などを使うようになる。こうして乗り物を使った移動の歴史は始まった。

　「より速く、より遠くへ、よりたくさん運ぶ」という「乗り物」が進歩することで、それまでに行ったことがないところに行き、見たことがないものを見て、異なる文化に触れられるようになった。このようにして「乗り物」は、人の生活や文化の発展に大きく寄与してきた。

3　発明と技術革新の時代

　動物や風など自然の力を利用していたそれまでの乗り物を大きく変えたのは、「蒸気機関」の発明であった。イギリスでは、16世紀から家庭用暖房燃料として石炭の需要が急増していたが、炭坑での排水を行うポンプの改良が待たれていた。

　18世紀初めまでは、馬力による揚水機が使われていたが、それは坑内に発生する地下水をくみ上げるのに莫大な労力と費用がかかり、採算が合わなかったため、馬力に替わる新たな動力源の必要が望まれていた。

　トマス・ニューコメン[34]は、1708年、蒸気によって真空をつくり出し、地下水を汲み上げる揚水機を発明し、その解決に当たった。しかし、この段階では、まだ熱量の損失が大きく、汎用的な蒸気機関としては実用にならなかった。

　蒸気機関の改良は、1760年代のジェームズ・ワット[35]を待たなければならなかった。ワットの改良した蒸気機関が、ようやく産業革命の動力源として利用されることとなる。1765年のある日曜日の午後、ワットは、グラスゴーの緑地を散歩していた時、突然あるインスピレーションのひらめきを覚

【図表6　発明と技術革新の時代】

年	乗り物	用途
1769	世界初の蒸気自動車	フランスのキュニョーが蒸気で走る三輪自動車を開発。
1783	熱気球が飛行	フランスのモンゴルフィエ兄弟発明の有人熱気球がパリ上空を9km飛行した。
1783	蒸気船の発明	フランスのジュフロワが蒸気機関でスクリューを回す蒸気船を発明。
1802	蒸気機関車が誕生	イギリスのトレビシックが世界初の蒸気機関車を開発。
1818	自転車の発明	ドイツのドライスが自転車（ドライジーネ）を発明。ペダルはなく地面を蹴って進んだ。
1886	ガソリンエンジン車を開発	ドイツのダイムラーとベンツが、それぞれガソリン自動車を開発。
1903	フライヤー号初飛行	アメリカでライト兄弟による有人初飛行が成功。
1908	T型フォードが発売	世界で初めて大量生産によるT型フォードがアメリカで発売された。

出典：科学技術振興機構（2018）「乗りものの歴史」Science Portal、https://scienceportal.jst.go.jp/
gateway/sciencewindow/20180731_w01/ を基に著者作成。

えた。「彼は別に１つコンデンサーを用いることによって、そのコンデンサー
をいつも冷たくしておくと同時にシリンダーを常時熱くしておくことができ
るという解決法に思い当たった[36]」。

　フランス・ルイ14世軍の技術大尉ニコラ・ジョセフ・キュニョーは、ジェー
ムズ・ワットによって蒸気機関が改良された４年後の1769年に、ボイラー
で発生させた水蒸気を動力源とする蒸気機関車を開発した。フロントに大き
なボイラーを備えた前輪駆動のこのクルマは、時速9kmほどのスピードで
走ったと言われている。

【図表7　キュニョーの砲車（パリ、フランス技術博物館）】

出典：Auto Messe Web（2019年5月4日）PHOTO: 原田了。
　　　https://www.automesseweb.jp/2019/05/04/141293、より転載。。

ニューメコンによって、炭鉱技術として開発されたワットによって改良された蒸気機関は、その後、鋳鉄よりも強い圧力に耐えられる鋼を作る製鉄技術により、ボイラーの小型化、エネルギー効率の向上が図られた。ボイラーを機関車に搭載した蒸気機関車が誕生した。

　1802年、リチャード・トレビシック[37]が、ウェルズ・マーサー・ティドヴィルのペナダレン製鉄所で高圧蒸気機関を台車に載せたものをつくった。世界初の蒸気機関車とされているペナダレン号は、1804年2月、10トンの鉄と5両の客車、それに乗った70人の乗客をアベルカノンまで4時間5分で輸送することに成功した。ペナダレン号の平均時速は約3.9kmであったが、馬車とは比べものにならないほど多くの荷物や旅客を運ぶことができた。

　そして蒸気機関車は、遠くまで多くの資源を大量に運べるようになり、様々な材料を使った新しい技術、製品がつくられるようになった。そして、蒸気機関は、当時発展途上にあった土木技術も大きく発達させることにもなった。蒸気機関車がもたらした副産物として、人や物を運ぶための鉄道や道路が拡張されていった。そうした技術は、また次の乗り物に生かされるという発展のスパイラルが産業革命を産出した。こうして科学技術と乗り物は相互に発展し合うことになった。

　蒸気機関をさらに発展させた内燃機関であるガソリンエンジンが誕生したのは1800年代後半であった。今日に続くガソリンエンジン自動車は、ドイツのカール・ベンツ[38]とゴットリープ・ダイムラー[39]によって開発された。自動車の誕生で、駅から駅へ、決められた時間に発車する機関車に乗って移動するのとは異なり、好きな時に好きな場所へ行くことができるようになった。また、自動車を生産する工業技術の発展は、大量生産を可能にした。1908年にアメリカで発売され、以後1927年まで基本的なモデルチェンジのないまま、1,500万7,033台が生産されたT型フォードは、人々が自家用車を所有することを可能にした。

　ガソリンエンジンの技術が高まり、小型軽量化したことで、ライト兄弟のスターフライヤー号の推進力に用いられることになる。そして人類の夢であった空の旅が現実のものになった。

4 高速輸送時代と宇宙旅行への夢

20世紀半ば以降になると、科学技術の発展により様々な移動技術が開発された。特に原子力、磁気浮上などの新しい推進力の開発は「乗り物」にイノベーションをもたらすことが期待されている。

原子力を推進力とした船舶は、燃料を補給することなく数か月の間、海上を航行できるようになった。

磁気浮上式の新幹線は、車体を浮上させて走行するため、車輪で地上を走行する速度の限界を超えて、航空機に迫る速度で都市間を運行できる。しかも、磁気浮上式新幹線は、その都市の中心部に駅が設けられることで、アクセスの利便性が都市郊外にある空港より優れることや、地上を走行することで、天候不順の影響を受けにくく定時制が確保される。

旅客航空運輸では、ジェットエンジンを搭載した大型旅客機など、高速で大型の乗り物が次々と開発され、多くの人がより大きな移動をすることが可能になった。また、1960年代には、人類は宇宙にも行けるようになった。今では、火星への有人探査計画が進むなど、人の宇宙進出が続いている。

【図表8　高速輸送時代と宇宙旅行への夢】

年	乗り物	用途
1955	原子力潜水艦	アメリカ海軍・ノーチラス号が世界初の実運転。
1957	人工衛星	ソ連(ロシア)が世界初の人工衛星スプートニク1号を打ち上げ。
1960	深海潜水艇	スイスで設計された深海潜水艇トリエステ号がマリアナ海溝で深度11kmに到達。
1961	有人宇宙飛行	ソ連(ロシア)ボストーク1号に乗ったガガーリンが世界初の宇宙飛行士となった。
1964	東海道新幹線開業	東京と新大阪間を結ぶ東海道新幹線が開業。
1969	アポロ11号	アメリカのアポロ計画により、人類が初めて月面に降り立った。
1970	ジャンボジェット機	アメリカ・ボーイング社が開発した、旅客機ボーイング747が運航を開始。
1971	磁気浮上式鉄道	西ドイツで Prinzipfahrzeug が初めての有人走行に成功した。
1976	超音速旅客機	ヨーロッパにおいて商業飛行を開始したが、2003年に取りやめ。
1977	ボイジャー1号	NASAによる太陽系の外惑星および太陽系外の探査計画。
1981	スペースシャトル	宇宙輸送システム (STS＝Space Transportation System) として初飛行。
1998	国際宇宙ステーション	各国が協力して運用する宇宙ステーション(ISS)の建設開始。

出典：著者作成。

宇宙観光ツアーの実現を目指す Virgin Galactic[40] は、マッハ 3 の速度で飛行可能な超音速旅客機機のコンセプトを 2020 年に発表した[41]。2003 年に英仏のコンコルドが退役してから 17 年もの間、超音速旅客機は運行されていないが、近年では超音速での飛行時に発生する衝撃波を抑える設計の、新しい世代の超音速機が、民間や国のプロジェクトとしていくつか立ち上げられており、今回の発表は Virgin Galactic がこのリストに加わることになる。

【図表 9　Virgin Galactic が開発中のマッハ 3 の速度で飛行可能な超音速旅客機機】

出典：Engadget 日本版、2020 年 8 月 4 日記事、
　　　https://japanese.engadget.com/mach-3-aircraft-virgin-galactic-090018189.html、図より転載。

5　環境への負荷の少ない交通

これまで「乗り物」は多くの人々が自由に移動できる社会をつくったが、同時に、環境問題やエネルギー問題、安全性の問題など社会課題ももたらした。乗り物は、「速く、遠くへ、たくさん運ぶ」だけでは成り立たなくなった。

現在、電気自動車や水素エンジンなど、化石燃料に頼らない乗りものの開発が進んでいる。次世代型路面電車システム（LRT）は多くの都市で導入することが計画されている。

宇都宮市では、1990 年代から公共交通ネットワークを検討する中で、新交通システムについての調査が行われ、1995 年に発表した「宇都宮都市圏交通マスタープラン」に基づき、2001 年から 2002 年にかけて「新交通シ

【図表 10 芳賀・宇都宮 LRT 計画】

出典：宇都宮市 H.P. https://www.city.utsunomiya.tochigi.jp/kurashi/kotsu/lrt/ 図を基に著者作成。

ステム導入基本計画策定調査」、2007 年から 2008 年にかけて事業・運営手法および施設計画に関する調査が実施された[12]。

宇都宮市が 2008 年 3 月に発表した「第 5 次宇都宮市総合計画」および 2010 年 4 月に策定した「第 2 次宇都宮市都市計画マスタープラン」では、人口減少、超高齢社会への対応と持続的な都市発展を目指すため、ネットワーク型コンパクトシティの形成が提唱されており、これを踏まえて 2009 年 9 月に策定された「宇都宮都市交通戦略」において、宇都宮駅を中心とした総合的な公共交通ネットワークの基軸となる東西基幹公共交通の導入が検討され、2013 年 3 月「東西基幹公共交通の実現に向けた基本方針」として、LRT 導入の方針が示された。

LRT は、車社会の到来により 1 度は消えた路面電車を、新しい技術で再生したものである。車社会から、Maas などの AI、IoT を利用した新しい都市交通におけるユニバーサルデザインやカーボンニュートラルが可能な社会を実現することが期待されている。

6 結び

人類の歴史は、「乗り物」による移動の発達によって、人の暮らしや生活、価値観や文化、産業や経済などの変化も生じさせてきた。それは、物理的な空間や時間の概念の変化に起因すると考えることができる。昔は一生に 1 度の聖地への巡礼の旅が、今や家族旅行で行けるようになった。そして、物流

の発展は、地球をどんどん小さいものにしていく。

　一方で、人の動きや物流のグローバル化は、「乗り物」を動かすためのエネルギーを必要とするため、化石燃料の消費増大を伴う地球環境問題へと発展していくことが懸念される。また、2020 年に世界を震撼させて COVID-19 パンデミックは、外国からの人の流れを遮断する緊急事態を呼び起こした。それでも、人類の進歩は止まらないだろう。地球環境問題に向き合い、化石燃料に代わるエネルギーによる推進力をもつ「乗り物」が次々と開発されるだろう。

　また、人工知能 (AI) や次世代通信技術（5G）を活用した自動運転技術、ドローン型の空飛ぶタクシーなど、人が一人で移動することもモニターすることで、個人の移動を管理誘導することが可能なシステムも開発されるだろう。近未来の「乗り物」は、人々の生活や望むことが多様化するのに伴い、1 人ひとりの利便性に寄り添うような乗りものが増えていくことが予想される。

　人類の長い歴史の中で、科学技術とともに発展してきた乗り物は、これからもさらに進歩し続けるだろう。既に次世代型路面電車システム（LRT）の建設や自動運転技術実証実験などが始まっている。これからの「乗り物」は、身近なところで人々の暮らしを豊かにし、都市全体が移動手段としての大きな装置となるようなコンパクトシティが構築されるだろう。

　そして、都市と都市を繋ぐ鉄道では、磁気浮上式の高速新幹線が行き来するようになる。海を渡る旅客航空運輸では、化石燃料に代わる推進力を使った超音速旅客機がトランジットなしで、大陸間を移動できるようになるだろう。

第 2 章
航空運輸業の黎明期から確立期

概要

　人は、ギリシア神話のイーカロスの時代から空を飛ぶ夢を追いかけていた。

ルネサンス期のレオナルド・ダ・ヴィンチは、飛ぶ機械のスケッチを残している。現在の航空機の概念は、1799年にイギリスのジョージ・ケイリーによって提唱された。1843年、イギリスのウィリアム・ヘンソンは、旅客輸送という着想で空中輸送会社を設立したが、構想は実現しなかった。

　人類初の有人動力飛行を実現したのは、アメリカのライト兄弟であった。そして航空機の発達は、戦争によって促進された。第二次世界大戦までには、アメリカのボーイング社などの航空機製造会社が続々と誕生した。最も早い旅客航空会社は、1919年に設立されたKLMオランダ航空である。その後、欧米を中心に次々と旅客航空会社が設立された。航路は大西洋地域が主流であったが、1941年にフィリピン航空が設立され、旅客航空もヨーロッパ〜北米中心からアジア太平洋へと徐々に展開されだした。

1　はじめに

　航空機のパイオニアは、ヨーロッパであった。中でも気球で世界に先駆け空を飛んだフランスは航空大国であった。ルイ王朝時代から高等専門学校としてグランゼコール[43]を整備し、フランス革命時には高度な技術将校の養成を目指したエコール・ポリテクニク[44]を設立して、いち早く工学教育に力を入れていたことが、航空大国を支えた要因と言える。

　一方、産業革命で世界をリードしたイギリスは、ジェームス・ワット（1736〜1819）に代表される職人的創意工夫に多くを依存していたため、工学教育の充実はフランスに後れを取った[45]。ドイツは、優れたフランスの工学教育を熱心に導入し、オットー・リリエンタール（1848〜1896）のグライダー[46]や、ダイムラー[47]とベンツ[48]の自動車開発に活かされている。

　ヨーロッパでの最初の動力飛行の成功は、アメリカのライト兄弟から遅れること3年、1906年10月22日にフランスのアルベルト・サントス・デュモン[49]（1873〜1932）が飛行機の公開実験に成功した。その後、アンリ・ファルマン（1874〜1958）が1908年1月13日にパリ郊外の陸軍演習場で飛行に成功し、弟のモーリス・ファルマン（1877〜1964）とファルマン飛行機会社を設立し、1919年2月18日に世界初の国際定期便として、

パリ〜ロンドン間の航空便を就航させた。

　本章では、世界の航空運輸業の変遷における草創期から確立期までを概観することで、今日の旅客航空運輸の基盤となった事象を見ていく。

2　人が飛ぶことの夢

　人は、ギリシア神話のイーカロス[50]の時代から空を飛ぶ夢を追いかけていた。ルネサンス期のレオナルド・ダ・ヴィンチ（1452 〜 1519）は、空を飛ぶための機械をイメージして、螺旋型の布製のプロペラを捻じ曲げた軸に取り付けて、軸が戻る力によってプロペラが回転して飛ぶ機械のスケッチ（図表 11 参照）を残しているが[51]、そのスケッチを飛行機の垂直尾翼に描いた全日空は、1952 年の創業から 2012 年までの 60 年間、社章（図表 12 参照）として使用していた[52]。

【図表 11　ダ・ヴィンチのヘリコプター】

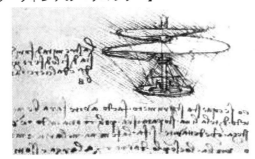

出典：とやまサイエンストピックス№424（2017 年 7 月）掲載図から転載。

【図表 12　全日本空輸株式会社社旗（2012 年まで）】

出典：Aviation Wire、2012 年 4 月 3 日記事より転載。

レオナルド・ダ・ヴィンチの時代は16世紀前後であるが、18世紀になると熱気球や飛行船の研究が盛んに行われだした。1783年にフランスのモンゴルフィエ兄弟[53]が考案した熱気球によって人類は初の有人飛行は実現する。熱気球や飛行船が飛ぶ原理は浮力である。風船状になっている部分に熱した空気やヘリウムガスなど、風船の外側にある空気より軽いものを充填することで浮力を発生させて、自重より浮力が大きくなると飛ぶことができる。

【図表13　ジョージ・ケイリーが描いた航空機】

出典：ドクターMの家造りのすすめ「航空学の父、ジョージ・ケイリー」『航空機の開発ヒストリー。空を飛びたいという人類の夢はどのようにして叶ったか』図から転載。
https://www.doctor-m.net/entry/History-aircraft-development （2017年1月22日閲覧）。

　現在の航空機の概念は、1799年にイギリスのジョージ・ケイリー（1773～1857）によって提唱された。この時代、空を飛ぶためには鳥のように羽ばたくことが必須だというのが定説で、羽ばたき機なるものが多数開発され、航空機の翼が鳥のように羽ばたく機構を備えているものが主流であったが、どれ1つとして空を飛ぶことができなかった。

　ケイリーは、凧とカモメを観察することで、羽ばたきによって前進する力（推力）は、上昇する力（揚力）とは別物であることや、効率よく揚力を得るためには翼の角度と形が重要であることに気づき、これらの力（推力と揚力）がうまく組み合わさったとき、空を飛べると考えた。

　ケイリーが描いた航空機のアイデアには、胴体に固定された（羽ばたかない）翼と、上下・左右に方向転換させるための十字型の尾翼が備えられてお

り、現在の航空機にある重要な要素を含んでいるため航空学の父と呼ばれている。

　しかし、ケイリーが描いた航空機のエンジンに相当する部分は、パイロットが操舵する手漕ぎのオールであったため空を飛ぶことはできなかった（図13参照）。

　ただ、有人グライダーの開発・飛行には成功しており[54]、その後は羽ばたかない固定翼を持った空気より重い航空機の開発が進められることになった。

【図表14　ウィリアム・ヘンソンの空中輸送会社に使われた広告】

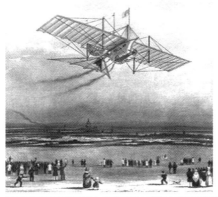

出典：玉田凌太「航空機の歴史的考察と未来予測」東海大学工学部 航空宇宙学科航空操縦学専攻
　　　2015年度卒業研究論文、p5図から転載。

　1843年イギリスの発明家ウィリアム・ヘンソン（1812～1888）が、固定翼、推進装置、降着装置、尾翼など現代の航空機の特徴を捉えた「空中蒸気車（図表14参照[55]）」の特許を申請した[56]。また、旅客輸送という着想のもと、空中輸送会社を設立している。人がただ空を飛ぶだけではなく、航空を人や物資の輸送に利用するというアイデアは旅客航空運輸の先駆けといえる。しかし、残念ながらヘンソンの構想もまた実現に至らなかった。

　ダイムラーとベンツによりガソリンエンジンが発明されるのは1855年であり、この時代はまだ十分な推力が得られるエンジンはなく、石炭燃料の蒸気自動車が出始めた時期であった。航空機が飛ぶ原理は揚力であり、航空機を上に持ち上げる力である揚力は、翼に空気が流れ込むことによって発生す

る。現代の航空機の翼の断面は上に凸の形状をしているため、翼に空気が流れ込むと翼の上側と下側の流れの速さ（流速）が変わり、圧力差が生じて上向きの力が発生する。揚力の大きさは翼に流れ込む空気の流速や翼の面積・角度（迎角）などに依存していて、揚力が自重より大きくなると飛ぶことができる。流速が速いほど大きな揚力が発生するので、十分な推力があれば有利だし、大きな翼は大きな揚力を稼ぐことができる。このように揚力を発生するためには何らかの形で翼に空気が流れ込むことが必要になるわけである。

【図表 15　宙に浮いたフライヤー号とそれを見守るウィルバー】

出典：ジョン・D・アンダーソン、織田剛訳「飛行機技術の歴史」p2、図 1-1 より転載。

　アメリカのライト兄弟[57]が 1903 年にライトフライヤー号[58]によって人類初の有人動力飛行を実現した（図表 15 参照）。航空機が飛んでいる際、空気抵抗によって、進行方向と逆向きの力である抗力が発生する。したがって、航空機にはエンジンによる推力、空気抵抗による抗力、翼による揚力、自重による重力の 4 つの力がかかる。これらの内、抗力と揚力を計算するための実験式を完成させたのがライト兄弟であった。この実験式を用いることで、効率的に揚力を発生して抗力の少ない翼の形状を検討することができ、最終的に「飛べる」航空機を設計できるようになったわけである[59]。

3　航空運輸の発展

　航空機の発達は、戦争によって促進された。18 世紀の終わりにおいて、航空機の軍事利用は熱気球から始まった。1794 年 6 月 26 日、ベルギーのモー

ボーグに展開していたフランス陸軍が敵の情勢を偵察するために気球を利用したのが、人間が乗った気球が戦争に使用された最初の例である。

　その後20世紀になり、気球の原理を生かして、より大型化するとともにエンジンをつけて操縦を行えるように、飛行船が登場した。1900年7月2日、ドイツのツェッペリン伯爵（1838～1917）によって飛行船フェルディナント・フォン・ツェッペリンLZ1[60] が初飛行した。ドイツでは、飛行船が軍事作戦に有効であるとして、ツェッペリンに軍用飛行船を発注していった。

飛行船による旅客航空運輸

　21世紀の現在、多くの航空会社が旅客航空運輸を展開しているが、世界で最初の航空会社は、1909年11月16日にドイツで設立されたドイツ飛行船運輸株式会社[61]（DELAG）であった。硬式飛行船は、アルミニウム合金の多角形横材と縦通材で骨格をつくり、張線で補強し、その上へ羽布（麻または綿布）を張って流線形の船体を構成し、ガス袋を横材間に収めた構造であった。

　DELAGは、政府の支援とツェッペリン社（DELAGの親会社）による飛行船製造、運用を目的として設立され、フランクフルトに本社を置いた。最初の旅客輸送は1910年にフランクフルト～バーデン間で、LZ 7飛行船で運行開始された。1年後はLZ 10シュヴァーベン（Schwaben）が就航した。

　当時、ライト兄弟による飛行機の初飛行は成功していたが、飛行機の実用化はまだ先と考えられていた。大型の気球にエンジンを付けて自在に飛行できる飛行船が旅客を集めたといえる。DELAGの飛行船は、1930年代まで順調に運行され、ドイツ国内はもちろん、ドイツからアメリカ、南米にまで及ぶ長距離ルートを開拓された。

　しかし、飛行船の発達は、思わぬ悲劇で幕を閉じることになる。飛行船はヘリウムガスで浮力を得ており、当時はアメリカ1国がヘリウムガスの生産国であった。ところが、ナチスが台頭するドイツとアメリカの間で関係が悪化すると、ツェッペリン社はヘリウムガスを入手できなくなったために、飛行船のガスは危険な水素ガスが使われた。その結果、1937年5月6日にアメリカ合衆国ニュージャージー州レイクハースト海軍飛行場でLZ129 ヒン

デンブルク号が爆発・炎上事故を起こし、乗員・乗客35人と地上の作業員1名が死亡する事故が起きた。この事故により、大型硬式飛行船の安全性に疑問が持たれ、以後建造が行われることがなくなった[62]。

【図表16　1937年5月6日のLZ129ヒンデンブルクの爆発炎上
（ツェッペリンミュージアム所蔵）】

出典：Google Arts & Culture、https://artsandculture.google.com/asset/explosion-of-the-hindenburg/cAFrLj4UIKPaVg?hl=j（2021年2月28日閲覧）。

飛行機による航空運輸

　飛行船に代わる航空運輸の主役は、やはり航空機であった。ライト兄弟によって有人動力飛行を実現した後、航空機は急速な発展を遂げることになるが、その背景には2度の世界大戦があった。

　第一次世界大戦（1914〜1918）では、当初偵察機として利用していた航空機は、武器を装備した戦闘機や爆撃機に姿を変えた。そしてこれまで木や布でつくられていた機体は金属製になり、最高速度は200km/hを突破するまで伸びている。

　第二次世界大戦（1939年〜45年）までには、航空機製造会社も続々と誕生する。アメリカのボーイング社[63]は1916年に設立されるが、軍事用の航空機の製造を足掛かりに世界のリーディングカンパニーの座に駆け上がっていく。広島・長崎に原子爆弾を投下したB-29もボーイング社製である。第1号機は会社名と同じ"B&W"と命名された双フロートの水上機であっ

た。この会社名はすぐに "Pacific Aero Products" に変更され、1917 年に会社名はボーイング航空機株式会社（Boeing Airplane Company）と改名される。1917 年、当時第一次世界大戦を戦っていた海軍のパイロット養成用に双フロート複葉単発の練習機モデル C が採用され、約 700 機を生産し航空機メーカーとしての地位を築いた。

　第一次世界大戦終了後、軍用機の需要はなくなった。当時、民間輸送も未発達であったため、アメリカでの主要な航空機需要は郵便事業であった。ボーイング社は、モデル C の最終生産機 C-700 を使って、アメリカのシアトルとカナダのバンクーバーの間で、世界最初の国際航空郵便の輸送を始めた。輸送部門は BOEING AIR TRANSPORT 社として事業を拡大してゆくが、使用機も双発のモデル 40A など近代化されていった。

推進力の性能向上

　エンジンを始めとする推進機分野では、第二次世界大戦まではレシプロエンジンとプロペラの組合せが一般的であった。エンジン内のピストンが爆発力で上下運動するものを、クランク軸を介して回転運動に変換する仕組みで、現在でも自動車や船舶等のエンジンとして広く用いられている。しかし、軍用機の要求性能は高まるにつれてレシプロエンジンでアウトプットできる推力は限界を迎えることになった。この限界を突破したのが、ターボジェットエンジンである。

　1930 年にイギリスの技術者フランク・ホイットルが考案したターボジェットエンジンを起点に、更なる研究が進められ、1939 年にドイツのハンス・フォン・オイハンによって開発されたターボジェットエンジンを搭載した実験機が初飛行に成功した。

4　第一次世界大戦後から 1926 年まで

旅客航空会社の誕生

　第一次世界大戦終結後には、航空機の量産体制が整い、機体の大型化も相俟って、人や物資の輸送に航空機を利用することが本格化していく。そうし

た中で、旅客航空運輸を業とした航空会社が誕生していく。

　郵便事業を目的として設立されたものを除いて、最も早く設立された旅客航空会社としては、1919 年 10 月に KLM オランダ航空で、2018 年現在において現存する最古の航空会社である。同年 12 月にはコロンビアのアビアンカ航空が「SCADTA」社として設立され、世界で 2 番目に古い航空会社であり、南北アメリカ大陸においては最古の航空会社である。

　1920 年代になると、1920 年 11 月 16 日にオーストラリアのカンタス航空がクイーンズランド・ノーザンテリトリー航空サービス株式会社として設立され、世界で 3 番目に古い航空会社である。23 年 11 月 1 日にはフィンランド航空（フィンエアー）がアエロ・オイ（Aero O/Y）として設立、25 年 7 月 13 日にはアメリカで、トランスワールド航空がウエスタン・エアー・エキスプレスとして設立された。

　26 年には 4 つの会社が設立される。1 月にルフトハンザドイツ航空、4 月 6 日にアメリカのユナイテッド航空がボーイング・エアー・トランスポートととして設立[64]、4 月 19 日にはイギリスのイースタン航空がピトケアン・アビエーションとして設立、9 月にはノースウェスト航空がノースウエスト・エアウェイズとして設立された。

1927 年から第二次世界大戦終結まで

　1927 年は、チャールズ・リンドバーグが単葉機スピリットオブセントルイス号でニューヨーク～パリ間の単独無着陸飛行での大西洋横断飛行に成功した年で、ここから本格的な大陸横断旅客航空時代が訪れる。

　1927 年は、3 月にパンアメリカン航空が設立されたが、当初はアメリカからキューバを結ぶ航空郵便から始められ、その後カリブ海路線ならびに南アメリカを結ぶ国際線を運航し、1930 年代には路線網をヨーロッパやアジア太平洋地域をはじめとした世界各国へ拡大していった。29 年 6 月 17 日には、アメリカのデルタ航空がデルタ・エア・サービスとして設立された。

　1930 年代になると、30 年 1 月 25 日にアメリカン航空がアメリカン・エアウェイズとして設立された。またこの年の 5 月 15 日には、ユナイテッド航空がシカゴ～サンフランシスコ便で、世界初の客室乗務員（フライト・

ナース）を 8 人搭乗させた。フライト・ナースは現代の客室乗務員とは違い、看護婦の役割をしていた。33 年 8 月には、世界各地にあるフランスの植民地を中心に巨大な路線網をエールフランス航空が設立された。34 年 7 月 15 日にはアメリカのコンチネンタル航空がバーニー・スピード・ラインとして設立された。

　ヒトラーが政権をとった 1933 年、ドイツは、本国と南米を結ぶ航空郵便路線に熱心で、アフリカ西岸と南米東岸の間を飛行艇で連絡する定期航空郵便路線を開設した。これは、パンアメリカン航空による太平洋横断線の開設に先立つこと 2 年であり、長距離洋上飛行をする定期航空路線の先駆となった。

　図表 17 は、その欧州－南米航空郵便路線の時刻表。郵便機は、毎週水曜日 23 時 30 分にベルリンを出発し（郵便局締切は 21 時）、アフリカ西岸で表紙に描かれている「ドルニエ・ワール」飛行艇にリレー後、土曜日にリオデジャネイロ、日曜日にブエノスアイレスに到着というスケジュールであった。

【図表 17　ルフトハンザ航空南アメリカ行き航空郵便時刻表と裏表紙の路線図】

出典：時刻表歴史館「ルフトハンザ航空 (1935)」
　　　http://www.tt-museum.jp/golden_0115_dlh1935.html（2021 年 2 月 26 日閲覧）。

　1940 年代になると、41 年 2 月 26 日にアジア初の航空会社としてフィリピン航空が設立された。1935 年には、パンアメリカン航空がサンフランシスコ〜ホノルル〜マニラ〜香港の世界最初の太平洋横断航空便を開設し、旅

客航空もヨーロッパ～北米中心からアジア太平洋へと徐々に展開されだした。

図表18に第二次世界大戦終結までの航空会社設立動向を示す。

【図表18　第二次世界大戦終結までの航空会社設立動向】

年	月日	航空運輸動向
1900	7月2日	ツェッペリン伯爵が、初の硬式飛行船ツェッペリン LZ-1を初飛行させる。
1903	12月17日	ライト兄弟よる動力飛行(固定翼機による世界初の動力飛行)ライトフライヤー一号初飛行。
1913	12月11日	ロシアのイーゴリ・シコルスキー の大型旅客機"イリヤー・ムーロメツ"が初飛行。離陸重量4.5 tの世界初の4発機で、乗員2名、乗客10名。第一次世界大戦中は爆撃機として使用された。
1919	2月18日	アンリ・フォルマン、パリ-ロンドン間の定期商業飛行を開始。F.60 Goliathに11人の乗客を乗せての飛行だった。
	10月7日	KLM(オランダ)が運航を開始。
1920		カンタス航空(オーストラリア)が運航開始。
1923		アエロフロート(ロシア)が設立。
		サベナ(ベルギー)が運航開始。
1924		インペリアル航空が運航を開始。
		後にデルタ航空となるHuff Daland Dustersが運航を開始。
1925		ウエスタン・エアー・エキスプレス設立。
1926	10月1日	ノースウエスト航空(アメリカ)が創立。
		ユナイテッド航空(アメリカ)が設立。
		ドイツで、2つの大手航空会社が合併してルフトハンザが誕生。
1927		パンアメリカンワールドエアラインズ(パンナム・アメリカ)が設立。
	10月20～21日	チャールズ・リンドバーグが単葉機スピリットオブセントルイス号でニューヨークからパリへと、単独・無着陸での大西洋横断飛行に成功。飛行時間は約33.5時間だった。
1928	10月30日	日本航空輸送創立。
1929		LOT(ポーランド)が運航を開始。
		パンアメリカン航空(アメリカ)が運航開始。
1931		スイス航空設立。
	8月25日	東京飛行場(羽田空港)開港。
	9月26日	満州航空(株)設立。
1933		ルフトハンザ航空が、アフリカ西岸と南米東岸の間を飛行艇で連絡する定期航空郵便路線の開設。
1934		コンチネンタル航空がヴァーニースピードラインズとして運航を開始。
1935	4月	エアリンガス(アイルランド国営)が設立される。
	9月12日	日本初の国産旅客機、中島AT-2が初飛行。
		パンアメリカン航空が、サンフランシスコ-ホノルル-マニラ-香港の世界最初の太平洋横断航空便を開設。
1937	5月6日	ニュージャージー州レイクハースト海軍航空基地に到着した飛行船、ツェッペリン LZ 129 ヒンデンブルクが炎上。飛行船による大陸間移動が幕を閉じた。
	5月20日	国際航空設立(満州航空が全額出資)。
1938		CAB設立。
	7月14日	ハワード・ヒューズ、ロッキード14スーパーエレクトラで世界1周飛行。記録3日19時間17分。
	12月	日本航空輸送が国際航空と合併し、大日本航空となる。
1939		ハワード・ヒューズがウエスタン・エアー・エキスプレスを買収。
	11月24日	英国海外航空(BOAC)が設立。

出典：著者作成。

5　結び

現在の航空機の概念である推力と揚力は、1799年にイギリスのジョージ・

ケイリーによって提唱された。その後、1843 年に同じくイギリスのウィリアム・ヘンソンが、固定翼、推進装置、降着装置、尾翼など現代の航空機の特徴を捉えた空中蒸気車の特許を申請したが、実際に飛ばすことはできなかった。人類初の有人動力飛行を実現したのは、1903 年のアメリカのライト兄弟のライトフライヤー号であった。

その後、航空機は急速な発展を遂げることになるが、その背景には 2 度の世界大戦があった。第一次世界大戦終了後、軍用機の需要はなくなったが、当時民間輸送も未発達であったため、欧米での主要な航空機需要は郵便事業であった。その中で 1919 年に欧州において、KLM オランダ航空が旅客航空会社として設立されたのを始まりとして、欧米において旅客航空運輸会社が相次いで設立された。

1930 年代までの旅客航空運輸は大西洋を挟んだ欧州とアメリカ大陸が中心であったが、航空機の飛行距離が延びることで、1940 年代以降は太平洋航路も登場することになった。

第 3 章
日本の旅客航空運輸業の黎明期から確立期

概要

日本人の空を飛ぶ夢は、明治の近代化において、産学官による欧州での技術習得、新聞報道などによる民衆の熱狂的期待に表されていた。それは、ライト兄弟より 12 年早い二宮忠八の飛行実験、1919 年に設立された世界初の航空会社 KLM オランダ航空よりわずか 3 年遅れの 1922 年に定期民間航空会社が設立されたことからもわかる。

また、満州国で設立された航空会社は、ドイツの航空会社との提携された中央アジア路線において、現代のコードシェアに相当するような国際旅客航

空運輸の未来を先取りするものも計画された。そこには、欧米をつなぐ大西洋航行から、アジア太平洋という新しい航行の時代の予感が伺えるものであった。しかし、当時の日本は、軍国主義に突入していく時代で、航空運輸に関わることはすべて軍部の統治下におかれていた。1945年の終戦でそれまでの日本における航空運輸の取組みは一旦消滅することになる。

1　はじめに

　日本で初めて動力飛行機で空を飛んだのは、アメリカのライト兄弟が1903年にライトフライヤー号によって人類初の有人動力飛行が実現した7年後の1910年に、陸軍によって実現した。記録会に挑んだパイロットはそれぞれが欧州で操縦技術を習得したフランス製とドイツ製の飛行機であった。

　日本での民間航空の初飛行は、1911年に国産機による飛行で実現した。この時期、日本では、陸軍を中心とした飛行機の研究・実践飛行と、民間による航空輸送が始まりつつあった。1920年8月に陸軍省管轄下に民間航空の規制管理を行う航空局が設置された。

　日本の定期民間航空会社は、1922年に設立された日本航空輸送研究所に始まる。翌年1923年には、朝日新聞と提携した東西定期航空会と毎日新聞の支援を受けた日本航空株式会社が設立された。しかし、この2つの民間航空会社は、軍部の主導により1928年に国策会社「日本航空輸送株式会社」に強制統合される。

　日本が軍国主義に突き進む1933年には、満州国が建国され、満州航空株式会社が設立された。続いて1937年に、日本から満州を経由してドイツに向かう日欧連絡航空路を運行する航空会社として、ドイツのルフトハンザ航空との相互乗り入れに同意したことにより、国際航空株式会社が設立された。

　1937年に勃発した日中戦争以降、満州国を含む中国大陸との航空路の軍事的重要性が更に高まったことから、翌年の1938年に日本国内における航空輸送事業は大日本航空株式会社によって統一営業されることとなった。これ以降、満州航空株式会社と大日本航空株式会社は、日本国内外の航空輸送

業務のすべてを軍隊主導の国策会社として独占することとなった。

　両社は、1945年の終戦で消滅することになるが、本章では、草創期から確立期までの日本の旅客航空運輸を概観することで、日本における旅客航空運輸の基盤となった事象を見ていく。

2　日本人が空を飛ぶことの夢

　伊予の国（愛媛県）八幡浜に生まれた二宮忠八[65]は、幼い頃から好奇心旺盛で、カラスの群れが滑空する様子から飛行原理をひらめき、日本初となる模型飛行器「カラス型模型飛行器（図表19参照）」を完成させ、1891年4月29日、丸亀練兵場において飛行実験を行い、約10mにわたる飛行に成功した。

　1903年のライト兄弟による動力飛行機の成功よりも12年も前に、現在の飛行原理へつながる動力飛行機が、日本で初めて空を飛んだことになる。

【図表19　カラス型飛行器（左）と玉虫型飛行器（右）：二宮忠八飛行館展示】

出典：二宮忠八飛行館 H.P.　http://chuhachi.netcrew.co.jp/tenji/。

　二宮忠八は、2年後の1893年、人を乗せて空を飛ぶことのできる人力飛行機の構想を練り、玉虫の飛ぶ姿をヒントに「玉虫型模型飛行器（図表19参照）」を製作する。そしてこれを陸軍で実用化できないかと意見書を提出したが、忠八の「飛行の原理」は理解されず陸軍から却下された。その後忠八は、自力で資金をつくり研究を続けたが、ライト兄弟の有人飛行の成功を知り、以後飛行機のすべての研究を諦めてしまった[66]。

日本で初めて動力飛行機で空を飛んだのは、1910 年 12 月 14 日、東京代々木練兵場で、陸軍の日野熊蔵[67] 歩兵大尉が操縦するドイツ製のグラーデ型単葉機でとされる。しかし、「初飛行」と報じた萬朝報の記者は 60m と報じたが、あくまで目測でしかなく、取材していた他 9 紙は距離を記載しておらず初飛行とは報じていない[68]。

　「飛行」とは、翼の揚力が機体の重量を定常的に支え、操縦者が意のままに機を操縦できる状態を指すため、「飛行」ではなく「ジャンプ」であるとして、航空力学的にも初飛行とは言えないとする意見もある[69]。同月 19 日に日野と徳川好敏[70] 陸軍工兵大尉による「公式の、初飛行を目的とした記録会」が行われ、日野・徳川の両方が成功したため、これが改めて動力機初飛行として公式に認められた。このとき徳川、日野の順に飛んだため、フランス製のアンリ・ファルマン型複葉機を操縦する徳川が「日本初飛行」と記録されている。

　徳川・日野らが操縦した飛行機は、徳川がフランス製であり、日野がドイツ製であった。彼らはその購入を前提条件に、それぞれメーカーで操縦を習得するためシベリア鉄道で欧州を往復し、帰国後は、船便の機体到着を待って成功したものである。いずれにしても、日本の動力飛行の歴史は陸軍主導で始まったことになる。

　しかし、外国製の飛行機と技術を使ってではあっても、この偉業には前触れがあった。この前年 1909 年 12 月、東京帝国大学物理学教授の田中舘愛橘[71] が、グライダーの設計に参加し、日本で初めての機体浮揚に成功していた。この試験浮上では動力がついていなかったため、日本初飛行の栄誉は得られていないが、航空力学に基づく動力付の航空機を前提として設計された純国産機であった。

　機体の組立てと試験浮上は、当時、本郷向ヶ丘にあった第一高等学校構内で行われ、一高生たちが向ヶ丘台下に広がる上野不忍池畔に運んだ。製作発案者は海軍大尉相原四郎、駐日フランス大使館付武官ル・プリウールで、この 2 人が当日それぞれ 1 回ずつ操縦を行った。

　当時の日本の航空は、国内外の新聞報道を通じて民衆の熱狂的喝采のうちに、1910 年を待たずに夜明けを迎えようとしていた。

出典：中村誠「博士と航空の歴史」『日本物理学会の祖　田中館愛橘博士』図から転載。
http://www.noii.jp/com/aikitu/koku/kikyuu2.html（2021 年 3 月 1 日閲覧）。

3　第二次世界大戦前の日本の民間航空の発展

　日本での民間航空の初飛行は、日本鉄道会社社長などを務めた奈良原繁男爵の二男で海軍軍属技師を退官した奈良原三次であった。奈良原は私有のノーム 50HP エンジン[72]（Gnome Omega）を搭載した「奈良原式 2 号飛行機[73]」を製作し、1911 年 5 月 5 日、所沢飛行場にて自らの操縦で高度約 4m、距離約 60m の飛行に成功し、国産機による初めての飛行記録であるとされた。

　奈良原は、1912 年 5 月に千葉県の稲毛海岸に民間飛行場を開き、白戸栄之助[74]、伊藤音次郎[75]らの民間パイロットを養成した。そして、奈良原式 4 号機「鳳号」などを製作し、日本の民間航空の発展に尽くした。1913 年、航空界から一旦引退するが、1930 年に日本軽飛行機倶楽部の会長に就任し、以降も後進の指導・育成に当たった。また、グライダーの発達・普及などに

も尽力した。

日本の定期民間航空会社の第1号は、タクシー会社経営者井上長一[76]が、師と仰ぐ伊藤音次郎[77]の助けを受けて、1922年6月4日に大阪府堺市の大浜海岸に設立した「日本航空輸送研究所」である。1922年11月15日に日本で最初の定期便として、堺〜徳島間を運航した。その後、堺市の大浜水上飛行場を拠点に、堺〜小松島間の乗客・貨物・郵便の輸送業務、チャーター便やエアタクシー事業、堺〜高松、堺〜大分、堺〜白浜間の定期航空路線を開設した。後に拠点を大阪市大正区の木津川河口付近に移し、大阪〜別府間の路線などを開設した。

1923年には2つの航空会社が設立された。奈良原の門下である白戸が、東京洲崎埋立地を拠点に朝日新聞と提携して「東西定期航空会」を設立し、日本初の幹線（東京〜大阪）定期航路を開設する。また、大阪の木津川尻を拠点に、川西龍三[78]が毎日新聞の支援を受け「日本航空株式会社[79]」を設立する。

ここに日本初の定期民間航空3社が誕生し、運行を始めたが、どの会社も飛行機の制作や整備、乗員養成で奈良原につながり支援を受けていたため、奈良原は「民間航空の父」と呼ばれている。
また、民間航空が新聞社の支援で始まったことも興味深い。写真情報などいち早く伝達する新聞報道が高速輸送手段としての航空輸送を必要としたと考えられる。

4　第二次世界大戦前の民間航空の制度化

航空局の設置と航空法の制定

陸軍を中心とした飛行機の研究・実践飛行と、民間による航空輸送が始まりつつあった1920年8月1日に陸軍省管轄下に民間航空の規制管理を行う航空局が設置された。1923年に逓信省に移管されるが、在籍する職員は陸軍の予備役将校が主要なポストを占め、陸軍主導の構図は終戦まで続くことになる。

1921年2月28日には航空局が起草した「航空法」が帝国議会で可決さ

れ、航空機の堪航証明（現在の滞空証明）や飛行機の操縦に関する資格（技能証明）などが初めて導入された。1927年7月20には、「航空輸送会社設立準備委員会」が内閣閣議で決定し、渋沢栄一[80]が会長に就任し、1928年10月20日に丸の内の日本工業倶楽部で会社設立総会が開催され、資本金1000万円の国策会社「日本航空輸送株式会社（現在のJALとは無関係）[81]」が誕生した[82]。

東西定期航空会及び日本航空株式会社を強制統合した日本航空輸送株式会社は、国内の幹線（東京〜大阪）、大連、上海への国際線の運航を開始し、その後、国内の各都市と中国大陸の日本の租界がある都市を結ぶ航空路を運航した。軍事的にも重要であったこともあり、日本政府から多額の助成金の交付を受けて規模を拡大し、1938年には延べ70,000人の乗客があり、当時、国際的にも大規模な数値であった[83]。

1931年9月18日に満州事変が勃発し、1933年3月1日に満州国が建国された。そして同年9月26日に、日本と満州国との共同出資による満州航空株式会社が設立された。奉天（現在の瀋陽）に本社、東京には支社がおかれた。

同社は、日本から満州を経由してドイツに向かう日欧連絡航空路を運行する航空会社として全額出資の国際航空株式会社を1937年5月20日設立した。これはドイツのルフトハンザ航空との相互乗り入れに同意したことにより、イギリス、フランス、オランダの航空会社の航路が空白であった中央アジア路線での運航を狙ったものであった。

中央アジア路線は、東京を基点に、新京（現在の長春）から新疆（現在の新疆ウィグル自治区）・安西、カブール、バクダッド、ロードス島を経由して終点ベルリンに向かうものであった。

しかし、日中戦争が勃発したために中華民国領内の飛行場の使用が不可能となり、また欧州情勢も緊迫化したため運行実現が難しくなった。そのため、同社は、日本航空輸送株式会社と合併し、1938年12月1日、新たに大日本航空株式会社として発足し消滅することになった。

図表21には、これらをまとめた第二次世界大戦終了までの日本の民間航空の変遷を示しておく。

【図表21　第二次世界大戦までの日本の民間航空の変遷】

年	月日	事項
1891	4月29日	二宮忠八が丸亀練兵場で飛行実験を行い約10mの飛行に成功した。
1910	12月14日	東京代々木練兵場で、陸軍の日野熊蔵歩兵大尉が操縦するドイツ製グラーデ型単葉機が初飛行を行った。
	12月19日	日野と徳川好敏陸軍工兵大尉による公式初飛行が行われた。
1911	5月5日	海軍属技師を退官した奈良原三次が「奈良原式2号飛行機」を製作し、所沢飛行場にて自らの操縦で高度約4m、距離60mの飛行に成功し、国産機による初めての飛行記録とされた。
1915	1月18日	日本政府が中国の袁世凱政府に対し、「21ヶ条の要求」により、山東省のドイツ権益を要求した。
1917		日本飛行大学校開講し、「羽田飛行場」と呼ばれた。
1919	10月	福岡（大刀洗）飛行場完成。
1920	5月	1919年に締結されたパリ国際航空条約を日本が批准。34条に際航空委員会」の構成と義務が示され、日本からも2名が選ばれた。
	8月1日	陸軍省直轄下に民間航空の規制管理を行う航空局が設置された。
1921	2月28日	「航空法」が帝国議会で可決された。
1922	6月4日	日本航空輸送研究所が大阪府堺市の大浜海岸に設立された。
1923	1月11日	東西定期航空会が東京洲崎埋立地を拠点に、朝日新聞と提携して設立された。
		大阪（木津川）飛行場が、水上・陸上機能を備えた民間の拠点空港として開港した。
	6月	日本航空株式会社が、大阪木津川尻を拠点に、毎日新聞の支援を受けて設立された。
1926	9月	安藤飛行研究所が、名古屋港〜和歌山県新宮間に週1便の定期航路を開設した。
1928	10月20日	東西定期航路会と日本航空株式会社を強制統合し、日本航空輸送株式会社が設立された。
1931	8月25日	東京飛行場（羽田空港）開港。
	9月18日	満州事変勃発。
1932	3月1日	満州国建国。
	9月26日	満州航空株式会社が設立された。
1935	9月12日	日本初の国産旅客機「中島AT-2」が初飛行。
1936		福岡第一飛行場（雁ノ巣）が開港。
1937		日本航空輸送が、東京〜福岡〜京城（ソウル）〜新京（長春）航路開設。
	5月20日	満州航空が全額出資した国際航空が設立された。
	7月7日	盧溝橋事件が起こり日中戦争へ突入。
1938	11月7日	日本航空輸送臨時株主総会で、大日本航空株式会社への参加が承認される。
	11月28日	国際航空も参加して大日本航空株式会社が設立された。
	12月1日	大日本航空株式会社営業開始。
1939		大阪第二飛行場（伊丹）開港。
	10月31日	日本航空輸送研究所が業務停止。
1945	8月15日	第二次世界大戦終結により大日本航空株式会社及び満州航空株式会社は消滅した。

出典：著者作成。

軍部主導の航空政策

　次に、この大日本航空輸送株式会社の設立の経緯について見てみる。1937年に勃発した日中戦争以降、満州国を含む中国大陸との航空路の軍事的重要性が更に高まったことから、政府は1938年2月に逓信省の内局であった航空局を外局として陸・海軍省の共管の組織に変更した。そして、「国

際航空路の開拓」、「航空機工業の拡充」、「航空機乗員の大量養成」を3本の柱とする抜本的航空政策の見直しを行い、同年11月7日の臨時株主総会において、日本航空輸送株式会社を国策会社へと改組し、大日本航空株式会社に参加の件を承認し、事業を新会社に継承した上で同月末日に解散することとなった。

　これに合わせて、日本のローカル線を経営していた日本航空輸送研究所、日本海航空株式会社、東京航空株式会社、安藤飛行研究所は、航空輸送を停止することになり、日本国内における航空輸送事業は大日本航空株式会社によって統一営業されることとなった[84]。

　大日本航空株式会社の創立総会は、1938年11月28日に開かれ、12月1日に営業が開始された。初代会長は大谷登[85]が就任した。資本金は2,550万円で、創立当時の組織は総務部、営業部、経理部、東洋部、欧亜部、海洋部、技術部であった。翌年年3月7日の閣議で国際航空輸送事業を大日本航空株式会社に独占させる大日本航空株式会社法案が決定されたにより、政府は3,725万円を出資し、資本金は1億円に増資された。

　満州航空株式会社と大日本航空株式会社の誕生により、日本国内外の航空輸送業務のすべてを軍隊主導の国策会社として独占することとなった。これは、戦時においては民間の航空機での輸送力が極めて重要で、航空機による輸送力の優劣が戦況を左右することが、第一次世界大戦で経験されたことによると考えられる。両社は1945年の終戦で消滅することになる（図表21参照）。

4　結び

　日本の航空産業の黎明期は、1903年初飛行に成功したライト兄弟より12年早い二宮忠八の飛行実験、1919年に設立された世界初の航空会社KLMオランダ航空よりわずか3年遅れて設立された定期便航空会社である日本航空輸送研究所の設立などをみても、欧米に比肩するものであった。

　当時は、第一次世界大戦と第二次世界大戦の狭間で、欧米も日本も軍部主導での航空産業の発展は共通するところではあるが、満州航空の子会社の国

際航空とドイツルフトハンザ航空によって設立が準備された中央アジア路線は、現代のコードシェアに相当するもので、国際旅客航空運輸の未来を先取りするものであったといえる。

植民地政策と産業革命によって 19 世紀から 20 世紀にかけて世界をリードしてきた欧米にとって、極東の小さな島国が、航空産業という新しいイノベーションの芽を持った産業における躍進に脅威を感じたことは想像に難くない。そこには、欧米をつなぐ大西洋航行から、アジア太平洋という新しい航行の時代が見えてくる。

第二次世界大戦後の国際民間航空の枠組みが、アメリカの招請の下で 52 か国がシカゴに集まり協議をした 1944 年 11 月は、アメリカ軍の B29 による東京大空襲が始まっていた。したがって、第二次世界大戦後の国際民間航空の枠組みづくりは、日本が全く参画することなく進められたわけである。

このシカゴ会議では、日本、ドイツ、イタリアの航空産業の完全禁止がアメリカの大統領フランクリン・ルーズベルトにより確認されていた。日本の民間航空の再開は、1950 年 10 月に JDAC[86] の設立許可が当時の GHQ に出されるまで待たなければならない。

【図表 22　頭文字のリスト】

頭文字	正式名称	日本名
DELAG	Deutsche Luftschiffahrts-Aktiengesellschaft	ドイツ飛行船運輸株式会社
ISS	International Space Station	国際宇宙ステーション
JDAC	Japan Domestic Airline Company	
KLM	Koninklijke Luchtvaart Maatschappij	オランダ航空
LRT	Light Rail Transit	軽量軌道交通
MaaS	Mobility as a Service	サービスとしての移動
NASA	National Aeronautics and Space Administration	アメリカ航空宇宙局
STS	Space Transport System	宇宙輸送システム

参考文献
・T.S. アシュトン、中川敬一郎訳「産業革命」岩波文庫
・科学技術振興機構（2018）「乗りものの歴史」Science Portal、https://scienceportal.jst.go.jp/gateway/sciencewindow/20180731_w01/（2021 年 2 月 20 日閲覧）
・ジョン・D・アンダーソン、織田剛訳（2013）「飛行機技術の歴史」京都大学出版会

・玉田凌太「航空機の歴史的考察と未来予測」東海大学工学部航空宇宙学科航空操縦学
　専攻 2015 年度卒業研究論文
・村上正明（2010）「初飛行」、光人社
・木村秀政（1962）「飛行機の本」、新潮社年
・鶴田雅昭（1993）「日本航空輸送株式会社の設立とその背景：昭和初期の民間航空政
　策」交通史研究、29 巻、p. 43-64

引用

33　MaaS（Mobility as a Service）とは、個々人の移動を最適化するために様々な移動
　　手段を活用し、利用者の利便性を高める移動手段の構築である。
34　Thomas Newcomen（1664 〜 1729 年）はイギリスの技術者で、鉱山の排水のた
　　めに、最初の実用的な蒸気機関を建造した。その後の産業革命の動力を担った蒸気
　　機関の実質上の発明者とされている。
35　James Watt（1736 〜 1819 年）は、グラスゴー大学で計測器製作の仕事に従事し
　　ていた頃、蒸気機関技術に興味を覚えた。そこで、当時の機関設計ではシリンダーが
　　冷却と加熱を繰り返しているため、熱量を大量に無駄にしてしまっている点に気づい
　　た。彼は、機関設計をやり直し、凝縮器を分離することで熱量のロスを低減し、蒸気
　　機関の出力、効率や費用対効果を著しく高めた。
36　T.S. アシュトン、中川敬一郎訳「産業革命」岩波文庫、p.79
37　Richard Trevithick（1771 〜 1833 年）は、イギリスの機械技術者で蒸気機関車の
　　発明者。
38　Karl Friedrich Benz（1844 〜 1929 年）は、ドイツの自動車技術者で、1879 年に
　　エンジンについての最初の特許、1886 年に自動車に関する最初の特許を取得した。
39　Gottlieb Wilhelm Daimler（1834 〜 1900）は、ドイツの自動車技術者で、1885
　　年に二輪車に取り付けたガソリンエンジンの特許を取得した。
40　Virgin Galactic は、ヴァージングループ会長のリチャード・ブランソンが設立した
　　宇宙旅行ビジネスを行う会社で、スケールド・コンポジッツ社より技術提供を受け、
　　再使用が可能な宇宙船「スペースシップツー」を開発している。
41　Engadget 日本版、2020 年 8 月 4 日記事、https://japanese.engadget.com/mach-
　　3-aircraft-virgin-galactic-090018189.html（2021 年 2 月 28 日閲覧）。
42　宇都宮市 H.P.「芳賀・宇都宮基幹公共交通検討委員会 (2013 年 11 月 21 日)」
　　https://www.city.utsunomiya.tochigi.jp/_res/projects/default_project/_page_/001/
　　006/078/131121shiryou2.pdf（2021 年 2 月 28 日閲覧）。
43　グランゼコールはフランス社会における独自の高等職業教育機関であり、大学の
　　ような教養としての学問や教育ではなく、社会発展に直接寄与する「高度専門職業人
　　の養成」を理念とした学問の普及と教育を行っている。最初のグランゼコールは国立
　　土木学校であり、1747 年にルイ 15 世の勅令によって、国家建設に不可欠な土木・
　　建築領域におけるテクノクラート養成を目的として創立された。
44　エコール・ポリテクニクは、パリ市近郊パレゾーに位置するフランスの公立高等
　　教育・研究機関でグランゼコールのひとつである。1794 年のフランス革命中に、数
　　学者ラザール・カルノーとガスパール・モンジュによって創設され、1804 年にナポ
　　レオン・ボナパルトによって軍学校とされた。現在はフランス国防省の配下にある。
45　19 世紀のイギリスでは、技術者専門職の資格の指標となる技術者専門職団体の会

員資格要件として、見習い生修行や徒弟制などの実地訓練が重視されていたため、技術者志望者が高等教育機関で工学教育を受ける場合でも、必ずしも 3 年間の正規コースを修了しない場合が少なくなく、正規コースを修了する場合も、工学証書取得コースなどの、非学位コースである場合が多かった。

46　リリエンタールはジョージ・ケイリーによる考案のハンググライダーを実際につくり小高い丘から飛行する無数の試験を行い、その詳細な記録を採ったことで知られる。

47　カール・ベンツは、1883 年にベンツ＆シー・ライニッシェ・ガスモトーレン・ファブリークをマンハイムで立ち上げ、2 ストロークエンジンの開発に着手し、1886 年には世界で初めて「ガソリンを動力とする車両」に関する特許を取得、1890 年代から自動車を量産した。

48　ゴットリープ・ダイムラーとヴィルヘルム・マイバッハは 1890 年にダイムラー・モトーレン・ゲゼルシャフトをシュトゥットガルトに設立し、自動車の発明ではベンツに後れを取るものの、オーストリア人企業家エミール・イェリネックの支援を受け、1900 年にヴィルヘルム・マイバッハ制作のレーシングカーでモータースポーツへの参戦を開始した。

49　アルベルト・サントス・デュモンは、ヨーロッパの航空のパイオニアであり、主に飛行船の造船で有名であるが、飛行機の公開実験にも成功しヨーロッパ初の飛行機製作者となっている。ブラジル出身であることから、ブラジルでは飛行機の父、飛行機王と呼ばれている。

50　イーカロスは、ギリシア神話に登場する人物の 1 人である。蝋で固めた翼によって自由自在に飛翔する能力を得るが、太陽に接近し過ぎたことで蝋が溶けて翼がなくなり、墜落して死を迎えた。イーカロスの物語は、人間の傲慢さやテクノロジーを批する神話として有名である。

51　レオナルド・ダ・ヴィンチは、約 40 年間にわたり書き綴ったノート（レオナルド・ダ・ヴィンチ手稿）を残している。書き残した全手稿のうち約 3 分の 2 が失われ、現存するのは約 5000 ページと言われている。この膨大な数の手稿はレオナルドの死後、様々な形で編纂がなされた。この「空気ねじ」は、パリ手稿（1487 ～ 1490 年）に描かれた最も有名なスケッチであり、ヘリコプターの祖先として知られる。レオナルドがミラノに居た頃（35 ～ 38 歳）に描かれているといわれる。

52　モンゴルフィエ兄弟は、兄ジョゼフ＝ミシェル・モンゴルフィエ（1740 ～ 1810）と弟ジャック＝エティエンヌ・モンゴルフィエ（1745 ～ 1799）の 2 人で熱気球を発明し、世界で初の有人飛行を行なった。

54　1853 年には単葉のグライダーを製作し、ケイリーの御者の操縦で 100m 以上の飛行に成功した。

55　玉田凌太「航空機の歴史的考察と未来予測」東海大学工学部航空宇宙学科航空操縦学専攻 2015 年度卒業研究論文、p5 図から転載。

56　1841 年、42 年、43 年、軽量蒸気機関（番号不明）および飛行機械（特許 9478 号）の特許取得。

57　兄ウィルバー・ライト（1867 ～ 1912）、弟オーヴィル・ライト（1871 ～ 1948）の兄弟は、生涯の大部分をオハイオ州デイトンで過ごした。グライダー実験と最初の動力飛行をノースカロライナ州キルデビルヒルズで済ませた後の飛行活動は、現在ライト・パターソン空軍基地の敷地内にあるハフマンプレーリーを中心に行われた。

58　ライトフライヤー号は、全長 6.4m、全幅 12.3m の機体に 12 馬力の自作のガソリンエンジンを搭載しており、最高時速は約 50km/h というものであった。

59 検討の結果、高アスペクト比の（細長い）翼が有利であることがわかるとともに、垂直尾翼にラダー（舵）を取り付けるアイデアにより、安定飛行と旋回を含む機体のコントロールが可能としたことも彼らの功績と言える。

60 ドイツ陸軍は、初期のツェッペリンを「Z I/II・・・/XI/XII」のように呼んでいたが、第一次世界大戦中に「LZ」番号を使うように変更し、生産数を秘匿するために 30 を加えた数字を用いていた。

61 ドイツ飛行船運輸株式会社（DELAG＝Deutsche Luftschiffahrts-Aktiengesellschaft）は、飛行船を使用した世界初のエアラインであった。

62 1990 年代にドイツのツェッペリン・ルフトシフ・テヒニーク社によって、新たにツェッペリン NT という飛行船が開発された。

63 ボーイング社は、実業家ウィリアム・E・ボーイングと海軍技師ジョージ・コンラッド・ウエスターバレットによって、1916 年 7 月 15 日にシアトルにて設立され、彼らの頭文字から「B&W」と名付けられた。

64 ボーイングは、航空関連企業数社の連合体として航空機の製造から運航までを手がける会社ユナイテッド・エアクラフト・アンド・トランスポートを設立し、ボーイング・エアーはその運航部門となった。しかし、1934 年に独占禁止法（反トラスト法）によって分割され、航空機の製造部門はボーイング、エンジンなどの製造部門は現在のユナイテッド・テクノロジーズ、運航部門はユナイテッド航空として改めて独立した。同時にユナイテッド航空は、ボーイング運航部門と共に「パシフィック・エア・トランスポート」、「ナショナル・エア・トランスポート」、そして、初めて有償旅客を乗せて米国横断便を運行した「ヴァーニー・エアラインズ」の経営を受託する形で発足している。

65 二宮忠八（1866 ～ 1936）は、陸軍従軍中の 1889 年に「飛行器」を考案した。

66 1903（明治 36 年）12 月 17 日、ついにライト兄弟が有人飛行に成功するが、忠八がそのことを知ったのは 1909 年であった。

67 日野熊蔵（1878 ～ 1946）は、熊本県球磨郡人吉町（現・人吉市）出身で、発明家でもあった。

68 村上正明（2010）「初飛行」、光人社、p164-168

69 木村秀政（1962）「飛行機の本」、新潮社

70 徳川好敏（1884 ～ 1963）は、清水徳川家第 8 代当主にあたり、陸軍で航空分野を主導した。

71 田中舘愛橘（たなかだて あいきつ、1856 ～ 1952）は、1907 年から欧州各国の航空研究事情を調べて回り、航空条約会議に出席するなどして情報の収集に努めた。1909 年 7 月には、航空研究に関心を持つ陸海軍が田中舘の研究室を訪問して陸海軍の共同で臨時軍用気球研究会が創設される。

72 このエンジンは、空冷星型 7 気筒回転式、アンリ・ファルマン複葉機（Farman III）

73 奈良原三次（1877 ～ 1944）は、東京帝国大学工学部造兵科を卒業して海軍省技師に任官し、飛行機の研究を始め、臨時軍用気球研究会の委員に任じられた。1910 年に自費で機体に丸竹を用い「奈良原式 1 号飛行機」を製作するが、同研究会から許可が下りたアンザニ 25HP エンジン（Anzani-3W）の出力不足などもあり離陸できなかった。奈良原式 2 号飛行機は、同委員会及び海軍を退役後に製作された。

74 白戸栄之助（1885 ～ 1936）は、青森県北津軽郡金木町出身。陸軍の気球隊に入り、除隊後、陸軍軍曹当時の上官であった徳川好敏の紹介で奈良原三次に師事する。

75　伊藤音次郎（1891 〜 1971）は、大阪市出身。ライト兄弟の飛行の写真を見て飛
　　行に興味を持ち、商家に務めながら航空の道を目指した。1911 年に上京し奈良原三
　　次に弟子入りし、奈良原の航空機の製作を手伝った。

76　井上長一（1887 〜 1972）は、徳島県西條村（現阿波市吉野町西条）出身で、1952
　　年に現在の全日本空輸の前身の 1 つである極東航空の設立に参加した。

77　伊藤 音次郎（1891 〜 1971）は、伊藤飛行機研究所を設立し、多くのパイロット

78　川西龍三（1892 〜 1955）は、慶應義塾大学理財科を卒業後、合資会社日本で、
　　飛行機製作所（後の中島飛行機）に勤務し、飛行機の設計・製作を学ぶ。帝国海軍用
　　航空機開発者となる。1920 年に父川西清兵衛の会社である川西倉庫に川西機械製作
　　所を設立し、1928 年に川西航空機を分離設立する。川西航空機は、三菱重工業や川
　　崎航空機といった当時の航空機メーカーよりも規模が小さく、水上機及び飛行艇を専
　　門にして製作していたが、採算を無視した川西龍三の飽くなき国産航空機製造への情
　　熱が、後の局地戦闘機紫電の開発に繋がったとされる。戦後 1949 年には新明和工業
　　を創業する。阪神財閥系譜の川西財閥 2 代目総帥である。

79　日本航空株式会社 は、1923 年 6 月、川西清兵衛（1865 〜 1947）が設立した国
　　内で 3 番目の商業航空事業会社で、大阪飛行場を拠点として水上機で大阪 - 別府間の
　　定期便などを運航した。1928 年 10 月に日本航空輸送株式会社へと営業路線を譲渡
　　し解散した。

80　渋沢栄一（1840 〜 1931）は、1927 年に政府が立ち上げた「航空輸送会社」の
　　設立準備委員会委員長を務め、翌 1928 年に設立された「日本航空輸送株式会社」で
　　は発起人、設立委員長となり、株主でもあった。

81　逓信省所管の航空会社として発足し、1929 年に運航を開始した。同年 3 月 31 日、
　　どちらも民間航空会社であった東西定期航空会と日本航空株式会社を無償吸収合併し
　　た。当初は立川陸軍飛行場をターミナルとしていたが、1931 年に羽田空港に移転した。

82　第一次世界大戦後の欧州各国の国内外の航空路拡大を注視していた陸軍は、朝鮮、
　　満州、台湾への航空路整備を計画していた。

83　鶴田雅昭（1993）「日本航空輸送株式会社の設立とその背景：昭和初期の民間航空
　　政策」交通史研究、29 巻、p. 43-64

84　国策会社となった大日本航空株式会社の設立で国内の航空会社は運航停止となっ
　　たが、日本航空輸送研究所は、堺 - 高松 - 徳島などの地方路線を運航していたために
　　1938 年 12 月での解散を免れた。日本航空輸送研究所は、他に 1926 年 9 月に名古
　　屋港 - 和歌山県新宮間に週 1 便の定期航空路を開設した安藤飛行研究所等とともにロ
　　ーカル線運航会社として再編され、1939 年 4 月から東京（立川）- 大阪、大阪 - 福岡
　　（太刀洗）の国内旅客と蔚山（ウルサン）〜京城（現在のソウル）〜平城（現在のピ
　　ョンヤン）〜大連間での郵便・貨物の定期便が運航され、1939 年 10 月 31 日に業務
　　停止するまで続いた。

85　大谷登（1874 〜 1955）は、日本郵船第 7 代代表取締役社長を務め、船舶運営会
　　初代総裁でもある。

86　JDAC（Japan Domestic Airline Company）は、パンアメリカン航空、ノースウェ
　　スト航空、カナディアンパシフィック航空、英国航空、カンタス航空、フィリピン航
　　空、民航空運公司の外国航空 7 社の出資によって設立許可が出された。

第2編
第二次大戦後
旅客航空運輸産業の発展

第1章　第二次大戦後の欧米日本の
　　　　旅客 航空運輸の変遷
第2章　航空運輸産業の新たなる展開

第1章
第二次大戦後の欧米日本の
旅客航空運輸の変遷

概要

　第二次世界大戦後の国際民間航空は、超大国としての地位を確立し、航空自由化を提唱したアメリカと、戦場と化し国土が疲弊したヨーロッパを代表し、国内航空産業の保護・育成などを目的とした保護主義という規制を提唱したイギリスの駆け引きがあった。

　そして、第二次世界大戦後に保有機材ゼロから出発した日本は、地形的に南北に細長い島国であるために、世界の高速輸送鉄道の先駆けとなる新幹線鉄道網を構築しながらも、世界でも有数の航空運輸大国となっている。

　第二次世界大戦後の航空運輸は、世界経済のグローバル化、経済発展による個人の可処分所得の向上、旅行志向の高まり、航空路線網の拡充と空港の整備、ジェット化に伴うスピード化や快適性の向上、大型機の導入や格安航空会社の誕生による運賃の低廉化などにより航空利用旅客が増していった。

　本章では、第二次世界大戦後の国際航空運輸の展開をアメリカ、欧州、日本の視点で見ていく。

1　はじめに

　第二次世界大戦後の国際民間航空を制度化したのは、シカゴ・バミューダ体制と呼ばれる。この体制の基盤となる法制度は、1944年シカゴ会議で締結された国際民間航空条約（以下シカゴ条約[87]）と、1946年バミューダでのアメリカ・イギリス航空協定（以下バミューダⅠ[88]）であった。

　航空機は、船舶と異なり、他国領土の上空を飛行することができることか

ら、各国ともに外国の航空機の領空通過を好ましいと考えず、第一次世界大戦で航空機が兵器として使用されると、この傾向は益々強くなった。このような状況を背景に、領空主権説を成文化したパリ国際航空条約[89]が1919年に成立した。同条約は、国際民間航空の運用に関する初めての多国間条約で、国際民間航空の運用に関する基礎となる原則と規定を定めることにより、国によって異なる領空の観念と規制で生じる混乱を低減させることが目的であった。

　シカゴ条約は、パリ国際航空条約の領空主権や国籍条項に加えて、新たに安全に関する規定を盛り込んだ取決めとして、1944年12月に採択された（発効は1947年4月）。しかし、シカゴ会議では、航空業務に必要な事項を多数国間協定の形で締結することができず、運輸権（空の自由）、運賃設定、輸送力等については、二国間で解決することになった。そこで、シカゴ条約では、各国が個別に締結する二国間の国際航空運送協定（以下二国間航空協定[90]）をできるだけ統一するために「暫定航空路線についての協定に関する標準形式」（シカゴ標準形式）が作成され、二国間航空協定を作成する際の参考資料となった。しかし、シカゴ標準形式では、権利の許与および条件を定める条項、運賃条項及び輸送力条項については規定が置かれず、各国の二国間航空協定に委ねられた。

　1946年、二国間航空協定であるアメリカ・イギリス航空協定（以下バミューダⅠ）は、それまで実効性のない協定であったシカゴ形式を改善するものであった。運送形態を5つに分類し、それらを権利として交換し合う「運輸権（空の自由）」という重要な取決めを2か国間のみで結ぶことで、より実効性の高いものとした[91]。この協定は、現在に至るまで世界各国で結ばれている2か国間協定の原型となっている。

　1947年には、シカゴ条約の下で国際連合経済社会理事会の専門機関として国際民間航空機関[92]（ICAO）が設立された。ICAOでは、加盟国会議の場において、航空機や航空関連施設にかかわる規則や技術的基準が策定され、これらの規則の世界的な統一及び標準化が図られることになった。

　アメリカでは、1970年代から旅客航空運輸業における規制緩和の動きが現れ、1978年に成立した航空企業規制緩和法[93]により、路線設定、運賃を

引き下げること、新規参入を自由化するなど、大規模な航空改革をつくりあげることが可能になった。また、1995年頃にはアメリカでオープンスカイ協定が提唱された[94]。これは、航空会社が2か国間あるいは、地域内の各国において空港の発着枠、航空路線、便数などを決められる航空協定のことである。オープンスカイ協定が締結されると、路線は自国内地点、中間地点、相手国内地点および以遠地点のいずれについても制限なく選択が可能であり、自由にルートを設定することができる。

　また、便数、参入企業（コードシェア）も基本的に制限は行わないなど行政による供給量の規制がほとんどなくなるため、航空会社の裁量による運航が可能となり、利用者への利益が還元されるもので、航空自由化協定とも呼ばれる。

　本章では、第二次大戦後の欧米を中心とした旅客航空運輸業界の枠組みの成立から、1970年代後半からの規制緩和、1990年代からのオープンスカイ協定がもたらした新規格安航空会社参入等による旅客航空運輸ついて、第二次世界大戦後の日本の民間航空の復興を織り交ぜながら、アメリカ、EU、日本における旅客航空運輸の変遷を見ていく。

2　第二次世界大戦後の国際民間航空の制度化

シカゴ・バミューダ体制

　第二次世界大戦後の国際民間航空の枠組は、アメリカ・イギリスを軸につくられた「シカゴ・バニューダ体制」と呼ばれており、その体制は国内航空産業の保護・育成などを目的とした保護主義であった。これは、第二次世界大戦の結果、超大国としての地位を確立し航空自由化を提唱したアメリカと、戦場と化し国土が疲弊した欧州を代表し、規制を提唱したイギリスとの妥協で生まれたものであった。

　シカゴ・バミューダ体制の成立ちは、第二次世界大戦末期、1944年に連合国中心に52か国がシカゴに集まり、戦後の国際民間航空のあり方について議論されたシカゴ条約に始まる。シカゴ条約では、領空通過や給油目的などの着陸を認める「国際通過協定」と、運輸権を規定した「国際航空運送協

定」が作成された。

　その後、1945 年には IATA が設立され、民間の航空運輸業の方針や統一基準が整備された[95]。そして、1946 年にアメリカ、イギリス両国が、バミューダ島にて二国間交渉を行い、それを条文化したバミューダ協定が締結された。この協定の主な内容は次の 3 つであった。

① 　輸送力についての取決め

② 　航空業務についての取決め

③ 　運賃・路線に関する取決め

　以後、この協定は、国際民間航空の 2 国間協定のモデルとなった。なお、「シカゴ・バミューダ体制」では、運輸権として空の 5 つの自由が規定された（図表 23 参照）。

【図表 23　運輸権（空の自由）における第 1 から第 5 の空の自由】

第1の自由	上空通過	領空を無着陸で飛行する権利	2つの自由の協定	5つの自由の協定
第2の自由	技術着陸	運輸以外の目的（給油・緊急時）で着陸する権利		
第3の自由	往路運送	航空機の登録国で積み込んだ貨客を積み下ろす権利		
第4の自由	復路運送	航空機の登録国に向う貨客を積み込む権利		
第5の自由	以遠権	協定外国（第三国）に向う貨客を積み込み、または第三国の領域からの貨客を積み降ろす権利		

出典：著者作成。

シカゴ条約

　シカゴ条約は、第 1 条で「締約国は、各国がその領域上において完全かつ排他的な主権を有することを承認する」とされ、領空主権原則が確認された。また、第 6 条で「定期国際航空業務は、締約国の特別な許可その他の許可を受け、かつその許可の条件に従う場合を除く他は、その締約国の領空を通って、またはその領空への乗り入れを行うことができない」と規定されたことにより、航空機は、他国の領域への乗り入れや上空通過の際にも、領域国の許可が必要とされることになった。

　シカゴ会議当時、アメリカは、民間航空においては、自由な乗入れ許可を原則とすることを望んだ。これに対して、イギリスを中心とするヨーロッパ

諸国は、米国系航空会社によって国際航空網が独占されることを懸念した。そこで、航空運輸業の運送形態を分類することによって、外国の航空会社が自国の領土を使用（着陸、通過）することによって得られる利益と同等の利益を、相手国の領土からも得られることを権利に置き換え、それらを相手国と交換し合う「運輸権（空の自由）」という概念が導入された（図表23参照）。

シカゴ会議では、運輸権に関する自由原則を国際条約の形で実現したいと望むアメリカの主張が実らなかった。このために、シカゴ条約とは別に、第1と第2の自由のみを承認する国際航空業務通過協定（以下2つの自由の協定）と、第5の自由までを承認する国際航空運輸協定（以下5つの自由の協定）の2つの協定を作成して、各国が選択できるようにした（図表23参照）。

その結果、「運輸権（空の自由）」では、「2つの自由の協定」を46か国が批准したのに対し、「5つの自由の協定」の批准国が少なかった[96]。そして、1度加盟したアメリカは脱退したために実効性のない協定となった。

シカゴ条約では、航空運輸業務に必要な事項を多数国間で締結することができず、各国が個別に締結する二国間航空協定をできるだけ統一することが図られた。そのため、協定に関する標準形式として暫定的にシカゴ標準形式が作成された。シカゴ標準形式は、二国間航空協定を作成する際の参考資料となったが、運輸権（空の自由）の許与および条件を定める条項、運賃条項および輸送力条項については規定が置かれず、各国の二国間航空協定に委ねられた。

1947年にシカゴ条約に基づきICAOが設立され、シカゴ条約批准国は自動的に加盟することになった。

バミューダI

1946年2月にアメリカとイギリスの2か国間で、シカゴ形式では定めることができなかった具体的な内容を含んだバミューダIが成立した。その後の世界の二国間航空協定は、バミューダIをモデルとして各国が個別に締結した二国間航空協定（以下バミューダ型協定）によって成り立つようになった。したがって、これ以降の国際民間航空の制度は、シカゴ・バミューダ体

制とよばれる。

シカゴ・バミューダ体制は、国内航空産業の保護・育成などを目的とした保護主義であった。それは、第二次世界大戦の結果、超大国としての地位を確立し、航空自由化を提唱したアメリカと、戦場と化し国土が疲弊したヨーロッパを代表し、規制を提唱したイギリスとの妥協で生まれたものであった。

バミューダ型協定では、①特定路線、②航空企業の指定および運営許可、③航空企業の所有と支配の条件、④輸送力の決定、⑤運賃設定が規定された。その内容を図表24にまとめた。

【図表24　バミューダⅠの規定された内容】

特定路線	締約国の企業が運営できる路線を示し、出発地点・中間地点・目的地点・以遠地点を、都市名を挙げて明記。
指定航空企業	特定路線上の運営が許可される航空企業を指定。
国籍条項	航空企業は、相手国またはその国民によって実質的に所有または実効的に支配されるものでなければならない。
輸送力条項※	航空企業の提供する輸送力について原則を設けたもの。
運賃設定	運賃の適用には両国の許可が必要。
※「輸送力条項」については、次の原則が含まれている。 ・輸送に関する公衆の要求と密接な関係を有すること。 ・両国の航空企業が、路線を運営する公平かつ均等な機会を有すること。 ・一方の航空企業が幹線業務を運営する際に、他方の航空企業が提供する業務 に不当な影響を及ぼさないように後者の利益を考慮すること。 ・指定航空企業の業務は、その航空企業の国籍のある国と運輸の最終目的地である国との間の運輸の需要に適合する輸送力を供給することを第一の目的とすること。 ・両国の政府は定期的に協議を行い、協定に定める原則の遵守と規定の実施に緊密に協力すること。	

出典：著者作成。

バミューダⅠ締結に際しては、特に輸送力問題と航空運賃についてアメリカ・イギリス両国間で激しい論争があった。輸送力問題については、イギリスが事前審査主義（ある期間の提供輸送力をあらかじめ航空当局間等において需要予測等に基づいて決定する方式）を主張したのに対し、アメリカは事後審査主義（当該路線を運航している企業が輸送力増強を必要と認めた場合は、独自の判断で輸送力増強を行い、一定期間後に当該輸送力増強が必要であったか否かを審査する方式）を主張した。

また、航空運賃問題については、イギリスが国際航空運賃はIATAを通じて合意され、かつ両国の航空当局間で認可される必要があると主張したのに

対し、アメリカはこのような IATA の運賃決定機能には否定的であった。

　バミューダ型協定は、こうしたアメリカ・イギリス両国間の妥協の産物として生まれた。アメリカは、輸送力について事後審査主義を採用することで、具体的な輸送力の決定に際しては、相手国政府の事前の審査を受けることなく、両国の運行実績に応じて二国間航空協定を締結することができた。具体的には、相手国との調整を、図表24に示す輸送力条項の基準に照らしたかたちで行うことで、自国の企業の判断で輸送力の決定を自由に行うことができた。一方、運賃設定については、イギリスが主張した IATA の運賃決定機能が承認された。

　バミューダⅠは、提供輸送力の大きさは原則として当該航空企業の属する国と運輸の最終目的地との間の需要（図表23の第3および第4の自由の貨客）に適合するものでなければならないという輸送力決定の基準を初めて定め、これ以後、各国の間の締結された航空協定はこれにならったものが多く、アメリカとの関係協定では約75% がバミューダ型協定をとっているといわれている[97]。この場合アメリカは、事後審査主義をとっているため、具体的な輸送力の決定に際しては、相手国政府の事前の審査を受けることなく企業の判断で自由に行い、実績による調整を行うことができた。

　このような輸送力供給の自由化は、航空会社に自主性を与え、個々の企業の拡大意欲を通じて、国際輸送全般を発展せしめることを意図したものである。しかし、この反面、先進国と航空における後進国による二国間航空協定において、航空における実績が少ない後進国側の中小航空会社が、先進国の大手航空会社によって不当な圧迫を受ける懸念があった。また、航空企業間の過当競争を引き起こし、輸送力過剰に陥る危険も包蔵していた。

　第二次世界大戦後のシカゴ・バミューダ体制下での国際航空の推移を見ると、当初強く主張された運輸権（空の自由）は次第に後退しており、航空における後進国側は、自国企業の保護育成のため、外国企業に対する制限を強化する傾向にあった。また、先進国の間にも低コストの大型機導入にもかかわらず、輸送力が過剰なため経営状態は依然として改善されず、運賃の値下げにも消極的にならざるを得ない状態であった。

　シカゴ・バミューダ体制のもとで国際線航空路線は運航されていたが、相

手国と自国の二国間および上空通過国との航空協定が必要となり、増便など
を実施する場合、再度協定の変更のため合意が必要となり、その交渉には時
間などが掛かっていた。しかし、1960 年代以降の経済のグローバル化に伴
い市場の変化が早くなると、両国が合意して協定変更ができたときには商機
を逃すこともあった。

こうした状況の原因の 1 つに輸送力の事後審査主義が挙げられる。国際航
空運輸が拡大する中で、航空企業間または政府間において、この問題を積極
的に調整すべきであるという意見が強くなった。そのため、輸送力を事前に
調整するためにとられた手段は 2 つであった。

1 つは、政府間の航空協定において事後審査方式をとらず、需給バランス
からみて合理的な輸送力を事前に決定し、増加を必要とする場合には両国航
空当局間の協議により増加を認めるという方式である。

もう 1 つの手段は、航空企業間におけるプール協定等の方法による協調で
ある。競争路線において過当競争を避けるため、収入をプールし、運航回数
も企業間で事前に協議する建前をとつているのが通例で、ヨーロッパにおい
てはきわめて広汎に採り入れられた方式である。

この時期（1946 〜 1974）、英国欧州航空 [98]（BEA）の経営が好調だったのは、
欧州における路線をほとんどすべてプールしていることが大きな原因であった。

バミューダ II とアメリカモデル航空協定

イギリスは、バミューダ I によって両国間に利益の不均衡が生じたとして、
1976 年にバミューダ I を破棄する旨をアメリカに通告した。その後、両国
間で改正交渉が続けられ、1977 年 7 月 23 日にバミューダ II が発効された。

バミューダ II では、特定路線に参入できる指定航空企業の数に制限を設け、
輸送力については、バミューダ I の原則を維持しながら、具体的基準として、
利用率を導入した。また、新規航空企業の参入の際には、既存の航空企業の
輸送力を制限することを可能にした。

この結果、北大西洋路線の輸送力の増加については、両国が事前に協議する
ことになり、また、アメリカの航空会社のロンドンおよび香港以遠の以遠権（空の
自由における第 5 の自由、図表 23 参照）が漸次削減されることとなった。

これに対しアメリカは、バミューダ II はアメリカの意に沿わないものであるとして、バミューダ II がバミューダ I に代わる新しい雛形になることを懸念した。バミューダ II に対して、アメリカ国内ではイギリスに譲歩し過ぎであるとの批判が多かった。

そこで、アメリカは、この新協定を例外的なものとして、再び自由競争主義に基づいて、1978 年に国内の航空規制緩和法の成立と併せ、アメリカモデル航空協定を作成して、イギリス以外の国とバミューダ II の改正交渉を開始した。そして 1978 年 3 月、オランダとの航空協定を改定した。この協定改定によりオランダはアメリカ国内新乗入れ地点を獲得したが、低運賃、輸送力の制限排除等に合意した。

アメリカは、1978 年 8 月、カーター政権下においてアメリカモデル航空協定を発表した。これは、国際航空分野においても多様性、質、価格を決定するための競争に基づく制度の構築を目指すものであった。そして、アメリカとの航空交渉において、競争を導入した国への見返りとして、アメリカ国内の自由乗入れを相手国に与えるというものであった。

アメリカの新国際航空政策の具体的目標として、次の 4 点が掲げられた。
① 競争的運賃の導入
② チャーターの自由化
③ 定期輸送における輸送力、便数、路線権等の規制の排除
④ 複数のアメリカ企業の自由な指定

アメリカは、オランダとの航空協定の改定に続き、この新政策発表の前後に、イスラエル（1978 年 7 月）、韓国（1978 年 9 月）、西ドイツ（1978 年 11 月）、ベルギー（1978 年 11 月）、シンガポール（1979 年 3 月）、タイ（1979 年 6 月）等と次々に交渉を行い、アメリカモデル航空協定を大幅に受け入れさせた形で、二国間協定を改定した。

ICAO および IATA をめぐる動きとアメリカ民間航空委員会（USCAB）

ICAO の従来の活動は、航空の技術的問題法律的問題に関するものが多い。しかし、国際航空において経済的問題についても世界的なベースで検討すべきであるとの要求が高まったため、ICAO による特別運送会議が開催された。

この会議は、イギリスがバミューダⅡを発効する3年前の1974年4月に開催され、深刻化している次の問題が討議された。

① 　輸送力問題

② 　不定期航空問題

③ 　運賃設定機構問題

④ 　運賃遵守問題

　会議の結果、それぞれの問題について次の勧告が決議された。

　①では、ICAO理事会が輸送力を規制するための基準、事前審査主義を基礎とするモデル条項を作成すること。

　②では、不定期航空運送を定期航空運送から区別する定義またはガイドラインを設定するための研究を行うこと。

　③では、ICAOの代表がオブザーバーとしてIATA運送会議に出席すること。

　④では、運賃設定違反に対する罰則を設け、また運賃設定違反を調査する機構をもつこと。

　他方、IATAをめぐる動きとしては、78年6月、かねてからIATA運送会議による運賃決定方式に批判的であったアメリカ民間航空委員会[99] (USCAB)が、IATA決議および関係協定はもはや公益に合致しないので不認可とすべきであるとの暫定的判断を下し、これに異議ある者はその理由をUSCABに対し提出するようにとのいわゆるShow Cause Order（原因を示すための命令）を発出した。

　これに対し、79年5月までに、日本を含む46か国の政府、45の航空会社等がコメントを提出した。コメントの内容の大部分が以下の理由に基づく反対意見であった。

① 　これまでもIATAは国際間の複雑な路線網にまたがる国際航空運賃の決定に有効に機能し、その整合性を保つのに貢献してきたこと。

② 　現在、1ATA自体も弾力的な運賃決定を目指して機構改革中であり、アメリカはその帰趨を見定めるまでは性急な評価を下すべきではないこと。

③ 　航空運賃については、各国はその置かれた立場から独自の見解と利害を有しており、各国に多角的なかかわりを持つ航空運賃に関する問題は各国間で事前に十分協議を経てから決定されるべきであり、アメリカのかかる

政策を一方的に各国に対し押しつけるべきでないこと。

このような国際環境の変化に対応して、IATA 自体もより弾力的な運賃決定を行うための機構改革を進めてきたが、1978 年 11 月に開催された IATA 年次総会で同改革案が承認された。改革案の主な内容は次のとおりであった。
①　IATA 現会員は，航空会社間の運賃清算，航空券の標準化等の同業組合的活動を行う「手続会議」の会員となるが、「運賃調整会議」の会員となるか否かは選択的とする。
②　地域別の「運賃調整会議」を設け、かつそれによる運賃決定を容易にする。
③　地域別の「運賃調整会議」における当事国航空会社の発言権を強いものにする。

改革案は、関係各国の認可を経て、1979 年 10 月 1 日を目途に実施されることが決定された。一方、USCAB は、このような動きに対して、1979 年 5 月に IATA 改革案を暫定的に認可するとともに、「Show Cause Order」に関し、各国と協議するため、1979 年 7 月末に南米、欧州、アフリカの 3 地域で多国間会議を開催した（アジアでは参加国が少なく不成立）。

この会議では、いずれにおいても各国は、アメリカの「Show Cause Order」を強く批判し、特に新 IATA 組織には少なくとも 12 か月のテスト期間を与えるべきであり、その間は一方的評価を差し控えるよう要求した。アメリカ国内においても USCAB への批判が高まっていた。USCAB は、設立以来 30 年以上に渡って規制を行ってきたが、1970 年代に入ってからボーイング 747（ジャンボ機）などの大型機が登場し、航空業界にも大量輸送・大衆化の時代が到来した。それにより、航空料金への消費者意識が向上した。

さらには、1973 年の第 4 次中東戦争をきっかけにした石油危機が勃発し、USCAB が航空料金を急激に引き上げたことも重なり、USCAB に対する不満が募っていった。1977 年、そのような中の大統領選で、カーター大統領が就任し、世論に従い航空規制の緩和を目指した。その結果、1978 年に「航空企業規制廃止法」(Airline Deregulation Act) が成立した。これにより、USCAB の規制は 4 年間で廃止され、1985 年に USCAB は廃止された。

オープンスカイ協定

アメリカモデル航空協定は、バミューダ II に代わる新たな協定を性急に求

めたために、相手国にアメリカ国内の自由乗入れを開放しすぎたとして、アメリカ国内航空企業から反発があった。太平洋航路での日本に馴染みがあったパンアメリカン航空は、1985年に経営悪化のために太平洋航路をユナイテッド航空に売却し、日本路線から撤退したのに続き、1991年には操業を停止して73年の歴史を閉じた。

さらにアメリカ航空業界は、1990年代前半の財政改革[100]と湾岸戦争[101]等の影響を受けて低迷が続いていた。「アメリカの変革」を唱えて大統領に当選したクリントン政権下[102]では、クリントノミクス[103]と呼ばれるマクロ経済政策が掲げられ、政府の産業協力拡大、財政赤字削減が大きな柱におかれた。航空産業の分野では、国内の航空企業の体質強化と競争力向上のために「強い、競争力のある航空産業を確保するための国家委員会」が設置され、効率性と技術優位、財政強化、世界市場へのアクセスというテーマで調査がなされ、その結果に基づく勧告が議会と大統領に出された[104]。

この勧告を考慮して、クリントン政権は、1995年3月に「モデル・オープンスカイ協定（以下オープンスカイ協定）」を発表、4月に「国際航空輸送政策宣言[105]（以下政策宣言）」を出した。政策宣言では、概ね次のことが述べられている。
・国際航空の需要は、欧米のみならず、アジア太平洋地域、ラテンアメリカ市場で急成長している。
・国際的なハブ・アンド・スポークシステム化の展開によってネットワークがグローバル化している。
・コードシェアリングの普及など、二国間体制では世界が必要とする市場アクセスに対応できない。
・現在の国際航空を取り巻く環境では、合理的な展望がみられる場合には多国間交渉が必要。

このクリントン政権の新国際航空政策では、航空輸送の需要拡大とグローバル化においての航空輸送政策は、二国間の往復輸送や以遠権の行使というシカゴ条約からの運輸権（空の自由）における第1から第5の自由（図表23参照）という概念では適応できなくなったことが明らかになった。

そこで、運輸権（空の自由）にさらに自由な路線設定の必要性が求められ、

アメリカを中心とした新しい制度が整備された（図表 25 参照）。

【図表 25　運輸権（空の自由）における第 6 から第 9 の空の自由】

第6の自由	三国間輸送	自国を経由して、出発地である相手国の地点から、到着地である第三国の地点へ向けて行われる運送
第7の自由	三国間輸送	自国を経由しない、相手国と第三国の運送
第8の自由	タグエンド・ガボタージュ	相手国から自国へ向かう運送において、相手国で乗せた貨客を相手国の別の地点で降ろす場合（タグエンド・カボタージュ）
第9の自由	カボタージュ	相手国の二つの地点を結ぶ場合（カボタージ）

出典：著者作成。

　アメリカは、1995 年以降、オープンスカイ協定を雛形として、バミューダⅡをオープンスカイ協定に改正する交渉を始めた。オープンスカイ協定では、運輸権は、後背地点、中間地点、相手国内地点及び以遠権地点の間の自由な路線設定を認めている。ただし、カボタージ[106] および自国内地点を省略した第三国輸送（第 7 の自由・図表 25 参照）は認めていない。

　また、運航の方向、便名、地点の組合せ、運航地点の順序、地点の省略、航空機の変更の自由を規定している。運輸権（空の自由）における第 1 から第 9 の自由を図表 26 にまとめる。

【図表 26　国際航空運輸における 9 つの自由】

出典：花岡伸也（2013）「航空政策と航空需」第 5 回交通政策審議会航空分科会基本政策部会（2013.3.12）資料 6 をもとに著者作成。

3　第二次世界大戦後のアメリカの国際民間航空

USCAB による規制時代から航空路規制撤廃法へ

　第二次世界大戦前後のアメリカでの国際線では、1938 年にフランクリン・ルーズベルト大統領が当時アメリカの「国策航空会社」的存在であったパンアメリカン航空[107] のファン・トリップ会長のロビー活動を受けて設立したUSCAB の決定により、国際線を運航できる航空会社が限られていた。さらに機内サービスやその運賃設定も USCAB と航空会社が一方的に決めていたこともあり、このような国際線のカルテル体制が他国に比べてより一層盤石なものとなっていた。

　一方で、アメリカの国内民間航空政策は、航空産業の新規参入は比較的容易であるものの、安全や機材に対する多額の投資が必要なこと、ある種公益事業であることなどを背景に、運賃や路線などに規制が設けられていた。USCAB によって、ほとんどの新規参入が禁止され、重要路線では強力に競争するのではなく 2 〜 3 社の穏健な競争が展開されるよう規制されていた。価格競争は最小限におさえられ、非価格分野での競争（機内サービス等）が中心だった。

　しかし、1970 年代に入り、ボーイング 7473（ジャンボ機）などの大型機の登場とともに空の大量輸送・大衆化時代に突入し、航空機への利用者の意識が身近になると、次第に航空運賃への不満が高まっていった。1970 年代初め、USCAB による規制の撤廃と競争の圧力がかかり、1975 年までに、料金の値下げ、規制緩和が行われた。

　この航空規制緩和政策が導入された大きな理由（動機）は、自国経済の再活性化と財政再建であった[108]。

　1978 年には航空路規制撤廃法が可決される頃には、自由参入と自由な運賃設定が可能になった。さらに、1985 年までに USCAB も廃止された。この規制緩和の後、新規参入が相次ぎ、価格の引下げも進んだ。さらにハブ・アンド・スポークシステムとコンピュータ発券予約システム[109]（CRS）という 2 つのイノベーションも生み出された。

ハブ・アンド・スポークシステム [ハブ・アンド・スポークシステム [110] (HSS) は、発着場使用における既存企業の独占的利用によって、大手航空会社による高度に集中した寡占体制を可能にした。ハブ・アンド・スポークシステムとは、各方面からの旅客を主要空港（ハブ空港）に一旦集め、次の飛行機に乗り換えさせて、最終目的地の支線空港に運ぶというシステムである。また、ハブ空港間は大型機を投入して旅客を大量輸送することで規模の経済性を追求できる。

【図表 27　ハブ・アンド・スポークシステム概念図】

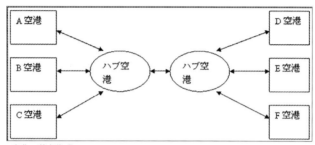

出典：著者作成。

航空自由化政策（ディレギュレーション）

アメリカの旅客航空運輸業の規制緩和を決定づけたのは、1978 年に成立した航空企業規制緩和法であった。航空企業規制緩和法により、路線設定、運賃を引き下げること、新規参入を自由化するなど、大規模な航空改革を作りあげることが可能になった。この出来事が LCC のビジネスモデルが確立されるきっかけになったと考えられる。最初に規制緩和の対象となったのが航空路線の参入規制である。当時アメリカには多くの航空会社があったが、運航権は、次の 3 つに分かれていた。

①　ある州内だけを運航する権利

②　州と州をまたいで運航する権利

③　アメリカ国内と海外を行き来するという権利

しかし、航空企業規制廃止法により、1981 年には参入規制の撤廃が実現し、1982 年には運賃の政府認可も必要なくなった。その後も国際航空企業の国内線参入許可などの規制緩和を積み重ね、1985 年には商業的な航空を

規制する USCAB が廃止され、完全な航空自由化が実現している。ただし、安全や保安については連邦航空局 [アメリカ連邦航空局 [111] （FAA）が引き続き管理している。

アメリカのオープンスカイ協定

前節では第二次世界大戦後の国際民間航空の制度化として、運輸権（空の自由）の視点でオープンスカイ協定について見てきたが、ここでは、アメリカ国内での航空政策の視点で、オープンスカイ協定の制度化を見ていく。

1990 年代に入って、ヨーロッパ諸国も顕著に航空自由化を目指し始めた。この動きに注目したクリントン政権が、自由型二国間協定をさらに発展させ、ほぼすべての制限を排除した新しい完全自由化型の二国間航空協定を締結するため、新航空政策である「オープンスカイ政策」を発表したことは前節で述べたとおりである。この背景にはアメリカの航空会社の寡占化がある（図表 28 参照）。

【図表 28　アメリカの航空会社の寡占化】

設立年月日		持ち株会社	合併対象の航空会社	アライアンス
2010	1月31日	デルタ航空	デルタ航空/ノースウェスト航空	SKYTEAM
2010	10月	ユナイテッド航空	ユナイテッド航空/コンチネンタル航空	STARALLIANCE
2012	8月31日	アメリカン航空	アメリカン航空/USエアウェイズ	oneworld

出典：著者作成。

2000 年以降の世界の航空輸送産業は、アメリカの大手航空輸送企業（メジャー）の主導する航空連合（アライアンス）への集約化が進み、寡占的競争が繰り広げられる状況にあった（図表 29 参照）。

こうした国際提携を積極的に促進してきたのがアメリカ政府運輸省 [112]（DOT）のオープンスカイ政策である。

アメリカによれば、この政策は消費者の利益を保護するものであり、貿易の自由化を促進する上で手段の自由化は必須であるという主張である [113]。その結果、1992 年 9 月、アメリカとオランダとの間で、特定路線、輸送力、以遠権の行使を航空企業の自由決定に委ねる初の本格的なオープンスカイ協

社名	コード	設立	社名変更	合併/清算	アライアンス
ウェスタン・エアー・エクスプレス	WA	1925	TWAトランスワールド航空(1950)	アメリカン航空に吸収(2001)	
ユナイテッド航空	UA	1926			STAR ALLIANCE
イースタン航空	EA	1926		清算(1991)	
ノースウェスト航空	NW	1926		デルタ航空と経営統合(2008)	
パンアメリカンワールドエアラインズ	PA	1927	パンアメリカン航空(1929)	操業停止(1991)	
ブラニフ航空	BN	1928		破産(1982)	
インター・アイランド航空		1929	ハワイ航空(1941)		
デルタ航空	DL	1929			SKYTEAM
アメリカン航空	AA	1930			one world
アラスカ航空	AS	1932			one world
ナショナル航空	NA	1934		パンアメリカン航空に吸収(1980)	
ヴァーニー・スピードライン		1934	コンチネンタル航空(1937)	ユナイテッド航空と経営統合(2010)	
アレゲニー航空		1939	USエアー(1979)/USエアウェイズ(1997)	アメリカン航空の子会社(2015)	
ミッドウェスト航空	YX	1948			
ワールド・エアウェイズ	WO	1948		経営破綻(2014)	
エア・サウスウェスト	WN	1967	サウスウェスト航空(1971)		LCC
スカイウェスト航空	OO	1972			地域航空会社
スピリット航空	NK	1980			LCC
アメリカウェスト航空	HP	1981		US.エアウェイズと経営統合(2005)	
ピープル・エキスプレス	PE	1981		コンチネンタル航空に買収(1987)	
ノースアメリカン航空	NA	1989		ワールド・エア・ホールディング社に買収(2005)	LCC
エアトラン	FL	1993			LCC
フロンティア航空	F9	1994			LCC
エンヴォイ・エア	MQ	1998			地域航空会社
ジェットブルー航空	B6	1998			LCC
ヴァージン・アメリカ	VX	2006	イギリスのヴァージングループ		エレベート

出典：著者作成。

定が誕生した。そして、1995年にアメリカでモデル・オープンスカイ協定
が発表された。その主な内容を次に示す。

・乗入れ地点、以遠権（第5の自由）他全ての運輸権の交換（カボタージュ、
　第7の自由を除く）。
・指定企業に制限を加えない。
・輸送力については航空会社が自由に決定する。
・運賃は市場における商業的考慮に基づき、それぞれの航空会社により決定
　する。
・コードシェアなど商業的機会を認める。

　オープンスカイ協定は、航空会社が2か国間あるいは、地域内の各国に
おいて空港の発着枠、航空路線、便数などを決められる航空協定といえる。
それまでは、国際線航空路線を運航するために、相手国と自国の二国間およ

び上空通過国との航空協定が必要となり、増便などを実施する場合、再度、協定の変更のため合意が必要となり、その交渉に時間などが掛かっていた。

　オープンスカイ協定が締結されると、路線は自国内地点、中間地点、相手国内地点および以遠地点のいずれについても制限なく選択が可能となり、自由にルートを設定することができることになった。これにより、便数、参入企業(コードシェア)も基本的に制限は行わない（ただし、航空企業は通常の手続により希望する空港の発着枠を確保することが必要）など、行政による供給量の規制が殆どなくなった。オープンスカイ協定では、航空会社の裁量による運航が可能となり、利用者への利益が還元されることになった。

　1995年以降、アメリカは、カナダ、オーストリアなどの諸国と次々にオープンスカイ協定を締結していき、2008年以降は、100か国を超える自由化航空協定へと発展している[114]。

サウスウエスト航空のビジネスモデル

　1971年6月、ダラス・ヒューストン・サンアントニオの3都市を1日18往復する航空会社として、サウスウエスト航空の運航が開始された。当初、サウスウエスト航空は、ヒューストンではインターコンチネンタル空港に発着していたが、ヒューストンにはもう1つ、ウィリアム・P・ホビー空港[115]（ホビー空港）が存在した。すでにホビー空港はすべての旅客航空会社が撤退していたが、市街地から近いことから、サウスウエスト航空が主なターゲットとするビジネス客には適した空港であった。

　サウスウェスト航空は、1971年11月より試行的にホビー空港発着便を設定したところ、利用者数が急増したため、直ちにヒューストンでのすべての発着便をホビー空港に移した。都市部に近い第二空港に発着する手法は、その後LCCの成功の法則の1つになっている。

　ディレギュレーション後、テキサス州内の航空会社として設立されたサウスウエスト航空は、テキサス州外への路線展開を行うことが可能になった。そこで、それまでのサウスウエスト航空の基本戦略であった「短距離を低運賃・高頻度運航」という方針を今後も続けるべきかどうか検討された結果、基本戦略を変更せずに事業の拡大を進めていくということになった。

そして、サウスウェスト航空は、ヒューストンとニューオーリンズを結ぶ路線を開設し、続いてダラスからニューオーリンズの路線の開設申請を行った。しかし、これは他社の反対によるロビー活動に阻まれた [116]。そのため、最終的にラブフィールド空港 [117] からは、テキサス州と隣接する州より遠い地点への路線開設ができないことになった。

　ここでサウスウエスト航空が打ち出した方針は、他社のように「ハブ・アンド・スポーク型」と呼ばれるネットワーク形態を構築せず、保有機材であるボーイング 737 の航続距離や収容力を最大限に活用し、2 地点間の輸送に重点を置く「ポイント・トゥ・ポイント型」の輸送に徹することであった。

　つまり、ある程度の集客が見込める短距離・中距離の路線を開設し、それらの路線を相互につなげていくことでネットワークを拡大する手法をとったのである。

　次にその後に参入する LCC 各社のビジネスモデルとなったサウスウエスト航空の経営戦略のポイントを挙げる。

① 　二次空港から短距離・低運賃便を飛ばし、ポイント・トゥ・ポイント戦略を行う。
② 　用機材を統一する。
③ 　コーポレート・アイデンティティ（CI）を確立する。

　このことから、アメリカの LCC 市場は、既存の大手企業がシェア拡大に重点を置く中、収益向上に重点を置いていることがわかる。二次空港を利用することにより、コスト削減、多頻度の運航が可能となり顧客に安心感を与えることとなり、顧客満足度が高まったのである。

4　第二次世界大戦後の欧州の国際民間航空

欧州連合

　欧州連合 [118]（EU）の発足時の構造は、3 本の柱から成り立っていた。第 1 の柱は、欧州共同体 [119]（EC）と欧州原子力共同体（Euratom）であった。第 2 の柱は、共通外交・安全保障政策 [120]（CFSP）、第 3 の柱は、警察・刑事司法協力 [121]（PJCC）である。

EU は、その活動の整合性および継続性を確保するために、「単一制度枠組み（single institutional framework）」を採用している[122]。つまり、3 本の柱にそれぞれ対応する個別の機関を設置するのではなく、最高意思決定機関である欧州理事会の指針の下に、諸機関がすべての柱に共通な機関として活動している。

しかし、第 1 の柱が超国家性を有する一方、第 2 の柱は主権国家の政府間協力の色彩が濃く、第 3 の柱はその中間的な性格を有している。

3 本の柱ごとに性格が異なるため、各機関における立法・政策決定および執行は、柱ごとに異なる手続を取っている。また、同じ柱に属していても、分野によっては手続が異なる場合がある。このことが EU における手続を複雑で難解なものにしている。

また、EU 諸機関間の権限分配は、主権国家に見られる三権分立ではない。特に EU の政治システムを担う EU 理事会[123]（Consilium）、欧州委員会[124]（EC）、欧州議会[125]の 3 者は、お互いにお互いの突出を妨げ、しかも機能的に重複し合うという極めて複雑な形を取っている。

欧州の旅客航空運輸政策

欧州における旅客航空運輸政策は、1957 年のローマ条約[126]の 3 条において、エネルギー政策や農業政策等とともに、単一市場を構成するために求められる政策カテゴリーの 1 つに掲げられていた。そこでは、人やモノの自由な移動を物理的に保証するため、「運輸の分野における共通政策の樹立」が規定され、運輸分野における各国間の協力が要請された。

ただし、国際航空運輸については、加盟国それぞれにあるナショナルフラッグキャリアの既得権益を脅かす恐れがあったため、具体的な規則は打ち出されなかった。このため共通運輸政策の中身については、各国間の政策理念の相違から合意に至らず、1980 年代までの交通インフラは、各国独自の基準で整備が進められた[127]。

しかしながら、1970 年以降、EC の拡大[128]やヨーロッパ通貨制度[129]（EMS）の発足など欧州全土における市場統合が進むにつれ、共通の航空政策を打ち出すべきとの考えが次第に広まっていた。

また、欧州では、1978年にアメリカで導入された国内航空の規制廃止が運賃の低下、旅客の増加など市場の活性化を生み出し、航空の安全化にも好結果をもたらしていることに大きな関心を寄せられていた。

　そこでECでは、アメリカ国内市場に匹敵する欧州単一市場の自由化についての検討を始めた。1982年9月の欧州議会では、運輸理事会が共通運輸政策を導入したにもかかわらず、条約の規定に反して、その一般的な枠組みを採択していないことを理由に、職務を適正に遂行していないと判断し、欧州裁判所に提訴した[130]。その結果、1985年5月、欧州裁判所は、「運輸理事会は、国際交通の分野で輸送サービスの自由を確保しておらず、ローマ条約に違反である」とする判決を出した。

　1978年にEC閣僚理事会は、航空運輸を最優先政策分野として取り上げ、1979年に欧州委員会から「民間航空の将来に関する政策の覚書＝メモランダムⅠ」が発表された。続く1984年の「民間航空の将来に関する政策の覚書＝メモランダムⅡ」では、二国間協定の範囲内における航空自由化の推進手法について具体的な内容が提示された。その後、欧州委員会では加盟国内共通の航空政策に関する協議が行われ、1987年のEC閣僚理事会で理事会規則・指令として合意に至り、1988年にパッケージⅠとして発効させたのに続き、1990年にパッケージⅡを、1993年にパッケージⅢが発効された。

　次に欧州で取りまとめられたパッケージ協定について見ていく。

① 　パッケージⅠ

　1986年前半のEC閣僚理事会議長国であったオランダは、単一欧州議定書を作成するにおいて、「閣僚理事会は、航空運賃、輸送力、市場アクセスに関する適度な決定を遅らせることなく採択する」旨を盛り込ませた[131]。

　続いて、1986年後半の議長国イギリスは、欧州委員会による司法手続開始の動きを支持する一方で、フランスとの間で妥協案を作成、他の慎重派の国々への働きかけにより、反対派はイタリア、ギリシア、ノルウェー、スペインに絞られた[132]。これにより、1987年前半、パッケージⅠについての実質的合意がなされた。

② 　パッケージⅡ

　パッケージⅠ後も、欧州委員会による法的措置の圧力と急進的な自由化提

案や、自由化プロセスの対応のもと、航空運輸の自由化の流れは維持・強化され、EC 域内輸送インフラについての議論が深まっていった。

1989 年後半の EC 閣僚理事会議長国であったフランスのミッテラン大統領は、運輸大臣に自由化推進の圧力をかけ、同年 12 月にフランスは大幅な自由化の受入れを決定した。そして、翌年の 1990 年にパッケージ II が発効された。

パッケージ II では、フランスの慎重派・反対派が時間稼ぎの戦略をとったために、運賃の二重不認制（ダブルディスアプルーバル制度[133]）やカボタージュの自由化は見送られたが、フレキシブルゾーンの拡張、二国間の輸送力下限の引下げ、第 5 の自由（以遠権、図表 23 および図表 26 参照）の行使範囲拡大が発表され、パッケージ I よりも自由度が高い内容となった。

パッケージ II の発効と並ぶ形で EC では、経済、外交、安全保障に至るまで欧州を 1 つの政治単位として統合する議論が持ち上がっていた。

1993 年に EU が創設されたのを契機に、欧州委員会は、航空運輸に係る EU の対外交渉権の確立、加盟国内のカボタージュの撤廃、欧州自由貿易連合[134]（EFTA）において、オーストリア、ノルウェー、スイス、アイスランド、スウェーデンとの航空自由化交渉を盛り込んだ抜本的な政策転換を提案した。

また、1992 年 12 月に発表された最初の運輸白書「共通運輸政策の将来的展望」では、国際運輸に適した効率的なインフラ整備を進める必要性が勧告された。

③　パッケージ III

EC では、パッケージ II の議論と並ぶ形で欧州を 1 つの政治単位として統合するという方向づけがなされていたため、パッケージ III の課題、すなわち自由化の最終段階の課題である第 7 の自由（三国間輸送）および第 9 の自由（カボタージュ、図表 25 および図表 26 参照）が議論の中心となった。

また、ここでもフランスの慎重派により、安全確保や雇用問題への対応をパッケージ III に盛り込むことが要求されたが、EC 閣僚理事会の 1991 〜 92 年の議長国であったオランダとポルトガルは、カボタージュの全面自由化を 1997 年とする一方で、安全等の議論を抑制し、合意達成にこぎつけた。そ

して 1993 年に、EU 共通免許の導入や輸送力、第 5 の自由（以遠権）、運賃設定の自由化に関する制限の廃止を唱えたパッケージⅢが発効された。

パッケージⅢの意義は、ヨーロッパにおける二国間システムから多国間システムへの変容にある。この地域システムの中で、EU と航空会社の間に直接的な法的関係が構築され、市場アクセスや輸送力等の規制が自由化され、また、運賃の二重不認可制が導入された。

パッケージⅢ以後の EU 航空市場

パッケージⅢでは、その要ともいえるカボタージュの撤廃について、5 年のタイムラグが設定されたが、1997 年に実現している。その間、EU の航空市場は、ドラスティックな変化を遂げた。具体的には次の 4 つが挙げられる。

第 1 に、パッケージⅢは、これまで各国ごとに分断されていた市場を統合し、EU の単一航空市場を生み出す対策であったために、コストカットを目的として、国境を越えた事業展開を行う航空会社が現れたことである。これは、パッケージⅢと併せて適用された外資規制の緩和も影響しているといえる [135]。航空会社にとっては、資金調達や資本提携を検討する上で煩雑な手続を経ることなく、容易に海外進出を達成できるようになったメリットは大きい。

第 2 に、大手航空会社と LCC 間の価格競争である。航空における密度の経済とは、所与のネットワーク規模でキャパシティーの利用を最大化することによって、1 便当たりの平均費用が低減する状態を指す [136]。

密度の経済学は、航空会社にとっては規模の経済を発揮させる場合と比較して、ネットワークの拡大や運航便数の増大を通して効率的に平均費用を引き下げることができる手段である。LCC は、ハブ空港よりも混雑が少ないセカンダリー空港に就航することで、ターンアラウンドタイム [137] を節約し、機材稼働率を向上させ、単一クラス制のもとシートピッチを縮めることによって、密度の経済を達成し、大手航空会社よりもコスト優位に立っているのである。

第 3 に、大手航空会社は、ハブ空港への集約を進めつつ、系列の航空会社、

あるいはリージョナル部門を棲み分けで担ってきた同業他社との協力体制も併せて強化していることである。

　こうした航空会社の協力体制は、次の３つに分類される[138]。

① 　フランチャイズ化

② 　共同事業

③ 　グローバルレベルでの対応

　①のフランチャイズ化とは、フランチャイザーの航空会社がパートナーとなる航空に商品の販売権を与え、フランチャイジーの航空会社は、親会社のブランドを利用し、商品を販売することを指す。フランチャイザーの航空会社は、フランチャイジーの航空会社を利用して、自社ブランドを広げることが可能であるし、フランチャイジーの航空会社も大手航空会社の下に組み入れられることによって、経営上のリスクを回避することができる。

　②の共同事業は、競合路線におけるコードシェアリングの強化や共同ビジネスプラン・経営戦略の確立、並びに共同の持株会社の設立を意味する。

　③のグローバルレベルでの対応とは、航空会社間の戦略的提携を強めることによって、長距離国際線からのフィーダー[139]部門にかかる就航都市ペア数を拡大させることを目指す。

　第４に、LCC の躍進である。EU の LCC は、その多くがアメリカのサウスウエスト航空をモデルにしているが、パッケージⅢの発効と並ぶ形で急激な成長を遂げ、ライアンエア[140]やイージージェット[141]に代表される LCC が相次いで航空市場に進出した。

5 　イギリスとアメリカとの駆引き

モデル・オープンスカイ協定の締結

　1946 年にアメリカとイギリスの２か国間で結ばれたバミューダⅠは、運送形態を５つに分類し、それらを権利として交換し合う「運輸権」という重要な取決めを２か国間のみで結ぶことで、それまで実効性のない協定であった国際航空運送協定を改善してより実効性の高いものとした。

　続いて 1947 年には、シカゴ条約の下で国際連合経済社会理事会の専門機

関としてICAOが設立された。そして、加盟国会議の場において、航空機や航空関連施設にかかわる規則や技術的基準が策定され、これらの規則が世界的な統一及び標準化になった。このためバミューダⅠは、その後の世界各国で結ばれた2か国間協定の原型となり、シカゴ・バミューダ体制と呼ばれる。

しかし、イギリスは、バミューダⅠによって両国間に利益の不均衡が生じたとして、1976年にバミューダⅠを廃棄する旨をアメリカに通告した。英米両国間ではその後改正交渉が続けられ、1977年にバミューダⅡが発効した。バミューダⅡでは、特定路線に参入できる指定航空企業の数に制限を設け、輸送力については、バミューダⅠの原則を維持しつつ、具体的基準として利用率を導入した。また、新規航空企業参入の際には、既存の航空企業の輸送力を制限することを可能にした。

これに対してアメリカは、バミューダⅡの内容が保護主義的であり、イギリス側の航空企業に利するものと考えた。そして1970年代、北大西洋市場でのアメリカ側航空企業のシェア低下が続いていたこともあり、アメリカの意に沿わないものであるとして、バミューダⅡがバミューダⅠに代わる新しい雛形になることを懸念した。

また、アメリカでは、1970年代から旅客航空運輸業における規制緩和の動きが現れていた。そこでアメリカは、1978年に航空企業規制緩和法を成立することで、アメリカモデル航空協定を策定した。

この協定では、路線設定、運賃の引下げ、新規参入などが自由化するとして、英国以外の国とバミューダ協定の改正交渉を開始した。しかし、その後、アメリカ航空業界では、業績不振が続き、アメリカモデル航空協定による改正には消極的になった。

1990年代に入るとアメリカは、航空業界の体質強化と国際競争力の向上を目指す方針を発表し、再び「モデル・オープンスカイ協定」を作成して、既存の二国間航空協定の改正交渉に動き出した。これは、航空会社が2か国間あるいは地域内の各国において空港の発着枠、航空路線、便数などを決められる航空協定のことである。

オープンスカイ協定が締結されると、路線は自国内地点、中間地点、相手国内地点および以遠地点のいずれについても制限なく選択が可能であり、自

由にルートを設定することができる。また、便数、参入企業（コードシェア）も基本的に制限は行わないなど行政による供給量の規制が殆どなくなるため、航空会社の裁量による運航が可能となり、利用者への利益が還元されるもので、航空自由化協定とも呼ばれる。

6　第二次世界大戦後の日本の旅客航空運輸

敗戦国としての処置

　第二次世界大戦後の国際民間航空の枠組みは、1944 年 11 月にアメリカの招請の下で 52 か国がシカゴに集まり協議されたシカゴ条約が起点とされることは既に見てきた。この当時の日本では、東京大空襲が始まっており、アメリカ主導の国際連合憲章が採択された 1945 年 4 月は、沖縄本土決戦の最中であった。

　第二次世界大戦後の民間航空の枠組みづくりは、敗戦国の日本が全く参画することなく始められた。連合国軍最高司令官総司令部 [142] (GHQ)による「日本の航空の完全禁止」の方針がシカゴ会議でアメリカ大統領フランクリン・ルーズベルトによって明確にされていたためであった。

　「ドイツとイタリアと日本とは、どんな形であっても航空機産業や航空会社を持つことは許されない。彼らに許されるのは、空港の整備とその国内でのサービス業務だけだ。ゴム紐で飛ばせる模型飛行機より大きい物体を飛ばすことは一切禁止する」と言ったとされる [143]。

　1945 年 9 月 22 日には、占領統治に関する対日管理政策が発表された。日本は、陸、海、空軍他いかなる軍備、いかなる民間航空も保持してはならず、GHQ の要求に従い民間航空機を処分、焼却するとの総指令部指令 301 号（以下航空禁止令）が 11 月 18 日に発せられた。船舶などは程度に制限するとされたが、民間航空機は軍用機への予備としての性格が強いために根絶する対象となった。

　日本の民間航空を担ってきた大日本航空は、10 月末をもって解散し、保有する 87 機すべては連合国に引き渡され、その年のうちに国内各所で破壊・焼却された。同年 12 月 31 日には航空局も廃止された。

日本の民間航空の再開と制約

　1950 年に朝鮮戦争勃発したことが契機となり、GHQ により民間航空の運行禁止期間が解除された。朝鮮戦争勃発の翌日の 6 月 27 日、GHQ は日本政府に対し日本国内航空運送事業運営に関する覚書[144]を出し、「1945 年 9 月 2 日から 1950 年 1 月 1 日までに許可を得て日本に乗り入れている外国航空会社によって指定され、またはこれによって組織され、かつ出資される 1 社に限り国内航空の運営を許可する」とされた。

　これにより、当時 GHQ の許可を得て日本に乗り入れていた外国航空会社 7 社（パンアメリカン航空[145]、ノースウェスト航空[146]、カナディアンパシフィック航空[147]、英国航空[148]、カンタス航空[149]、フィリピン航空[150]、民航空運公司[151]）の出資によって、1950 年 10 月に JDAC[152] の許可が GHQ から出された。

　しかしこれは、国際民間航空の運営についての基本的な取決めであるシカゴ条約で「自国領域内での他国の航空機の運航を禁止できる」とするカボタージュの規定[153]に反するのではないかとの問題があった。この時期の日本は、国家の主権を未だ回復しておらず、シカゴ条約には加盟することができなかった[154]。

　日本は、このカボタージュの規定違反に反発した。GHQ は、日本からの強い要請を受けたことで、1951 年 1 月 30 日に前掲指令の修正を行った[155]。これにより航空禁止令において、「航空機の改良、製造、組立て、所有、運行を除いて、日本企業による国内航空事業を日本政府が許可することを認める」との改正がなされ、営業部門に限るとはいえ、日本の主権による国内航空事業の運営が可能になった。

　こうして、GHQ 指令の修正に合わせるように、日本航空創設準備室が 1951 年 1 月に開設された。そして、改正発効に続く 3 月には、国内航空事業の免許が申請された。しかし、長い航空不在の間の閉塞感打開の意欲は大きく、営業免許申請には他の 4 社による競願となった。そのため、行政指導により日本航空を中心とする大同団結が促され、1951 年 5 月 22 日に免許が交付された。

　これを受けて、同年 8 月 1 日に藤山愛一郎[156]を会長とし、柳田誠二郎

[157] を社長とする資本金 1 億円の日本航空株式会社が誕生した。しかし、営業だけが許可された会社であったため、運行についてはノースウェスト航空と運航委託契約を結ばなければならなかったが、1951 年 10 月 25 日、東京〜大阪〜福岡便の第 1 便が就航した[158]。

　この間の 1951 年 9 月 8 日には、日本と連合国各国の平和条約であるサンフランシスコ講和条約が署名され、1952 年 4 月 28 日に発効されたことにより、本格的に国内線の運航が開始された[159]。同年、日本は、民間の航空機の航行の安全および航空機の航行に起因する障害の防止などを目的とした航空法を 7 月 15 日に制定、8 月 1 日に施行し、アメリカとの航空協定を 8 月 11 日に締結した。

　アメリカとの航空協定は、翌年の 1953 年 9 月 15 日に発効されるが、日本はこれをにらみ、既に国内線を運営していた日本航空を「日本航空株式会社法」の下で再編、政府出資を行い、国際線も運行する新しい日本航空を誕生させた。

　ここにおいて GHQ による航空禁止令が出された 1945 年から 8 年を経て、日本の空の主権は完全に回復した。

　1954 年 2 月 2 日に国際線第 1 便である羽田〜ホノルル〜サンフランシスコ便が就航し、2 月 5 日には、国際線 2 番目の路線羽田〜沖縄がこれに続いた。しかし、海外旅行は、引続き日本政府による強い規制を受けていた。外国への旅行は、業務や視察、留学などの特定の認可し得る目的がなければならず、1963 年 4 月 1 日以降は、現金とトラベラーズチェックによる年間総額外貨 500 ドル以内での、業務のみを対象とした渡航が一般化されたが、これも旅行代理店を介して逐一認可されていた。

　日本経済の復興に伴いビジネスも拡大、商用での出張や移動の機会が増え、航空輸送の必要性が認識され始めたが、移動に便利な航空輸送は運賃が高く、一般の利用者には高嶺の花であった。現在殆どの新婚カップルのハネムーン旅行は海外へ出かけるが、気安く航空機を利用できるようになったのは、海外旅行が自由化された東京オリンピック（1964）開催以降である[160]。

航空憲法「45/47 体制」

　1952 年に航空法が施行され、GHQ が日本の資本で国内航空事業を許可

したことから、1952年以降には、日本航空の他に数社の航空会社の設立があった。

図表30に1970以前に設立された航空会社の統合を示す。

【図表30 「45/47体制」以前に設立された航空会社（日本航空株式会社を除く）】

設立	会社名	企業統合
1952年7月	日東航空（株）	日東航空、富士航空、北日本航空は合併して、1964年4月に日本国内航空となる。
1952年9月	富士航空（株）	
1952年12月	極東航空（株）	日本ヘリコプター輸送と合併して、1958年3月に全日本空輸となる。
1952年12月	日本ヘリコプター輸送（株）	日本ヘリコプター輸送のルーツは朝日新聞航空部で上司部下の関係であった美土路昌一（後に全日空社長、朝日新聞社長）と中野勝義（後に全日空副社長）が中心となり、終戦後の民間航空関係者の失業救済を目的として、1945年に設立した社団法人興民社にある。これが後々の1952年12月27日に、興民社の組織や人脈を基盤として設立された。興民社は1965年に解散。
1953年6月	北日本航空（株）	北海道で設立。後に日本国内航空となる。
1953年11月	東亜航空（株）	設立時の社名は南日本航空であった。1971年日本国内航空と合併し東亜国内航空となる。
1958年	琉球航空運輸（株）	アメリカ軍の統治下の沖縄※で、那覇～先島諸島（宮古・石垣）を結ぶ路線を運航。1967年に日本航空の支援を受けて南西航空となる。1993年に日本トランスオーシャン航空に社名変更。※沖縄が日本に復帰したのは1972年5月15日

出典：著者作成。

国策会社である日本航空を除き、他の航空会社は資本が脆弱で企業体力も弱く、航空市場がまだ小さい中で経営危機に陥る会社もあったため、政府は航空輸送の安全確保と健全な発展を目指して航空業界の企業統合を推進した。

1965年、運輸大臣であった中村寅太[161]は、10月の航空審議会に「わが国定期航空運送事業のあり方について」を諮問し、同審議会は12回にわたる小委員会審議を経て同年12月に次の答申を提出した。

① 国内線を運営する企業における経営基盤の充実強化

② 定期航空運送事業は国際線1社、国内線2社を適当とする

1970年6月の時点で、幹線およびローカル線輸送を行っていた航空企業は、日本航空、全日本空輸、日本国内航空、東亜航空の4社に集約されており、1965年の答申に基づき、日本国内航空は日本航空と、東亜航空は全日本空輸と合併する予定であった。しかし、業績が急回復した日本国内航空と東亜航空が合併を模索するようになった。

そのため、国内2社体制のもくろみは崩壊し、新たに航空政策の全般にわたり長期的な視野に立った基本方針を確立する必要が生じた。1970年、運輸大臣であった橋本登美三郎[162]は、6月の運輸政策審議会に対し、「今後

の航空輸送の進展に即応した航空政策の基本方針について」を諮問し、同審議会は同年 10 月に答申を行った。これが「45/47 体制[163]」の始まりである[164]。審議会の答申を受けた 1970 年 11 月の閣議了解は次のようなものであった。

・航空輸送需要の多いローカル線については、原則として、同一路線 2 社で運営する。
・国際定期は、原則として日本航空が一元的に運営、近距離国際航空については、日本航空、全日空提携のもとに余裕機材を活用して行う。
・貨物専門航空については、有効な方法を今後早急に検討する。
　そして、1972 年 7 月の大臣通達は、次のようなものであった。
・日本航空は、国内幹線・国際線を運営し国際航空貨物輸送対策を行う。
・全日空は、国内幹線およびローカル線を運営し、近距離国際チャーターの充実を図る。
・東亜国内航空は、国内ローカル線・国内幹線を運航し、1974 年より当初実働 3 機。

　これによって、日本航空は国際線の一元的運航と国内幹線の運航、全日空は国内幹線とローカル線、国際チャーター便の運航、東亜航空と日本国内航空は合併して東亜国内航空となり国内ローカル線の運航を担当し、将来的には幹線に参入するという体制が確立した。これによって日本の航空市場における事業分野のすみわけが定められた。

日本の航空緩和政策

　1970 年に「45/47 体制」が発足してから 10 年ほどで、その後も続いた経済成長に導かれ、航空機が広く国民に身近な輸送手段として認知されるに従い、日本の航空産業は予想をはるかに上回る成長を見せた。これに伴い、航空会社からは、保護育成的で固定的な「45/47 体制」の下では、増大・多様化する航空需要に対応するための自由な事業拡大ができないとして、航空政策の見直しが要望されるようになった。

　前節までで見てきたように、1970 年代のアメリカにおいて、旅客航空運輸業におけるディレギュレーションの動きが現れ、1978 年に航空企業規制

緩和法が成立した。アメリカでは、これにより路線設定、運賃を引き下げること、新規参入などを自由化されたため、大規模な航空改革をつくりあげることが可能になった。この流れは、当然国際線にも及んだ。「45/47体制」に固執し国際定期路線の1社体制を堅持すれば、アメリカから複数の航空会社の日本乗入れを認めざるを得なくなった場合に、日本としては日本航空の路線1社分しか確保できず、国益を損なうことになるということが懸念された。

　こうした中で、1978年に設立された日本初の貨物専門航空会社である日本貨物航空[165]（NCA）が1983年に許可された。これは、国際定期路線は日本航空に限るとした「45・47体制」の例外となる。

　また、1984年には、全日空のハワイチャーター便が許可され、航空行政が規制緩和の方向に舵を切ったことが明らかとなった。日米双方の新規会社の日米路線参入をめぐっては、1985年4月に暫定合意が締結され[166]、NCAは既得権益を持つ日本航空とフライング・タイガー・ライン[167]の反対にあったが、1985年5月に初飛行が行われた。

　1985年に運輸大臣であった山下徳夫[168]は、「45/47体制」の見直しを決定し、新航空政策を運輸政策審議会に諮問した。同審議会は、翌1986年に「今後の航空企業の運営体制のあり方について」という新航空政策を答申した。これにより今後は、「安全運航の確保を基本としつつ、企業間の競争を通じて、利用者の要請に応じたサービスの向上、経営基盤の強化、国際競争力の強化などの実現を目指す」ことになった。日本の航空政策が厳しい規制主義にあった体制から、規制緩和、競争促進へと変わったことになる。

　1986年の規制合理化・競争促進政策導入により「45/47体制」は廃止され、全日空も国際線に参入できるようになり参入規制の緩和が始まる[169]。1987年には日本航空株式会社法が廃止され、日本航空は民営化された。東亜国内航空は国際線参入に当たり1988年に社名を日本エアシステムに変更したが、2002年10月に日本航空システム[170]と合併した。

　運賃の自由化については、1954年11月の閣議了解において、「公共料金のうち市場原理を導入できる分野については、競争環境の整備を図る中で規制緩和を一層推進することとし、（中略）、経営の効率化を促す方策について

検討する」とともに、「多様化した利用者ニーズに対応した料金体系の確立を図る」こととされ、さらにこれを受けて、1995 年 3 月に閣議決定された規制緩和推進計画においては、運輸産業の運賃・料金の設定方式のあり方等について検討を行うこととされた。

これらの経緯を踏まえて、運輸省においては、航空会社が創意工夫を活かして多様化・高度化する利用者ニーズに弾力的に応えて、季節、時間帯、路線の特性等を加味した多様な運賃設定を行うことができるような運賃設定方式を検討した結果、「幅運賃制度」という新しい制度を導入することとした。

この幅運賃制度とは、標準的な原価を最高額とする一定の幅の中で、航空会社が自主的に運賃を設定できるというものである。この新制度においては次のことが可能になる。

① 航空会社の経営判断に基づく自主的な運賃設定
② 競争的条件の下で標準原価を導入しているためヤードスティック効果[171]が働くこと
③ 航空運賃に対する公平感の確保という国民の要請にも応えること

また、運賃の上限となる標準原価については、その算出方式を公表するなど、運賃制度の透明性確保にも配慮している。

新運賃制度の導入については、1996 年 2 月に日本エアシステムに対し、その他の会社に対しては同年 3 月に認可し、5 月以降各社とも新運賃に移行した。1996 年 2 〜 3 月に各航空会社による運賃値下げ競争があった後、1996 年 6 月にも再度の運賃値下げが行われるなど、幅運賃制度導入による効果が現れ始めた。

日本におけるオープンスカイ協定

第 3 節でアメリカのオープンスカイ協定を見てきたが、日本でもオープンスカイに向けた航空政策の転換が 2007 年に行われた。日本におけるオープンスカイ協定については、次の特徴がある。

・羽田の国際化：国際定期チャーター便の運航拡大
・関空・中部の自由化：2 国間交渉で推進
・地方空港の自由化：国際定期便届け出化

・アジア各国都のオープンスカイ交渉（図表 31 参照）

【図表 31　日本が締結したオープンスカイ協定一覧（2017 年まで）】

No.	締結合意日	相手国	締結合意内容
1	2010年10月25日	米国	・日米の航空関係は完全に自由化
2	2010年12月22日	韓国	・2013年の成田空港の発着枠３０万回化のタイミングでの首都圏空港を含むオープンスカイを実現
3	2011年1月20日	シンガポール	・2013年の成田空港の発着枠３０万回化のタイミングでの二国間輸送の自由化 ・首都圏空港（関西空港及び中部空港も含む以下同様）以外の空港について、「以遠権」の自由化
4	2011年2月25日	マレーシア	・2013年の成田空港の発着枠３０万回化のタイミングでの二国間輸送の自由化 ・首都圏空港以外の空港について、「以遠権」の自由化
5	2011年5月20日	香港	・2013年の成田空港の発着枠３０万回化のタイミングでの二国間輸送の自由化
6	2011年6月10日	ベトナム	・2013年の成田空港の発着枠３０万回化のタイミングでの二国間輸送の自由化 ・深夜早朝時間帯における羽田空港とベトナムを結ぶ路線の就航を可能とする枠組みの構築（深夜早朝時間帯に羽田空港に7発着する権利のうち、使用されないものを有効活用） ・首都圏空港以外の空港について、「以遠権」の自由化
7	2011年7月15日	マカオ	・2013年の成田空港の発着枠３０万回化のタイミングでの二国間輸送の自由化 ・首都圏空港以外の空港について、「以遠権」の自由化
8	2011年8月12日	インドネシア	・2013年の成田空港の発着枠３０万回化のタイミングでの二国間輸送の自由化 ・深夜早朝時間帯における羽田空港とインドネシアを結ぶ路線の就航を可能とする枠組みの構築（深夜早朝時間帯に羽田空港に7発着する権利のうち、使用されないものを有効活用） ・首都圏空港以外の空港について、「以遠権」の自由化
9	2011年9月16日	カナダ	・2013年の成田空港の発着枠３０万回化のタイミングでの二国間輸送の自由化 ・首都圏空港以外の空港について、「以遠権」の自由化
10	2011年9月30日	オーストラリア	・2013年の成田空港の発着枠３０万回化のタイミングでの二国間輸送の自由化 ・深夜早朝時間帯における羽田空港とオーストラリアを結ぶ路線の就航を可能とする枠組みの構築（深夜早朝時間帯に羽田空港に7発着する権利のうち、使用されないものを有効活用） ・首都圏空港以外の空港について、「以遠権」の自由化
11	2011年10月31日	ブルネイ	・2013年の成田空港の発着枠３０万回化のタイミングでの二国間輸送の自由化 ・首都圏空港以外の空港について、「以遠権」の自由化
12	2011年11月10日	台湾	・2013年の成田空港の発着枠３０万回化のタイミングでの成田空港関連路線の日・台間輸送の自由化 ・関西、中部及び地方空港関連路線は即時自由化 ・就航企業数規制の撤廃及びチャーター便規制の撤廃 ・首都圏空港以外の空港について、「以遠権」の自由化
13	2012年1月24日	英国	・2013年の成田空港の発着枠３０万回化のタイミングでの成田空港関連路線の二国間輸送の自由化 ・首都圏空港以外の空港について、「以遠権」の自由化 ・羽田空港の深夜早朝時間帯について、国際線の発着枠3万回の範囲内で、成田空港の発着枠３０万回化のタイミングにおいて、発着枠を限定せず、昼間時間帯について、国際線の発着枠が3万回から6万回に増加する段階において、日英双方2便／日ずつの運航を可能

14	2012年 2月17日	ニュージーランド	・2013年の成田空港の発着枠３０万回化のタイミングでの二国間輸送の自由化 ・首都圏空港以外の空港について、「以遠権」の自由化 ・2013年の成田空港の発着枠３０万回化のタイミングでの深夜早朝時間帯における羽田空港とニュージーランドを結ぶ路線の就航を可能とする枠組みの構築（深夜早朝時間帯に羽田空港に発着する権利のうち、使用されないものを有効活用）
15	2012年 3月26日	スリランカ	・2013年の成田空港の発着枠３０万回化のタイミングでの二国間輸送の自由化 ・首都圏空港以外の空港について、「以遠権」の自由化
16	2012年 6月11日	フィンランド	・2013年の成田空港の発着枠３０万回化のタイミングでの二国間輸送の自由化 ・首都圏空港以外の空港について、「以遠権」の自由化
17	2012年 7月9日	フランス	・2013年の成田空港の発着枠３０万回化のタイミングでの成田空港関連路線の日本・フランス間(フランス本土路線、ニューカレドニア線及びタヒチ線)輸送の自由化 ・関西空港中部空港及び地方空港関連路線は即時自由化 ・首都圏空港以外の空港について、「以遠権」の自由化 ・羽田空港について、昼間時間帯の国際線発着枠が３万回から６万回に増加する段階において、日本・フランス双方２便/日ずつの運航を可能
18	2012年 8月8日	中国	・北京及び上海、成田及び羽田を除く、日中間輸送のオープンスカイ（航空自由化）の実現（合意時に直ちに実施） ・上記4空港に係る航空自由化については引き続き検討（段階的なオープンスカイの実現）
19	2012年 8月24日	オランダ	・2013年の成田空港の発着枠３０万回化のタイミングでの二国間輸送の自由化 ・首都圏空港以外の空港について、「以遠権」の自由化
20	2012年 10月12日	スカンジナビア3国	・2013年の成田空港の発着枠３０万回化のタイミングでの成田空港関連路線の日本・スカンジナビア三国間輸送の自由化 ・首都圏空港以外の空港について二国間輸送の自由化
21	2012年 11月22日	タイ	・2013年の成田空港の発着枠３０万回化のタイミングでの二国間輸送の自由化 ・首都圏空港以外の空港について、「以遠権」の自由化 ・羽田空港について、昼間時間帯の国際線発着枠が３万回に増加する段階において、乗り入れに関する枠組みを新設
22	2013年 7月25日	スイス	・成田空港は二国間輸送のみ相互に自由化 ・首都圏空港以外の空港について、「以遠権」の自由化
23	2013年 9月13日	フィリピン	・成田空港は二国間輸送のみ相互に自由化 ・首都圏空港以外の空港について、「以遠権」の自由化
24	2013年 10月25日	ミャンマー	・成田空港は二国間輸送のみ相互に自由化 ・首都圏空港以外の空港について、「以遠権」の自由化
25	2014年 2月21日	オーストリア	・2013年の成田空港の発着枠３０万回化のタイミングでの二国間輸送の自由化 ・首都圏空港以外の空港について、「以遠権」の自由化 ・羽田は深夜早朝時間帯（午後11時から午前6時まで）に、日本とオーストリア双方が1日2スロット（到着と出発各1回）ずつ運航できるようにする。また、コードシェアの枠組みの完全自由化
26	2015年 1月16日	ラオス	・成田空港は二国間輸送のみ相互に自由化 ・首都圏空港以外の空港について、「以遠権」の自由化
27	2016年 5月20日	スペイン	・成田空港は二国間輸送のみ相互に自由化 ・首都圏空港以外の空港について、「以遠権」の自由化
28	2016年 5月26日	カンボジア	・成田空港は二国間輸送のみ相互に自由化 ・首都圏空港以外の空港について、「以遠権」の自由化

29	2016年 12月16日	ポーラ ンド	・成田空港は二国間輸送のみ相互に自由化
			・首都圏空港以外の空港について、「以遠権」の自由化
30	2017年 4月28日	パプア ニュー ギニア	・成田空港は二国間輸送のみ相互に自由化
			・首都圏空港以外の空港について、「以遠権」の自由化

出典：著者作成。

2003年からは、アメリカとEUとの間で自由航空圏交渉が開始されたのを受け、日本でも2007年5月、内閣官房に「アジア・ゲートウェイ戦略会議」

【図表32　日本が締結したオープンスカイ合意国】

出典：国土交通省 H.P.「オープンスカイ交渉の進捗について」
https://www.mlit.go.jp/common/001201828.pdf（2021年3月4日閲覧）をもとに著者作成。

が設置された。アジア・オープンスカイに向けた航空政策が行われた。具体的には羽田の国際化、関空、中部の自由化推進、地方空港の国際化であるが、図表31に示すとおり、アジア各国とのオープンスカイ協定が締結された。日本のアジア・ゲートウェイ構想では、大都市圏24時間空港の整備、東アジア・アセアン地域内での航空完全自由化などの問題に対処することが課題であった。

　これまで往来の増加が見込まれる国・地域とのオープンスカイの拡大が国土交通省によって進められているが、2019年度までの実績では、33か国・地域と合意している（図表32参照）。

7　国際航空における国際的枠組み形成

　これまで見てきたアメリカ、欧州、日本における規制緩和の変遷について図表33にまとめた。

【図表33　アメリカ・欧州・日本における航空業界の規制緩和の変遷】

アメリカ		欧州		日本	
1978	航空企業規制緩和法制定	1976	バミューダ I を破棄	1972	航空憲法「45/47体制」
	アメリカモデル航空協定作成	1977	バミューダ II 発効	1985	85MOU
1981	航空規制廃止法	1987	英国航空民営化	1986	新航空政策を答申
～2	（路線参入撤退・運賃規制撤廃）		（パッケージ I ）		（規制合理化・競争促進政策導入）
1985	CAB解散	1988	EU航空自由化開始	1987	日本航空（JAL）民営化
1995	モデル・オープンスカイ協定発表	1990	EU航空自由化開始		国際運賃幅運賃認可
	アメリカ―オランダ、オープンスカイ		（パッケージ II ）	1994	国内運賃一部届出化
	協定締結	1993	EU航空自由化開始		国内線普通運賃の幅運賃化
			（パッケージ III ）	1995	国内線参入基準撤廃
	オープンスカイ攻勢	1997	EU航空完全自由化完了	～6	改正航空法発効
2003	EUとの間で自由航空圏交渉開始			2007	アジア・ゲートウェイ構想
				2010	アメリカとの間のオープンスカイ協定発効
2008	EUとの間のオープンスカイ協定発効				

出典：著者作成。

　第二次大戦後の国際民間航空は、アメリカとイギリスとの間で1946年から制度化されたシカゴ・バミューダ体制による。1947年には、シカゴ条約の下で国際連合経済社会理事会の専門機関として ICAO が設立され、加盟国会議の場において、航空機や航空関連施設にかかわる規則や技術的基準が策定された。

その後 1970 年代からは、旅客航空運輸業における規制緩和の動きが現れ、1978 年にはアメリカで航空企業規制緩和法が成立した。USCAB は、航空事業の規制を担当する組織であったが、1977 年、アルフレッド・カーン[172]が USCAB 委員長になると、一挙に路線と運賃の自由化を推進する方針を打ち出した。カーンは、一貫して部分的な規制緩和よりも完全な規制緩和に取り組んだ。その結果、アメリカ航空界は、規制緩和法の成立から 4 年間で生まれ変わり、6 年後の 1985 年には USCAB も解散した。

　欧州において航空自由化が迅速に進められた背景には、アメリカによる国際航空戦略やイギリスのサッチャー政権下で進められてきた国内航空輸送の規制緩和[173]があると考えられる。1987 年に第 1 次自由化としてパッケージ I が採択され、それ以後 1990 年に第 2 次自由化としてパッケージ II、そして 1992 年に第 3 次自由化としてパッケージ III が採択され、域内航空市場の自由化が制度的に確立された。

　1997 年 4 月からはカボタージュが開放され、EU 域内市場は、EU キャリアにとって完全に自由化された 。パッケージ III では、EU 域内の完全自由化促進のため、運賃の発着地両国認可制（ダブルアプルーバル制度）も廃止された。

　アメリカと EU の間では、2007 年 3 月に第一段階の包括航空協定が実現した。そして、翌年の 2008 年 3 月には、アメリカと EU のオープンスカイ協定が発効した。日本は 2010 年 10 月にアメリカとの間でオープンスカイ協定を発効し、日米の航空関係は完全に自由化された。

8　結び

　本章では、第二次世界大戦後の国際航空運輸について、アメリカ、欧州、日本の視点で見てきた。

　第二次世界大戦の国際航空運輸は、1970 年代初頭までは、シカゴ＝バミューダ体制といわれる二国間協議会で、運輸権として空の 5 つの自由が規定された。この各国が個別に締結したバミューダ型協定は、超大国としての地位を確立し航空自由化を提唱したアメリカと、戦場と化し国土が疲弊した欧州を代表して規制を提唱したイギリスとの妥協で生まれた体制であった。

一方、アメリカ国内では、USCABが1940年以来30年以上に渡って規制を行ってきた。しかし、1970年代に入ってからはジャンボ機などの登場で、旅客航空の大衆化の時代が到来し、航空料金への消費者意識が向上した。さらには、1973年の第4次中東戦争による石油危機、USCABによる航空料金の急激な引上げなど混乱が続いた。1978年に航空企業規制廃止法が成立したことにより、1985年にUSCABは廃止された。

　アメリカ国内における航空運輸の規制緩和と国際航空運輸におけるオープンスカイ協定は、航空会社の路線や便数、乗り入れ企業、運賃など、航空協定で決める規制を撤廃し自国の空港を広く開放することで、人や物の流通を促進し経済効果を高めたが、一方で自国の航空会社は厳しい国際競争に立ち向かうことになった。そのために当初は既存の大手航空会社の倒産などの混乱を招いたが、航空会社の再編、ハブ・アンド・スポークシステム、ポイント・トゥ・ポイントシステム、CRSなどの新しい運航方式が、航空自由化の中で進展し、自由で公正な競争をする状況が生まれていった。そして、航空運輸の新しい経営戦略を持ったサウスウエスト航空が、LCCとして急速に拡大した。

　アメリカの国際航空戦略については、航空自由化と航空会社間の戦略的提携をセットで交渉するというスタンスのもと、交渉相手国や企業によって対応を選別し、段階的に航空自由化を広げる戦略が取られた。

　欧州EFTA加盟国では、1992年のアメリカとオランダのオープンスカイ協定締結以降、スイス、スウェーデン、ノルウェー、デンマーク、ルクセンブルク、アイスランド、ベルギー、オーストリア、チェコ、ドイツがアメリカとのオープンスカイ協定に合意した。

　EFTAとEUの航空自由化交渉については、1992年より開始されたが、対外交渉権の確立については、これまでEC加盟国が行ってきた諸外国との二国間協定をEUが一括して行えるか否かという問題を孕んでいた。実際にEU加盟国からは次の見解が寄せられた。
① 数百の二国間協定を請け負う事務能力がEC委員会に備わっているのか。
② 現行のフレームワークで加盟国間の利害対立を処理することができるのか。
③ EUは完全な国家としてはみなされてはいないために、EUが二国間協定を結ぶのは適切ではない。

これに対して欧州委員会は、すべての交渉において EU が交渉窓口となるわけではないという考えを示していた。結果として、EU は 2006 年にニュージーランド、2007 年にアメリカ、2008 年にオーストラリア、2009 年にカナダ、2011 年にブラジルとオープンスカイ協定を締結した。

　第二次世界大戦後の日本の旅客航空運輸は、日本航空が政府を筆頭株主とする半官半民の航空会社として、1952 年に国内航空事業免許を、1953 年には国際航空事業免許を取得した。1970 年まで、国内線幹線およびローカル線輸送を行っていた航空会社は、日本航空、全日本空輸、日本国内航空、東亜航空の4 社に集約されていたが、1972 年からの「45/47 体制」では、日本国内航空と東亜航空が合併して東亜国内航空の 3 社体制になった。そして、日本航空は、国内線幹線と国際線を運航。全日空は国内幹線およびローカル線を運営し、東亜国内航空は国内ローカル線と国内幹線を運航することとなった。

　しかし 1980 年代には、欧米の規制緩和の影響で、1986 年に「45/47 体制」は廃止され、全日空も 1986 年に国際線事業免許を取得。東亜国内航空は、1988 年に日本エアシステムに社名変更し国際航空事業免許を取得し、両社の国際線参入が認められた。また、新たにスカイマーク（1996 年 11 月設立）、スターフライヤー（2002 年 12 月に設立）等の国内幹線、フジドリームエアラインズ（2008 年 6 月に設立）等の地方路線への新規参入航空会社が誕生した。

第 2 章
航空運輸産業の新たなる展開

概要

　1970 年代に始まるディレギュレーションによる航空運輸産業における規制緩和と世界経済のグローバル化は、旅客航空運輸産業に業態転換や新たな

仕組みをもたらした。

　本章では、欧米と日本を中心に展開された航空業界の規制緩和の変遷を辿ることより、1970 年代から始まる LCC ビジネスモデルの登場と、1990 年代から始まるグローバル・アライアンスの展開を通して、旅客航空運輸産業の変化を見た。その結果、規制緩和により、新たに旅客航空運輸産業に参入した LCC には、経営基盤の脆弱性から経営破綻に追い込まれた会社が多かったこと。近年では、これまでの LCC のビジネスモデルから外れた長距離運行や LCC 同士のアライアンスを形成する動きも出てきていること。新規に参入した LCC においても、運航開始から数年以上の会社では、安全運航のための機材整備にも課題があることなどがわかった。

　また、大手航空会社では、東西冷戦後の世界経済グローバル化により、欧米の 3 大航空企業グループによる航空連合が形成されてきたが、この航空連合はまさに合従連衡で、近年、アライアンスの枠を超えた個々の会社による提携も現れ出していることなどがわかった。

1　はじめに

　航空運輸産業における規制緩和が、欧米の駆引きにおいて進んでいったことは前章で見てきた。

　米国では 1978 年の「航空規制緩和法制定」、欧州では 1987 年の「パッケージ I（EU 航空自由化開始）」、日本では 1986 年の「損航空政策（規制合理化・競争促進政策導入）」から、それぞれの地域・国の航空運輸産業に大きな変化があった。

　また、20 世紀の後半では、政治体制の変化が航空運輸産業に大きな変化をもたらされた。1989 年 11 月に東西ベルリンを隔てていたベルリンの壁が撤去された。いわゆる「ベルリンの壁崩壊」である。これにより第二次世界大戦以後続いた東西冷戦は終結した。また、ウルグアイ・ラウンド交渉の結果、世界貿易機関[174]（WTO）の設立が合意され、1995 年 1 月 1 日に設立された。WTO は、経済・貿易の障壁を撤廃し世界経済のグローバル化を推進した。

こうした中、人や物の移動は国境を越え、これまで国籍に縛られていた航空運輸路線網では対応できない事態が明らかになってきた。市場ニーズに対応すべくネットワークを拡大するためには、国際航空の分野ではあらゆる組合せを想定したそれぞれの国との国家間の二国間交渉が前提となる。

また、シカゴ体制の下ではその国籍規制のために、異なる国籍の航空会社が合併してネットワーク展開を図ることはできなかった。そのため、異なる国の路線を持つ航空会社同士がネットワークの構築に協力する体制が必要になった。

この航空会社間の協力ニーズを具体化させたのは、アメリカが1995年3月に発表した「モデル・オープンスカイ協定（オープンスカイ協定）であった。このオープンスカイ協定は、二国間での取決めではあるが、輸送力や運賃、参入地点に関する規制を外し、コードシェアなど新たな運航形態を認める幅広い路線展開を可能とするものであった。

そして、航空運輸産業における国際的な規制緩和の流れと競争の激化により、航空会社同士の連合すなわち航空連合[175]（アライアンス）が世界的な規模で結成されるようになった。アライアンスは、それぞれの航空会社の違い、個性を残しながら合併に近い効果を目指す（Virtual Merger）活動であるが、合併ではない。

そして、21世紀を迎えると、航空運輸産業には新たな課題が発生した。2001年の同時多発テロ、2003年3月に開戦したイラク戦争以降の原油価格の高騰などにより、既存の航空会社の経営状況は悪化していった。アメリカでは旅客航空運輸業が低迷する中、サウスウェスト航空が業績を伸ばした。

そして、世界的に2000年代に入ってからは、サウスウェスト航空が開発したビジネスモデルを用いた格安航空会社（LCC）が台頭し、旅客需要を増大させてきている。

しかし、新規参入したLCCがすべて順調に運営されているわけではない。特に2001年から2006年にかけては、世界的な不況と重なったこともあり、新たに誕生したLCCの半分は運航停止や他の航空会社に吸収されている。

本章では、欧米と日本を中心に展開された航空業界の規制緩和の変遷を辿ることより、アメリカのサウスウェスト航空が1970年代から始まるLCC

のビジネスモデルの登場と、1990 年代から始まるグローバル・アライアンスの誕生から発展を通して旅客航空運輸産業の変化について見ていく。

2　LCC の登場

旅客航空運輸産業の規制緩和

　航空機の発明から第一次大戦直前後までは、欧州諸国が航空の中心だったのに対して、アメリカは第二次世界大戦における軍事利用を契機に航空技術を著しく発展させ、その後は常に世界の航空業界の牽引役であり続けている。

　第二次世界大戦後の国際航空業界において大きな変化となったのは、「シカゴ条約」と「バミューダ型協定」の成立であった。ここにおいて自由競争を目指す国際航空制度の確立は、基本的にはアメリカがシカゴ条約当時から主張する方向性を示すものであった。

　大きな変革期を迎えたのは、米国で 1978 年に成立した航空企業規制緩和法であった。航空企業規制緩和法により、路線設定、運賃を引き下げること、新規参入を自由化するなど、大規模な航空改革をつくりあげることが可能になった。

　1978 年 8 月にカーター大統領政権下において、「国際航空交渉の実施のために政策声明」が発表された。これは、国際航空分野においても、多様性、質、価格を決定するための競争に基づく制度を目指すものであった。そして、相手国にも米国内の自由乗入れを与えた。この原則に基づいて作成されたのが、1978 年のアメリカモデル航空協定である。さらに、この出来事が LCC のビジネスモデルが確立されるきっかけになった。

　この政策転換を主な契機として、多くの新規 LCC が創業した。低コストビジネスモデルは、航空市場に大きな影響を与えた。その中でも 1971 年にテキサス州で設立されたサウスウエスト航空[176] は、初めて業績を残すことで、LCC のビジネスモデルとなった。サウスウェスト航空は、アメリカ国内の国内線から、欧州などの国際線にも規模を拡大した。

　しかし、サウスウエスト航空などを除いて、大多数の企業の存続は極めて困難であった。アメリカにおいて、1978 年から 1989 年の間、88 社が創

業されたが、83 社が経営破たんしている[177]。また、2017 年まで存続する企業は、サウスウエスト航空を除けば 10 社である（図表 34 参照）。

【図表 34　アメリカにおける主要な LCC の概要（2021 年）】

航空会社名		IATA コード	設立	拠点	変遷
ミッドウエスト航空	Midwest Airlines	YX	1948	ウィスコンシン	2010年にフロンティア航空と合併
ワールド ・エアウェイズ	World Airways	WO	1948	ジョージア	2014年に経営破綻。長距離LCCとして再建
エア ・サウスウエスト	Southwest Airlines	WN	1967	テキサス	1971年にサウスウエスト航空に名称変更
ATA航空	ATA Airlines	TZ	1973	シカゴ	2008年に経営破綻
スピリット航空	Spirit Airlines	NK	1980	フロリダ	1992年にチャーターワンから名称変更
ピープル ・エキスプレス	PEOPLExpress Airlines	PE	1981	ニュー ジャージー	1987年にコンチネンタル航空に買収
エアトラン航空	AirTran Airways	FL	1993	フロリダ	2014年にサウスウエスト航空の子会社
ノースアメリカン 航空	North American Airlines	NA	1989	ニューヨーク	2005年にワールド・エア・ホールディングス社に買収
フロンティア航空	Frontier Airlines	F9	1994	デンバー	2009年にサウスウエスト航空の子会社
ジェットブルー 航空	JetBlue Airways	B6	1998	ニューヨーク	
マックスジェット 航空	MAXjet Airways	MY	2003	ダラス	2008年運航停止、2009年から再開
Eos エアラインズ	eos AIRLINES	EO	2004	ニューヨーク	2008年運航停止、2009年から再開
スカイバス航空	Skybus Airlines	SX	2004	コロンバス	2008年運航停止、2009年から再開
ヴァージン ・アメリカ	Virgin America	VX	2006	カリフォル ニア	2018年にアラスカ航空と統合

出典：著者作成。

　EU では、1987 年にパッケージⅠが採択され、それ以後 1990 年にパッケージⅡ、そして 1992 年にパッケージⅢが採択され、域内航空市場の自由化が制度的に確立された。1997 年 4 月からはカボタージュが開放され、Ｅ Ｕ域内市場はＥＵキャリアにとって完全に自由化された。パッケージⅢでは、EU 域内の完全自由化促進のため、運賃の発着地両国認可制（ダブルアプルーバル制度[178]）も廃止された。

　パッケージⅢは、これまで欧州の各国ごとに分断されてきた市場を統合し、広大な単一航空市場を生み出す対策であったために、コストカットを目的として、国境を越えた事業展開を行う航空会社が出現した。これは、パッケージⅢと併せて適用された外資規制の緩和も影響しているといえる。航空会社にとっては、資金調達や資本提携を検討する上で煩雑な手続を経ることなく、容易に国外進出を達成できるようになったメリットは大きい。図表 35

に EU における主要な LCC を示す。

【図表 35　EU における主要な LCC の概要（2021 年）】

航空会社名		IATAコード	本拠地	設立	変遷
エアーアラン・アイランズ	Aer Arann Islands	RE	アイルランド	1970	2014年にストバートエアに社名を変更
エア・バルティック	airBaltic	BT	ラトビア	1995	2004年に「Air Baltic」から名称変更
エア・ベルリン	Air Berlin	AB	ドイツ	1978	2017年破産しルフトハンザに吸収
エアフィンランド	Air Finland	OF	フィンランド	2002	2012年破産
エアウェールズ	Air Wales	6G	イギリス	1997	2006年運航停止
アルピイーグルス	Alpi Eagles	E8	イタリア	1979	2007年操業停止
ブルーワン	Bule 1	KF	フィンランド	1987	2016年シティジェットに吸収
ビーエムアイ・ベイビー	bmibaby	WW	イギリス	2002	2012年運航終了
ジェットツー・コム	Jet2.com	LS	イギリス	2002	
セントラルウィングス	Centralwings	CO	ポーランド	2004	2009年操業停止
コンドル航空	Condor Flugdienst GmbH	DE	ドイツ	1955	2003年トーマス・クック・グループ傘下
イージージェット	EasyJet	U2	イギリス	1995	2017年ウイーンにイージージェット・ヨーロッパ設立
XLエアウェイズUK	Excel Airways	JN	イギリス	1994	2008年操業停止
ファースト・チョイス・エアウェイズ	First Choice Airways	DP	イギリス	1987	
バブー	Fly Baboo	F7	スイス	2003	2010年ダーウィン・エアラインに吸収
フライビー	Flybe	BE	イギリス	1979	2020年運航停止
グローブスパン	Flyglobespan	B4	イギリス	2002	2009年操業停止
ジャーマンウイングス	Germanwings	4U	ドイツ	2002	2020年運航終了を早める方針を明示
ゴールデンエア	Golden Air	DC	スウェーデン	1976	2013年にブラーテンズリージョナルに名称変更
ハパックロイド	Hapag Lloyd Express	X3	ドイツ	2002	2007年にTUIフライに名称変更
ヘルヴェティック・エアウェイズ	Helvetic Airways	2L	スイス	2003	2001年にOdette Airwaysとして操業
インタースカイ	InterSky	3L	オーストリア	2001	2015年操業停止
モナーク航空	Monach Airlines	ZB	イギリス	1967	2017年運航停止
ノルウェー・エアシャトル	Norwegian Air Shuttle	DY	ノルウェー	1993	2020年経営破綻
ライアンエアー	Ryanair	FR	アイルランド	1985	国際旅客数としては、世界最大の航空会社
スカイヨーロッパ航空	SkyEurope	NE	スロバキア	2001	2009年経営破綻
スマートウィングズ	Smartwings	QS	チェコ	2004	
スパンエアー	Spanair	JK	スペイン	1988	2012年運航停止
スターリング航空	Sterling Airlines	NB	デンマーク	1962	2008年運航停止
トランサヴィア航空	Transavia Airlines	HV	オランダ	1966	エールフランス-KLMグループの独立企業
ウィンドジェット	Windjet	IV	イタリア	2003	2012年運航停止
ウィズエアー	Wizz Air	W6	ハンガリー	2003	

出典：著者作成。

また、従来の FSC の大手航空会社と LCC の価格競争は、密度の経済によるメリットをもたらした[179]。密度の経済は、航空会社にとっては規模の経済を発揮させる場合と比較して、ネットワークの拡大や便数の増大を通して効率的に平均費用を引き下げることができる手段である。

　LCC は、ハブ空港よりも混雑の少ないセカンダリー空港に就航することでターンアラウンドタイムを節約し、機材稼働率を向上させ、単一クラス制のもとでシートピッチを短縮することによって、密度の経済を達成し、大手航空会社よりもコスト優位に立ったのである。

　このような大手航空会社と LCC の価格競争は、運賃水準の低下や運賃体系の多様化をもたらしたことから、航空利用者には消費者余剰の増加[180]を生じさせる結果となった。その一方で、大手航空会社には、経営効率の改善や労働生産性の向上といった課題が課せられることになった。大手航空会社は、ハブ空港への集約化を進めつつ、系列の航空会社、あるいはリージョナル部門の棲分けで担ってきた同業他社との協力体制も併せて強化していった。こうした航空会社間の協力体制は次の 3 つに分類される。

①　フランチャイズ化

②　共同事業

③　グローバルレベルでの対応

　①のフランチャイズ化とは、航空会社がパートナーとなる航空会社に商品の販売権を与え、パートナー相手の航空会社は（商品の販売権を与えられた）航空会社のブランドを利用し、商品を販売することを指す。商品の販売権を与えた航空会社は、パートナー相手の航空会社を利用して自社ブランドを広げることが可能であるし、パートナー相手の航空会社も大手航空会社の下に組み入れられることによって、経営上のリスクを回避することができる。

　②の共同事業は、競合路線におけるコードシェアリングの強化や共同ビジネスプラン・経営戦略の確立、ならびに共同の持株会社の設立を意味する。

　③のグローバルレベルでの対応とは、航空会社間の戦略的提携を強めることによって、長距離国際線からのフィーダー部門にかかる就航都市ペア数を拡大させることを指す。

　EU の LCC は、その多くが米国のサウスウエスト航空をモデルとしている

が、1993年のパッケージⅢの発効と並ぶ形で急激な成長を遂げた。アイルランドのライアンエア[181]は、1992年に合意されたEUの航空市場統合（航空自由化）後に、より安価な航空券を求める市場の声に対応して、ヨーロッパ圏内の中・近距離国際線における格安航空会社としての新たなビジネスモデルを確立していた。イギリスのイージージェット[182]は、インターネット経由の直販というビジネスモデルを前面に押し出してコスト削減と個人旅客の取込みに成功していた。

　しかし、EUもアメリカと同様に大多数の企業の存続は極めて困難であった。図表35で示すとおり、半数以上のLCCが操業停止または運航停止になっている。特に、2020年に発生したCOVID-19パンデミックは大きな影響をもたらした。

オープンスカイ協定

　オープンスカイ協定は、航空自由化協定とも呼ばれる。1995年頃にアメリカで提唱された協定で、航空会社が2か国間、あるいは地域内の各国において空港の発着枠、航空路線、便数などを決められる航空協定のことである。

　国際線航空路線を運航するためには、従来のシカゴ条約では相手国と自国の二国間および上空通過国との航空協定が必要となり、増便などを実施する場合、再度、協定の変更のため合意が必要となりその交渉に時間などがかかっていた。しかし、航空規制緩和前後のあたりから、国際経済の動向は市場変化が早く、両国が合意して、協定変更ができたときには既に商機を逃すこともあった。

　そこで、オープンスカイ協定が締結されると、路線は自国内地点、中間地点、相手国内地点および以遠地点のいずれについても制限なく選択が可能となり、自由にルートを設定することができることになった。これにより、便数、参入企業（コードシェア）も基本的に制限は行わない（ただし、航空企業は通常の手続により希望する空港の発着枠を確保することが必要）など、行政による供給量の規制が殆どなくなり、航空会社の裁量による運航が可能となり利用者への利益が還元されることになった。アメリカとEUの間では、第一段階の包括航空協定が実現した翌年の2008年3月に、アメリカとEUによるオープンスカイ協定が発効された。

　この欧米により主導された航空自由化政策には、当初、発展途上国は危機

感を抱く国があったが、1977年、80年、85年、94年、03年の5回にわたって開催されたICAOの世界航空運送会議において、欧米が主導したオープンスカイ政策が議題となり、発展途上国も航空政策自由化の流れに賛同した。中国もアメリカとの協定で一部地域を自由化し、アメリカ企業の貨物ハブ事業を認め、2008年3月から運賃の許認可を廃止した。

　日本のオープンスカイ政策への対応は、遅ればせながら2007年から開始された。具体的には、「羽田の国際化（国際定期チャーター便の運航拡大）」、「関空・中部の自由化（二国間交渉で推進）」、「地方空港の自由化（国際定期便届け出化）」、「アジア各国都のオープンスカイ交渉」の4つの柱からなる。また、2010年10月には、アメリカとの間でオープンスカイ協定を締結している。

　南北アメリカやヨーロッパにおけるオープンスカイ政策の展開や、アジア（特にASEAN諸国内）における同様の政策の展開や各国における所得の向上を受けて、1990年代後半から2000年代初頭にかけて、アジアやオーストラリア、中南米などでも各国の国内線や近距離国際線を運航する格安航空会社すなわち格安航空会社の起業が相次いだ。

　図表36に日本における主要なLCCを示す。

【図表36　日本における主要なLCCの概要（2021年）】

航空会社名		IATAコード	本拠地	設立	変遷
エアアジア・ジャパン	AirAsia Japan	DJ	中部国際空港	2014	2020年に破産手続を申請
エアドゥ	AIRDO	HD	新千歳空港	1996	2012年に「北海道国際航空」から「エアドゥ」に商号変更
ジェットスター・ジャパン※	Jetstar Japan	GK	成田国際空港	2011	2014年に関西国際空港、2018年に中部国際空港をハブ空港
春秋航空日本※	Spring Airlines Japan	IJ	成田国際空港	2012	中国のLCC春秋航空が出資
スカイマーク	Skymark Airlines	BC	神戸空港	1996	2006年に「スカイマークエアラインズ」から「スカイマーク」に商号変更
スターフライヤー	Star Flyer	7G	北九州空港	2002	「神戸航空」の商号で設立、2003年に「スターフライヤー」に変更
ソラシドエア	Solaseed Air	6J	宮崎空港	1997	「パンアジア航空」の商号で設立、1999年に「スカイネットアジア航空」に変更、2011年に「ソラシドエア」に変更
バニラ・エア	Vanilla Air	JW	成田国際空港	2011	2013年に「エアアジア・ジャパン（上記DJとは別会社）」から「バニラ・エア」に商号変更し、2019年にピーチアビエーションに統合
ピーチアビエーション※	Peach・Aviation	MM	関西国際空港	2011	2019年にバニラ・エアと経営統合
※ LCCと名乗っている会社は、ジェットスター・ジャパン、春秋航空日本、ピーチアビエーションの3社だけである					

出典：著者作成。

日本のオープンスカイ政策への対応は、遅ればせながら 2007 年から開始された。具体的には、「羽田の国際化（国際定期チャーター便の運航拡大）」、「関空・中部の自由化（2 国間交渉で推進）」、「地方空港の自由化（国際定期便届け出化）」、「アジア各国都のオープンスカイ交渉」の 4 つの柱からなる。また、2010 年 10 月にはアメリカとの間でオープンスカイ協定を締結している。

　南北アメリカやヨーロッパにおけるオープンスカイ政策の展開や、アジア（特に ASEAN 諸国内）における同様の政策の展開や各国における所得の向上を受けて、1990 年代後半から 2000 年代初頭にかけて、アジアやオーストラリア、中南米などでも各国の国内線や近距離国際線を運航する格安航空会社の起業が相次いだ。

　日本では、航空業界の規制緩和を機に、2012 年が「LCC 元年」と呼ばれるように、国内の空にピーチアビエーション、ジェットスター・ジャパン、エアアジア・ジャパン の 3 社が格安航空会社として参入している。ただ、国際的には、1990 年代後半から 2000 年代初頭にかけて設立されたスカイマーク[183]、エアドゥ[184]、スカイネットアジア航空[185]、スターフライヤーの 4 社も LCC と認識されているが、日本国内では 2012 年に設立された 3 社を LCC と呼んでいる。先に設立された 4 社は、LCC を名乗ってはいないが、スカイマークは、サウスウェスト航空のビジネスモデルに倣い、サービスの簡素化など LCC に近いビジネスを展開している。1998 年 9 月の初就航の際は、大手航空会社の普通運賃の半額（羽田 - 福岡間当時 13,700 円）で就航させて話題を呼んだ。

　外資系 LCC の国際線参入が相次いだ 2012 年に、新規国内 LCC のピーチアビエーション[186]、ジェットスター・ジャパン[187]、エアアジア・ジャパン[188] の 3 社が運航を開始したことで、これまで飛行機を利用したことのなかった新規需要層も取り込まれた。

　日本の LC である ANA ホールディングス[189]（ANAHD）は、ピーチアビエーション、バニラ・エア[190] を傘下に収め、2015 年から収益軌道に乗せル事に成功した。

　日本における主要な LCC の概要は、前掲の図表 36 のとおりである。

3 LCC の特徴

LC と LCC

　格安航空会社の代名詞である LCC は、元の英語が Low-Cost Carrier であることからもわかるように、正確に訳せば「格安航空会社」ではなく「低コスト会社」となる。例えば、次のようなコスト削減が行われている。

① 航空会社オフィスの家具はすべて中古を使用している。

② 機内にテレビやオーディオのサービスはない。

③ 座席の間隔を狭くし可能な限り座席数を増やしている。

④ 持ち込む荷物には厳格な重量規制がある。

⑤ 荷物を預けるのは有料。

⑥ チケットは自宅でプリントして来なければ空港にて有料でプリント。

⑦ 飛行機までは雨の日でもバスでアクセスする。

⑧ 機内の飲み物や食事、さらにはブランケットも有料。

⑨ 座席をリクエストすれば有料。

⑩ インターネットではなく電話で予約すると手数料を徴収される。

　①〜⑩のサービスは、従来の航空会社の通常のサービスを見直したものである。⑦は、空港使用料の多くを負担する大手航空会社であれば、優先的にボーディングブリッジの割当てを得られるだろう。

　⑦を除く④〜⑩は、大手航空会社では当たり前のサービスで、Full Service Carrier（FSC）になる。また、大手航空会社のサービスを「時代遅れのもの（レガシーシステム）」と見て、大手航空会社を Legacy Carrier（LC）と呼ぶこともある。

　航空旅客サービスをレストランのサービスに例えるならば、大手航空会社（LC）は、FSA（Full Service Airlines）なのでコース料理となる。一方で、格安航空会社（LCC）は、必要な人は必要なサービスだけをつけてその対価を支払うというシステムなので、アラカルト料理となる。また、飛行機での旅行が、同一区間の移動経費において、鉄道よる旅行よりも高価であった時代をレガシーとするならば、LCC は同一区間の移動経費において、鉄道によ

る旅行よりも低価格な場合が既に発生している。

LCC の台頭による IATA カルテルの崩壊

　パンアメリカン航空や英国海外航空、サベナ航空やルフトハンザドイツ航空などの大手航空会社（LC）は、IATA カルテルによって守られた割高な国際線の運賃体系と無競争状態、そして政府からの援助の下で高い収益を上げ、それを元にして現在から見れば「放漫経営」である経営状況だった。

　しかし、LCC の登場により LC の乗客の多くが LCC に流れたことや、価格競争の激化によって既存の LC のシェアは下がっていった。また、2001 年9 月に発生したアメリカ同時多発テロ後の国際航空旅客の一時的な減少や、2003 年 3 月に開戦したイラク戦争以降の原油価格の高騰などにより、既存の航空会社の経営状況は悪化していった。

　1990 年代のパンアメリカン航空、イースタン航空の経営破綻、2000 年代に入るとスイス航空やサベナ・ベルギー航空、ユナイテッド航空やヴァリグ・ブラジル航空などの、かつての IATA カルテル下 [191] では繁栄を謳歌していた既存の大手航空会社が相次いで経営破綻、倒産し、そのうちのいくつかは姿を消すこととなった。

　図表 37 に歴史のあるナショナルフラッグ航空会社の経営危機を示す。

【図表 37　歴史あるナショナルフラッグ航空会社の経営危機】

航空会社名		IATA コード	本拠地	設立	変遷
パンアメリカン航空	Pan American Airways	PA	アメリカ	1927	ディレギュレーションによる競争激化と航空運賃の低下のなかで、高コストの経営体質を改善できなかったことにより1980年代に入り急激に経営が悪化し1991年に破産
イースタン航空	Eastern Air Lines	EA	アメリカ	1926	最盛期にはアメリカン航空、ユナイテッド航空、デルタ航空と共に「Big4」と呼ばれたが、1991年運航停止
スイス航空	Swissair	SR	スイス	1931	1990年代、サベナ・ベルギー航空やAOMフランス航空などの傘下の航空会社の業績悪化が経営にも悪影響を及し、2001年アメリカ同時多発テロ事件による航空需要の落ち込みで資金繰りが悪化し2002年経営破綻
サベナ・ベルギー航空	Sabena	SN	ベルギー	1923	路線のほとんどが国際線のため慢性的な高コスト体質による赤字が続き、1990年代の規制緩和でLCCの台頭で経営が悪化し親会社のスイス航空とともに経営破綻
ユナイテッド航空	United Airlines	UA	アメリカ	1926	2001年の9.11同時多発テロで、アメリカ国内線の175便と93便がハイジャックされてテロリズムに使われたため、利用客が激減、経営悪化のため破産の適用を受けながら運行継続し経営再建、現在は「Big3」
ヴァリグ・ブラジル航空	Varig	RG	ブラジル	1927	高コスト体質の改善失敗、国内幹線へのリージョナル航空やLCCの参入により2005年破産

出典：著者作成。

　その中で、デルタ航空やユナイテッド航空、タイ国際航空やシンガポール

航空、スカンジナビア航空 [192] やルフトハンザドイツ航空などの既存の大手航空会社が、格安航空会社のビジネスモデルを部分的に取り入れた子会社の格安航空会社を相次いで設立した（図表 38 参照）。

【図表 38　歴史あるナショナルフラッグ航空会社の経営危機】

航空会社名		IATA コード	親会社	設立	変遷
ブルーワン	Bule 1	KF	スカンジナビア航空	1987	2016年シティジェットに吸収
ユーロウイングス	Eurowings	EW	ルフトハンザドイツ航空	1993	ルフトハンザによるグループ再編の一環としてLCCをユーロウイングスに一本化、ジャーマンウイングスをユーロウイングスに統合
フリーダムエア	Freedom Air	SJ	ニュージーランド航空	1995	2008年運航停止
バズ	Buzz	UK	KLM	1999	2003年ライアンエアーが買収
エア・カナダ・タンゴ	Air Canada Tango	AC	エア・カナダ	2001	2003年会社清算
ジャーマンウイングス	Germanwings	4U	ルフトハンザドイツ航空	2002	1997年にユーロウイングスの一部門としてスタートし、2009年にユーロウイングスとともにルフトハンザドイツ航空の完全子会社となる
ソング	Song	DL	デルタ航空	2003	2006年独自運航は停止され、デルタ航空の路線に統合
テッド	Ted	UA	ユナイテッド航空	2003	2008年運航停止
タイガーエア	Tigerair	TR	シンガポール航空	2003	2017年スクートとタイガーエアはブランド統合し、社名はスクート・タイガーエア、運航ブランドはスクート
ノックエア	Nok Air	DD	タイ国際航空	2004	2020年コロナ禍の影響で破産
タイ・スマイル	THAI Smile	WE	タイ国際航空	2011	
スクート	Scoot	TR	シンガポール航空	2011	2017年スクートとタイガーエアはブランド統合し、社名はスクート・タイガーエア、運航ブランドはスクート

出典：著者作成。

　ここでもう 1 度 LCC のビジネスモデルを確認したい。LCC のビジネスモデルは、ELFAA を参考にすると次の特徴が挙げられる [193]。

①　コストの削減による低運賃の航空サービスの提供
②　Point-to-Point 型のネットワーク
③　主にセカンダリー空港の使用
④　地方都市間における中距離航空路線

　これらは、前章で見たサウスウエスト航空の経営戦略の特徴に合致するものである。しかし、④については、LCC における従来のビジネスモデルと異なり、長距離航空路線を運航する LCC が登場している。
　LCC は、中短距離航空路線を中心に展開することがサウスウェスト航空のビジネスモデルの 1 つであった。しかし、欧米の同路線を中心に成熟期を迎えたこと、近年の航空機性能の向上もあって、4000km を超える長距離

航空路線を開設する LCC が相次いだ（図表 39 参照）。

【図表 39　長距離路線を運航している LCC】

航空会社名		IATA コード	本拠地	設立	変遷
アイスランディック	Icelandic Airlines	LL	レイキャビク空港	1944	1979年操業停止
レイカー航空	Laker Airways	GK	ガトウィック空港（ロンドン）	1966	1982年破産
ピープル・エクスプレス	PEOPL Express Airlines	PE	ニューアーク・リバティー国際空港	1981	1987年コンチネンタル航空が買収
ユーロウイン グス	Eurowings	EW	デュッセルドルフ空港	1993	ルフトハンザグループのLCC部門を一手に担う
ノルウェー・エアシャトル	Norwegian Air Shuttle	DY	オスロ空港	1993	2020年破産
オアシス香港航空	Oasis Hong Kong Airlines	O8	香港国際空港	2005	2008年運航停止
シルバージェット	Silverjet	Y7	ルートン空港（ロンドン）	2006	全席ビジネスクラスの格安航空会社であったが、2008年運航停止
エアアジア X	AirAsia X	D7	クアラルンプール国際空港	2006	エアアジア傘下
エア・カナダ・ルージュ	rouge	RV	トルドー国際空港（モントリオール）	2012	2021年COVID-19のため運航停止
レベル	LEVEL	IB	エル・プラット空港（バルセロナ）	2017	インターナショナル・エアラインズ・グループ

出典：著者作成。

　LCC における長距離航空路線の取組みは、1960 年代まで遡ることができる。1964 年にアイスランドのアイスランディック航空は、ニューヨークとヨーロッパ各地を結ぶ大西洋横断航路を開設した。低運賃が可能になった背景には、同社が大西洋横断航路の経由地となるレイキャビク空港を拠点空港としていることが挙げられる。拠点とする同空港で乗務員の交代をすることにより、効率的な人員の運用を図ることができるた。これにより人件費用を抑えることができた。

　また、長距離航空路線の場合には、航続距離の長い大型の航空機を使用する必要があるが、同空港を経由することで 1 度のフライトが短くなる。その結果、航続距離は短くなり、燃料効率に優れた中小型機を使用することができる。アイスランディック航空は、IATA に加盟していないため、運賃設定に関わる制約がなかった。このため、低運賃による航空サービスの提供を行うことができた。

　アイスランディック航空による低運賃の航空サービスの提供は、新たな旅客需要の獲得に成功した。しかし、石油危機による景気の低迷や他の航空会社との競争の激化により業績が悪化したため、1973 年にアイスランディッ

ク航空は、エア・アイスランドと合併し、新たな事業会社となるアイスランド航空となった。

　1970年代になると，イギリスのレイカー航空は、ロンドンとニューヨークを結ぶ長距離航空路線を開設した。Skytrainと呼ばれるノーフリル（機内食などの付加的なサービスを提供せず一部有償でサービスを実施）の航空サービスは、低運賃での航空サービスの提供を可能とし、利用者の獲得に成功した。しかし、第2次石油危機や新たな航空機材の購入における過大な費用支出の影響もあり、1982年に経営破たんした。

　1980年代以降は、アメリカのLCCであるピープルエクスプレスや香港のオアシス香港航空が、長距離航空路線の開設を行ったものの、それぞれ1987年、2008年に経営破たんしている。

　21世紀に入ると、独立系LCCであるエアアジア傘下のエアアジアXやノルウェー・エアシャトルの各LCCが、長距離航空路線の運航を始めた。また、FSCが設立したLCCにおいても同様の動きが見られ、カンタス航空のジェットスター、シンガポール航空のスクート、エアカナダのルージュにおいても長距離航空路線を運航している。この場合、関係の深いFSCからの資金的な援助や、運航業務をFSCが担うなどの協力関係が見られる。

　一方で、ヨーロッパにおいても、レベルに加えて、FSCであるルフトハンザドイツ航空の子会社であるユーロウイングスが2015年に長距離航空路線を開設した。また、格安チャーター便専門会社による定期運航のLCCへの相次ぐ業態変更や、シルバージェットのような長距離国際線のビジネスクラスを格安運賃で提供するLCCの登場など、航空ビジネスにおいて格安航空会社の存在は、業界の勢力図を塗り替えるほどの大きな影響を与えている。

　格安航空会社の台頭は、関連する旅行業者にも及ぶことになる。例えば大手航空会社は、コスト削減のために格安航空会社のビジネスモデルである「インターネット経由の直販」と、さらなる安価な正規割引料金を取り入れていった。その結果、旅行代理店経由での格安航空券の販売数が減少を続けており、「IATAカルテル」崩壊後の1980年代に世界各国に広まった「大手航空会社が団体ツアー向けの格安航空券を、旅行代理店を通じて個人向け市場に流通させる」というビジネスモデルが終焉を迎えつつある。

また、多くの大手航空会社が旅行代理店へ支払う航空券の販売手数料の引下げを行い、いくつかの航空会社は販売手数料自体の廃止を行っている。これは、格安航空券の販売手数料を収益源の1つにしていた旅行代理店の収益構造の悪化を招いただけでなく、格安航空券の販売手数料を最大の収益源にしていた中小の旅行代理店の多くが事業停止に追い込まれていった。

LCC の問題点

　格安航空会社の台頭で問題視される点を次にまとめる。
① 　価格競争による会社倒産
② 　運行の安全性
③ 　定時運行

　①については、LCC の台頭は世界規模で進んだものの、2000 年代後半に入り、比較的に LCC の歴史が古いヨーロッパやアメリカにおいて、格安航空会社同士の客の奪い合いとそれがもたらす価格競争による収益性の悪化や、2008 年に入ってからの世界的な燃料の高騰を受けて、経営破綻に陥る LCC が相次いだ。

　これは、LCC が市場規模に対して増え過ぎた上、その成立ちから経営体力が比較的弱かったために淘汰が行われたためである。アメリカだけでも 2008 年の上半期だけで、フロンティア航空と ATA 航空、スカイバス航空、Eos エアラインズ、マックスジェット航空と 5 社の格安航空会社の経営が破綻した。アジアやヨーロッパ諸国においても、オアシス香港航空やシルバージェット、ビバ・マカオなど、複数の航空会社が経営破綻に追い込まれた。

　1990 年代後半から 2000 年代にかけて既存の大手航空会社が子会社の LCC を相次いで設立したものの、デルタ航空（ソング）やユナイテッド航空 (Ted)、カナダ航空（エアカナダ・タンゴ）、ブリティッシュ・エアウェイズ (buzz)、ニュージーランド航空（フリーダムエア）をはじめとして、親会社の顧客を奪うことになったことや、価格競争に巻き込まれ、事業閉鎖や業態変更している例もある（前掲図表 38 参照）。

　②については、旅客航空郵送に最も求められることであるが、格安航空会社の元祖でもあるサウスウエスト航空は、運航開始 50 年を迎えるが、滑

走路逸脱や機体破損などの事故で今まで2名の死亡事故は起こしているが、重大災害である墜落事故は起こしていない（図表40参照）。

【図表40　サウスウェスト航空事故】

時期		事故	概要	死者
2005	12月8日	滑走路逸脱	シカゴ・ミッドウェー空港に着陸したWN1248便が、滑走路の積雪のためオーバーランし空港敷地外へ逸脱、巻き込まれた自動車に乗車中の子供1名が死亡。着陸後に直ちに逆推力装置を作動させなかったことが事故の直接の原因と結論付けられた。	1名
2009	7月13日	機体破損	テネシー州ナッシュビル発メリーランド州ボルティモア行WN2294便が、高度1万メートルを飛行中、突如、機体後部中央上方にフットボール大の穴が開くアクシデントが発生して、同機はウェストバージニア州チャールストンのイェーガー空港に緊急着陸した。キャビンの気圧が低下し、酸素マスクが自動降下する騒ぎとなったが、死者は出なかった。	無
2011	4月1日	機体破損	フェニックス・スカイハーバー空港発カリフォルニア州サクラメント行のWN812便が、離陸してまもなく天井に幅30センチ、長さ1.5メートルの穴が開き、アリゾナ州ユマのユマ海兵隊航空基地に緊急着陸した。客室乗務員1名が軽傷を負ったが、乗客は全員無事。	無
2011	4月26日	滑走路逸脱	デンバー発のWN1919便が、ミッドウェー空港に雨天での着陸後に滑走路逸脱が発生した。乗客・乗員の死傷者はなく、乗客はタラップで降機した。	無
2013	7月23日	機体破損	ナッシュビル発ニューヨーク・ラガーディア空港行きの345便が、ラガーディア空港着陸地時に首脚が破損しそのまま胴体着陸を行った。乗客乗員149名中負傷者10名、死者は無し。	無
2018	4月17日	機体破損	ニューヨーク市ラガーディア空港発テキサス州ダラス・ラブフィールド空港行きの1380便が飛行中に第1エンジン（左側）が破損するトラブルが発生し、その余波で窓を破損し機内で急減圧が起きた。その際に破損した窓側の座席に座っていた乗客1名が吸い出されそうになり、周囲の乗客が身体を押さえたため機外に吸い出されることはなかったもののその後死亡が確認された。	1名

出典：著者作成。

　航空機事故は、一般に使用機材の使用年数（機齢）が長いと起こりやすい。すなわち、機齢が古いと、メンテナンスの必要性が高まり、故障の確率が上がることになる。また、その分メンテナンスのコストがかかるため、十分にコストをかけられなければ、整備が不十分となり、よって安全性に疑問符が増えることになる。LCCのほとんどが、新しい機材を購入していたため、今まではこの面での心配は少なかった。

　しかし、2008年3月6日、アメリカ連邦航空局（FAA）の検査官は、サウスウエスト航空が保有する航空機のうち、117機が検査期限を30か月経過しており、航空安全検査による耐空安全性が確保されていなかったにもかかわらず、通常の運航に使用されていたと報告した。サウスウェスト航空に限らず、すべてのLCC機材は機齢が古くなっていく。そのための充分な整備体制が組織されているかということになる。

　これに関しては、日本のLCCの事例でいえば、ピーチアビエーションとバニラ・エアは、ANAが出資・技術支援を行っており、ジェットスターはJALとオーストラリアのカンタス航空が、そして春秋航空も中国に親会社があり、日本を飛んでいる春秋航空日本はその子会社であるため親会社の整備技術が受け継がれている。

③については、日本において 2016 年度時点で日本国内に就航していた 11 社についての運行実績を見てみる。図表 41 に 2016 年 4 月から 9 月までの定時運航率 [194] と、2012 年度から 2016 年度上期までの 5 年間の年度ごとの定時運航率の平均で順位示す [195]。

【図表 41　日本の国内航空における定時運航率】

2016年4月から9月までの定時運行率			2012年度から2016年度上期までの定時運航率		
順	航空会社	定時運航率	順	航空会社	定時運航率
1	日本航空	93. 26%	1	日本航空	93. 66%
2	スターフライヤー	92. 61%	2	スターフライヤー	92. 62%
3	スカイマーク	90. 25%	3	全日空	92. 02%
4	ソラシドエア	89. 50%	4	ソラシドエア	90. 53%
5	全日空	89. 23%	5	春秋航空日本	90. 52%
6	エアドゥ	88. 61%	6	エアドゥ	90. 28%
7	トランスオーシャン	88. 51%	7	トランスオーシャン	89. 72%
8	春秋航空日本	88. 45%	8	スカイマーク	87. 06%
9	バニラ・エア	86. 74%	9	ジェットスター・ジャパン	82. 25%
10	ピーチアビエーション	79. 55%	10	ピーチアビエーション	80. 57%
11	ジェットスター・ジャパン	78. 47%	11	バニラ・エア	79. 88%

出典：著者作成。

2016 年 4 月から 9 月までの定時運航率の下位 4 社は、LCC になっていた。2012 年度から 2016 年度上期までの 5 年間の年度ごとの定時運航率において、日本航空とスターフライヤーは、過去 5 年間 1 度も 90％を切ったことがない。全日空も 2016 年度上期が悪かっただけで、他の 4 年間はいずれも 93％前後を保持している。したがって、この 3 社は安定した定時運行を行っていると言える [196]。

LCC の中でただ 1 社、5 位に入った春秋航空日本であるが、2015 年度まではずっと 90％台だったが、2016 年度に入ってから右肩下がりで落ちている。ピーチとジェットスター・ジャパンは調査対象 11 社の中で唯一、過去に定時運航率が 1 度も 90％を超えたことがない。バニラ・エアは旧エアアジア・ジャパン時代が 60 〜 70％台とひどすぎただけで、バニラ・エアに変わってからは平均で 87％台を推移している。直近の数字だけでなく、

5年のスパンで見ると、やはり定時運航率はLCがLCCを上回っている。

タビリス[197]の調査によれば、ピーチアビエーションの遅延の原因を見てみると、2014年度の遅延便数のうち機材繰りを理由とするものが2728便となっていた。この年のピーチアビエーションの遅延便全体が3563便なので、その76%が機材繰りによって遅延していることになる[198]。

LCCはスケジュールを詰めて運航しているので、そのしわ寄せがきていると考えることもできる。

4 旅客航空運輸産業におけるアライアンスの展開

グローバル・アライアンスの誕生

1992年にKLMオランダ航空（オランダ）とノースウェスト航空（アメリカ）のアライアンス協定（Alliance Agreement）が承認されたのは、アメリカがオープンスカイ協定を発表する前であった。アメリカとオランダは世界に先駆けて、1992年10月にオープンスカイ協定を締結していた。

このオープンスカイ協定の締結に際しては、国家間でのオープンスカイ合意[199]（OSA）を前提としており、この合意のある国を母国とする航空企業間の提携については、アメリカの独占禁止法の適用免除[200]（ATI）が与えられた。このATIにより、航空会社の側でコードシェア[201]を行うことで、ネットワークを拡大し、フリークエントフライヤープログラム[202]（FFP）やマーケティング、販売活動も共同で行えるようになった。

この国家間のオープンスカイ協定に基づき、KLMオランダ航空とノースウェスト航空は、1993年1月にコードシェアや資本提携を含む「商業的協力と統合についての協定（Commercial Cooperation and Integration Agreement）」についてATIを獲得した。その後、アライアンスへの道を開き、アメリカのコンチネンタル航空、イタリアのアリタリア航空と、ウイングス・アライアンス（Wings）を結成した[203]。

フランスのエールフランスは、1998年4月に米仏航空協定において完全自由化についての合意がなされたことにより、アライアンスへの本格参入を始めた。2000年6月には、アメリカのデルタ航空、韓国の大韓航空、メキ

シコのアエロメヒコとの間で、グローバル・アライアンス「スカイチーム（Sky Team）」を結成した。2002 年には、ATI を確保した上で Wings との連携も整い、アメリカの五大キャリア[204] の内 3 社が加盟するスカイチームへと拡大した[205]（図表 42 参照）。

ドイツのルフトハンザ航空とアメリカのユナイテッド航空との間で、大西洋航路、および米独それぞれの国内線における広範なコードシェアを内容とするアライアンス協定が、1994 年 1 月にアメリカ運輸省（DOT）に許可された。これは 1993 年 9 月 24 日の米独航空覚書を踏まえた上である。

その後、両社の強いイニシアティブにより、更なる提携の拡大に必要なオープンスカイ協定と、その国家間の合意の下で得られる ATI の必要性が要望され、1996 年 2 月に国家間でのオープンスカイ協定が結ばれた。このルフトハンザ航空、ユナイテッド航空両社間の提携を核として、1997 年 5 月にデンマーク・ノルウェー・スウェーデンのスカンジナビア航空、カナダのエアカナダ、タイのタイ国際航空によるスターアライアンス航空連合が結成された。

この構成メンバーの中では、ユナイテッド航空・ルフトハンザ航空・スカンジナビア航空間、およびユナイテッド航空・エアカナダ間、ユナイテッド航空・タイ国際航空間にはその母国がいずれもオープンスカイ協定を受諾しており、ATI が与えられていることから、より広範囲な提携が可能となっている。

イギリスのブリティッシュ・エアウェイズとアメリカのアメリカン航空との提携は、イギリス側が OSA をしていないため、アメリカの ATI を得るに至らなかったが、両社は香港のキャセイパシフィック航空、オーストラリアのカンタス航空を加え、ワンワールド・アライアンスを発足し、1999 年 2 月に航空会社間のアライアンス協定として DOT に承認された。ここに世界の三大グローバル・アライアンスが誕生した。

三大アライアンス

世界の航空会社の連合すなわちアライアンスは、欧米の三大企業グループにより構成されている。その中でもスターアライアンスが 2020 年時点で最もメンバーが多く、全世界にネットワークを広げつつある。

スカイチームは、発足時アジア・オセアニア地区では大韓航空 1 社であっ

たが、その後ベトナム航空などが参加、また、中国からも2社が参加しネットワークを構築している[206]。ワンワールドは、加盟会社が13社と最も少ないが、アメリカン航空、ブリティッシュ・エアウェイズ、キャセイパシフィック航空のようにアライアンス設立以前からメガキャリアとして独自のネットワークを持っている航空会社が多く加盟しているのが特徴である。

　三大アライアンスに属するメンバーを図表42に示す。

【図表42　三大アライアンス（2021年）】

地域	スカイチーム(19社)	ワンワールド(14社)	スターアライアンス(25社)
アジア オセアニア	大韓航空(2000) ベトナム航空(2010) チャイナエアライン(2011) ガルーダ・インドネシア航空(2014)	キャセイパシフィック航空(1999) カンタス航空(1999) 日本航空(2007) マレーシア航空(2013) スリランカ航空(2014)	タイ国際航空(1997/2020経営破綻) ニュージーランド航空(1999) 全日空(1999) シンガポール航空(2000) アシアナ航空(2003) エバー航空(2013) エアインディア(2014)
中国	中国南方航空(2007/2018脱退) 中国東方航空(2011) 厦門航空(2012)		中国国際航空(2007) 深圳航空(2012)
中東	サウディア(2012) ミドルイースト航空(2012)	ロイヤル・ヨルダン航空(2007) カタール航空(2013)	エジプト航空(2008)
アフリカ	ケニア航空(2007)	ロイヤルエア・モロッコ(2020)	南アフリカ航空(2006) エチオピア航空(2011)
EU CIS	エールフランス航空(2000) チェコ航空(2001) KLMオランダ航空(2004) アエロフロート・ロシア航空(2006) エアヨーロッパ(2007/2019IAGに買収) アリタリアイタリア航空(2009) タロム航空(2010)	ブリティッシュ・エアウェイズ(1999) フィンエアー(1999) イベリア航空(1999) S7航空(2010)	ルフトハンザドイツ航空(1997) スカンジナビア航空(1997) オーストリア航空(2000) LOTポーランド航空(2003) アドリア航空(2004/2019破産脱退) クロアチア航空(2004) TAPポルトガル航空(2005) スイスインターナショナルエアラインズ(2006) ターキッシュエアラインズ(2008) ブリュッセル航空(2009) エーゲ航空(2010)
南北中央アメリカ	デルタ航空(2000) アエロメヒコ(2000) アルゼンチン航空(2012)	アメリカン航空(1999) アラスカ航空(2021) LATAMチリ(2000/2019脱退) LATAMブラジル(2014/2019脱退)	ユナイテッド航空(1997) エアカナダ(1997) アビアンカ航空(2012/2020倒産) コパ航空(2012) アビアンカエルサルバドル(2012)

出典：著者作成。

① スカイチーム

　北米では、世界最大規模の航空会社であるデルタ航空が加盟しており、中米ではメキシコを拠点とするアエロメヒコ航空が加盟している。南米ではアライアンス設立以来加盟会社がなかったが、アルゼンチン航空が 2012 年に加盟した。

　EU と独立国家共同体[207]（CIU）では、KLM オランダ航空、アエロフロート・ロシア航空、アリタリア - イタリア航空、エア・ヨーロッパ、エールフランス、タロム航空、チェコ航空の計 7 社が加盟しており、有償旅客キロ（RPK）では最大のシェアを獲得している。アジアでは、大韓航空、ベトナム航空、チャイナエアライン、ガルーダ・インドネシア航空、中国東方航空、厦門航空の 7 社が加盟しており、中華圏で大きなシェアを獲得している。その他にもデルタ航空が成田国際空港をハブ空港としてアジア各地に定期便を運航している。

② ワンワールド

　アジア・オセアニア地域では、香港を拠点に北東アジアや東南アジア、中華人民共和国に幅広いネットワークを持つキャセイパシフィック航空に加えて、2007 年の日本航空の加盟により、北東アジアのネットワークが強化された。また、ワンワールド加盟航空会社は、成田国際空港の航空会社再配置により第 2 旅客ターミナルビルに集約された。これにより同ターミナルは、「ワンワールドの北東アジアでのハブ」と位置づけられた。ワンワールド加盟航空会社の便を利用する場合、チェックインカウンターのクラス別での共用化や、ラウンジの改修などサービス機能を加盟就航会社共同で強化された。

　さらに、2010 年 10 月の羽田空港の国際線増便以降は、羽田空港〜アメリカ間の直行便数では、ワンワールドが最多になっている。また、ワールド・トラベル・アワーズ[208]において、ワンワールドは 2003 〜 2009 年度までの 7 年連続でベスト航空連合に選出された。

③ スターアライアンス

　スターアライアンスは、三大アライアンスの中では最も早く航空連合を形成した。欧州では 1997 年の設立当初にルフトハンザドイツ航空とスカンジナビア航空が参加し、2000 年にオーストリア航空が続いている。中欧のド

イツ語圏、北欧・南欧の航空会社を中心に欧州では最も多い 10 社が加盟している。エールフランスや KLM オランダ航空、アリタリア - イタリア航空、アエロフロート・ロシア航空を中心とするスカイチームは 7 社、ブリティッシュ・エアウェイズ、イベリア航空やフィンランド航空を擁するワンワールドは 4 社である。

【図表 43　三大アライアンスのマーク】

　アジア・オセアニア地域は、21 世紀に最も成長が期待される地域である。14 億を超える人口を抱える中国[209] が、国内総生産[210]（GDP）で、アメリカに次ぐ世界第 2 位の経済大国になり、やがてはアメリカを凌ぐ勢いで成長している[211]。また、域内で 6 億を超える人口を抱えるアセアン諸国[212]、13 億を超える人口を抱えるインド[213] がある南アジアも経済発展が著しい。この地域では、経済連携を目的に環太平洋パートナーシップに関する包括的及び先進的な協定[214]（CPTPP）が 2018 年に締結された[215]。

　スターアライアンスは、この地域で計 6 社が加盟しており、ワンワールド（5社）、スカイチーム（4 社）に比べ、東アジア、東南アジアの路線網が充実している。

　北米では、カナダの大手航空会社であるエアカナダが加盟している。また、2009 年 10 月にはコンチネンタル航空がユナイテッド航空との経営統合に伴いスカイチームから移籍した。南北中央アメリカにおいても三大アライアンスの中で最も多い 4 社の加盟航空会社となり、その利便性が高まった。

日本航空のアライアンス加盟

　日本航空は、2007 年 4 月にワンワールドに加盟した。三大アライアンス

が誕生して7年以上経過していたので、世界のメガキャリア[216]としての日本航空のアライアンス加盟は注目されていた[217]。日本航空がアライアンス加盟に遅れた理由として、日本が長く国際線1社体制を政策としてとってきたことが考えられる。

日本の「航空憲法」ともいわれた「45/47体制」が1970年閣議決定し1972年に通達され、国際線を運営する会社は日本航空1社に限られることになった。この体制は1985年運輸政策審議会で見直され、1986年全日空が成田～グアム線を開設するまで14年間続くことになる。その間、国際線1社独占体制の下で日本航空は大きな国際線ネットワークを構築していたために、アライアンス加盟の有用性が急務でなかったと考えられる。また、世界の様々な航空会社との2社間提携が既にあり、いずれかのアライアンスに加盟することで、既存の提携への微妙な影響が考慮されたと考えられる。

日本航空が加盟したワンワールドは、先にも述べたように、核となるブリティッシュ・エアウェイズとアメリカ航空の提携についてATIが与えられていなかった。したがって、ワンワールドでの航空連合では、アメリカの独占禁止法であるアンチトラスト法[218]の観点から、競争を阻害するような運賃調整や販売活動等、より深化した提携には踏み込めない事情があった。しかし、このことが一方でメンバーのパートナーを強く縛る拘束（排他性 Exclusivity）が緩やかという特徴をもたらした。

日本航空にとって、既にパートナーシップを結んでいたエールフランス（スカイチーム）、タイ航空（スターアライアンス）、ニュージーランド航空（スターアライアンス）との関係は、グローバル・アライアンス登場以前からの提携であり、アライアンス加盟後も、これらの航空会社との提携維持が可能であることは重要な要素であった。

旅客航空運輸ではないが、貨物におけるアライアンスでは、JALカーゴが2002年にWOWに加盟しており[219]、WOWメンバーとしてルフトハンザ航空（スターアライアンス）のルフトハンザ・カーゴ、シンガポール航空（スターアライアンス）のシンガポール航空カーゴとも関係があった[220]。したがって、結果的に日本航空は、欧州のメガキャリアであるブリティッシュ・エアウェイズ（ワンワールド）、エールフランス（スカイチーム）、ルフトハ

ンザ航空（スターアライアンス）とそれぞれ提携を有していたことになる。

　ワンワールドの発足メンバーであるアメリカン航空、ブリティッシュ・エアウェイズ、キャセイパシフィック航空、カンタス航空は、日本航空と同様それぞれがグローバル・ネットワークを持つ航空会社であり、アライアンスでのネットワークの補完的なニーズに喫緊の必要性がない点も、ATI のない反対側のバランスとして見ることができる。これは、視点を変えれば、アメリカのアンチトラスト法の位置づけや ATI の政策的な運用が、グローバル・アライアンスの形成にも影響を及ぼしたと考えることができる。

アライアンスの発展

　市場経済のグローバル化、ボーダーレス化が進み、人や物の移動を支える国際航空輸送のネットワーク化、およびネットワークのグローバル化は、アメリカのオープンスカイ政策をきっかけに進展している。そして、航空会社間の戦略的な提携は、グローバル・アライアンスを生み出した。ここでは、グローバル・アライアンスの発展について、航空会社としてのメリット、市場・利用者に対してのメリットを見ていきたい。

① **スケールメリットによるコスト削減**

　旅客航空運輸産業にとっての最も大きな経営資源は、航空機材とそれを飛ばす燃料である。これらをアライアンスのスケールメリットを活かした共同購入した場合のコスト削減は大きなメリットである。また、サービスにおける什器備品（機内の紙コップ等）の共同購入や通信回線の共同使用、また機内アミューズメント（映画・音楽等）の共同購入等をアライアンスのメンバー共同で行うことで大きなコスト削減が図れることになる。

② **空港施設の共同利用**

　各空港のラウンジについても、それぞれの空港の主たるメンバー航空会社（Landlord）のイニシアティブで、共同の施設を確保することは、コスト面は言うに及ばず、アライアンスの存在感、一体感を示すことができ、利用者にとっても便利である。

　成田空港では、2006 年 6 月からアライアンスごとに空港ターミナルを使い分けている（図表 44 参照[221]）。第 2 ターミナルはワンワールド、第 1 ター

ミナル南ウィングはスターアライアンス、第1ターミナル北ウィングはスカイチームが使用している。

【図表 44　成田空港ターミナルビルレイアウト（2019 年 11 月）】

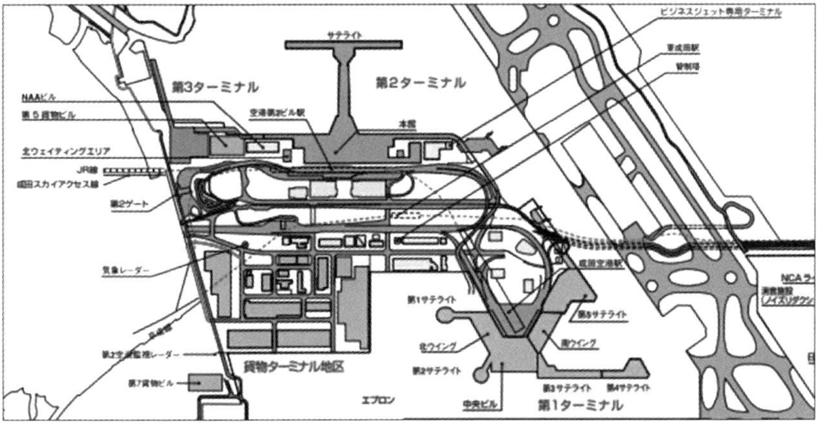

出典：成田国際空港株式会社公式 WEB サイト「レイアウト」から転載。
https://www.naa.jp/jp/airport/about_layout.html（2021 年 3 月 1 日閲覧）。

③　予約管理・フライト運航システム

　航空会社の路線網は限られており、自社便だけでは旅程が完結しないことも多い。旅客や代理店が航空会社別に都度予約申込みを行うのでは不便なので、通常は最初に搭乗を予定する航空会社に申し込めば、どの航空会社便の予約でも仲介してもらえるようになっている。航空券も最初に搭乗予定の航空会社がまとめて発行し、旅客は航空券代金の支払いを一括して行えばよい。

　そのために、ICAO や IATA が各種のコード類、メッセージフォーマット、予約・発券制度、航空券用紙仕様などを規定している。予約管理・フライト運航システム[222]（CRS）のシステム機能は、その規定に沿ったものであることが求められている。IATA はまた、運賃額の調整や航空会社間の決済処理なども行っている。

　航空業界の CRS は、コンピュータ産業の発達とともに歩んできており、最先端の設備・技術をいち早く導入して業務の効率化や旅客サービスの向上に役立てるとともに、それらを戦略的に活用することで、競争力の強化を

図ってきた。中でも予約・発券業務の取扱いを中心とする CRS は、戦略的活用に成功した会社は繁栄し、後手に回った会社や CRS を保有していない新興会社は壊滅的な打撃を受けるなどの社会的な問題を引き起こしたことから、戦略情報システム [223] (SIS) の代名詞的に使われている。

また、CRS の導入によりアライアンスのコードシェア便が可能になったといえる。コードシェアでは、運航側の航空会社をオペレーティング・キャリア（operating carrier）、自社便を相手側の運航便に表示する側の航空会社をマーケティング・キャリア（marketing carrier）と呼ばれる。そしてコードシェアにはいくつかの形態がある。

一定の座席をマーケティング・キャリアが買い取り自社便名で販売するブロックト・スペース・コードシェア（blocked space code-sharing）と、座席を事前には買い取らず、運航者のホストコンピュータでマーケティング・キャリア便も同じく情報管理（インベントリー）としてコントロールしながら CRS で販売するフリー・セールス・コードシェア（free sales code-sharing）が代表的である。

前者では、座席を買い取ったマーケティング・キャリア便販売収入は、マーケティング・キャリア側の収入として扱われるのに対し、後者では、マーケティング・キャリア便の販売収入は運航会社のもとして、マーケティング・キャリア側はコミッションを受け取ることになる。

④　スロットの共有化

空港発着枠は、航空会社が滑走路を利用して空港へ離発着できる機会のことで、スロットともいう。空港には離発着できる回数に限度があるため、日本では国土交通省がスロットの配分を行っている。近年では、政治・経済の東京一極集中が顕著であることから、国土交通省は、首都圏空港（羽田空港と成田空港）の機能強化を最大の課題に掲げ、スロットの拡大に取り組んでいる。このスロットの拡大があってこそ、オープンスカイも実現可能となった。

したがって、空港における航空機のスロットの確保は、旅客航空会社にとって最も重要な経営資源の１つであるが、成田空港をはじめ、世界の主要な空港ではスロットの許容量がすでにいっぱいで、利用者の移動に適した時間帯

のスロットの確保は不可能な状況である。しかし、スロットをすでに確保している航空会社の当該便において、必ずしも満席で運航しているわけではない。この場合に共同運航便として、アライアンスでのパートナーの航空会社にその便名（Code）をつけて運航するコードシェアの運航が行われるようになった。

コードシェアは、アライアンス加盟のネットワークキャリア[224]（NWC）間でのお互いの運航便に相手の便名表示を認め、それぞれが自社便として運航するため、FFP などの付加価値も活用できるものである。それぞれの航空会社が限られたスロットを共有して自社表示することで、常連顧客（アライアンスキャリア）の選択肢も広がる一方、航空会社も自社独自で複数便を運航するコストを考えれば、効率的に複数の自社便を販売できることになる。

このパートナーシップは、自社が確保できない時間帯のスロットにおいて、NWC の便に自社の便名を表示する形でネットワークを拡大し、相互に貴重な経営資源であるスロットの効率的な活用を図ることができる。そして、このような運航管理における CRS を統一することで、市場の分析など経営サポートツールの共有化も可能になる。

⑤　人材育成

人材という会社組織において最も重要な経営資源についても、パートナー間での交流により、マーケットの国際化、多様性についてマンパワーの向上を図ることもアライアンスのメリットといえる。アライアンスメンバーの中で ATI を取得している航空会社では、運航・スケジュール調整や、マーケットでの共同販売、運賃政策などを、NWC のスタッフがそれぞれの会社の枠を超えて協働で進めるなど合併に近い活動をしている。

⑥　ERM の共有

アライアンスでは、コードシェアを進めるに際して安全面での相互確認が行われている。安全監査グループを編成して、それぞれの NWC の安全面を、ICAO の基準に照らし達成されているかを定期的に検証するものである。また、万が一の事故に備え、地理的に近いパートナーが情報収集、顧客対応を初期体制としてカバーする緊急対応対策[225]（ERM）の共有化も常時訓練として実施されている。

アライアンスの運営

　国際線を利用するに当たって一般的な利用者が求める国際定期便は、母国語が使える自国の航空会社であろう。しかし、様々な国の航空会社が加盟するアライアンスでは、加盟する外国のNWCがコードシェアを行うことが多い。

　そこで、コードシェア便の拡大で、利用者に誤解が生じないように便名と運航会社の違いなどの周知が図られている。例えば、日本の航空会社だと思って登場したら韓国の航空会社だったということがないように注意が払われている。

　また、アライアンス全体として、均質化された質の高いサービスの提供は重要なテーマである。同じアライアンスのNWCであれば一定レベルのサービスを提供するように均質化が求められ、世界のどこに飛んでも利用者の不安がないように事細かくサービス改善が図られている。

　例えば、スカイチームの正式メンバーになるには、厳しい安全、品質、ITおよび顧客サービスにおける基準が設けられている。スカイチームでは、加盟に際し、様々な分野を網羅した100項目以上の資格条件に合致しなければならず、スカイチームへの加盟を希望する航空会社に対しては、加盟に先立ち、加盟するNWCに所属する専門家チームによる監査が実施される。そして、その会社が資格条件を満たしているかどうかを精査することにより、スカイチーム加盟NWCが提供するサービスの一貫性が保たれることになる[226]。これによりアライアンス全体としてのブランドという「形態の規模」による新たな経済効果が目指されることになる。

5　LCCの台頭と三大アライアンス体制の変化

FSCとLCCの棲分け

　世界的な規制緩和の潮流から生まれたグローバル・アライアンスであるが、同じく規制緩和の中で台頭してきた旅客航空運輸の新しい展開としてLCCの台頭があることは既に見てきた。グローバル・アライアンスを構成する航空会社は、LCCに対してFSCと呼ばれ、それぞれ異なるマーケットを形成

していた。しかし、LCC は、低運賃、低品質で利用者を急激に伸ばしながら、低運賃を維持しながら高品質のマーケットへ拡大してきたことから、グローバル・アライアンスのマーケットにプレッシャーを与える存在となってきた。

　一方で、アライアンス加盟の NWC は、子会社に LCC をつくるなどして対抗策を講じてきたが、NWC は LCC との棲分けのため、更なるグローバル・ネットワークへの顧客のニーズとウォンツの拡大を展開していくことになった。すなわち、グローバル・ネットワークの充実が、NWC の集客力を左右することになったわけである。

　特に FFP 制度が導入されてからは、それを使える路線網のスケールの大小がこの制度の優劣のベースとなる。言い換えれば、FFP が利用者の航空会社選択時の重要なメルクマール（基準）となっている。例えば、利用者にとっては、A 地点から B 地点に飛んでいる航空会社よりも、A 地点から B、C、D……とできるだけ多くの地点へ飛んでいる航空会社のほうが、便利で好まれるということになる。そして、航空会社 1 社単独では、年間 6 億人ほどの世界の国際線航空旅客に対応して、世界の隅々まで飛んで行くことなどはできないので、NWC が提携してネットワークを拡大していくというのが、グローバル・アライアンスの拡大戦略である。

LCC のアライアンス進出

　2016 年 1 月に世界初の LCC アライアンス「U-Fly Alliance」が誕生した（図表 45 参照）。U-Fly には、中国コングロマリット HNA グループ（海南集団[227]）の LCC4 社と韓国の 1 社が参加している。そして、同年 5 月には、世界で初めて、アジア太平洋地域の多国間 LCC7 社で構成する国際航空連合としてバリューアライアンスが設立された（現在の加盟は 4 社、図表 46 参照）。

　このバリューアライアンス設立には、日本からバニラ・エアが参加した。LCC のこの動きは、まるで FSC のグローバル・アライアンスの戦略の後追いである。21 世紀になり LCC が急成長して、世界の国際線航空旅客市場の 10%以上の供給シェアを獲得したことで、FSC が LCC に対抗するためにLCC の経費削減策などのベスト・プラクティス（最良の事例）を模倣し、その反対に LCC が、さらにシェアを拡大するために FSC のネットワーク戦略

を模倣し始めたと考えられる。

【図表45　U-FLY Alliance の設立メンバー】

航空会社名		IATAコード	本拠地	設立	変遷
香港エクスプレス	HK Express	UO	香港国際空港	2004	2019年キャセイパシフィックの完全子会社になり脱退
雲南祥鵬航空	Lucky Air	8L	昆明長水国際空港	2004	海南航空の子会社
ウルムチ航空	Urumqi Air	UQ	ウルムチ地窩堡国際空港	2014	海南航空の子会社
中国西部航空	West Air	PN	重慶江北国際空港	2004	海南航空の子会社
イースター航空	Eastar Jet	ZE	仁川国際空港	2007	2021年1月に会社更生手続きを申請
海南航空	Hainan Airlines	HU	海口美蘭国際空港	1993	2021年1月に海航集団は経営破綻したと発表した。運航は継続するとしている。

出典：著者作成。

【図表46　バリューアライアンスの設立メンバー】

航空会社名		IATAコード	本拠地	設立	変遷
セブパシフィック航空	Cebu Pacific Air	5J	ニノイ・アキノ国際空港	1996	2014年タイガーエアと戦略的提携
セブゴー	Cebgo	DG	ニノイ・アキノ国際空港	1995	2015年タイガーエア・フィリピンからセブゴーに名称変更
チェジュ航空	Jeju Air	7C	済州国際空港	2005	2019年イースター航空買収を発表するも実行できず
ノックエア	Nok Air	DD	ドンムアン空港	2004	2020年会社更生手続きを申請
スクート	Scoot	TR	チャンギ国際空港	2011	2017年にタイガーエアとブランド統合しスクートブランドへ一本化
バニラ・エア	Vanilla Air	JW	成田国際空港	2011	2019年Peachと統合し脱退
ノックスクート	NokScoot	XW	ドンムアン空港	2013	2020年事業清算

出典：著者作成。

　しかし、LCCアライアンスは、元々経営基盤がFSCに比べて脆弱な上、親会社の経営不振の影響やLCC間での統合などにより、設立後わずか5年を待たずに脱退が相次いでいる。また、アライアンスの形成は乗継便との連携による利便性向上にあるが、乗継ぎサービス実施となれば、受託手荷物の預け元の航空会社（デリバリング・キャリア）から乗継先の受取側の航空会社（レシービング・キャリア）への仕分けと移動が必要になる。手荷物を一括取降し到着空港のバッゲージカルーセルまでまとめて移動させるのと異なり、乗継空港におけるグランドハンドリング作業が大幅に複雑化し、それだけコストが余計にかかることになる。低コスト運営最優先のLCCにとっては難しいところである。したがって、マイレージなどの顧客褒賞制度の採用にも二の足を踏んでいるLCCが、コストがかかるグローバル・アライアンス並みのマルチ提携を導入していくのかは疑問である。

結局 LCC アライアンスの目的は、グローバル・アライアンスのような編成ではなくて、エアアジアやジェットスター、ライオンエアのアジア太平洋地域の大手 LCC が、自国以外の域内各国に子会社群を設置して、この地域全体にネットワークを張っている運営形態に対抗しようとしているとも考えることができる（図表 47、48、49 参照）。

【図表 47　エアアジアグループ航空会社】

航空会社名		IATA コード	本拠地	設立	変遷
エアアジア	AirAsia	AK	クアラルンプール国際空港	1993	多くのグループ企業を抱える世界屈指の規模のLCC
インドネシア・エアアジア	Indonesia AirAsia	QZ	スカルノハッタ国際空港	1999	2004年AWAIRがエアアジアの子会社になり、2005年に名称変更
タイ・エアアジア	Thai AirAsia	FD	ドンムアン空港	2003	エアアジアと元タイ王国首相のタクシン・チナワットの関連企業シン・コーポレーションとの合弁で設立
エアアジア X	AirAsia X	D7	クアラルンプール国際空港	2006	エアアジア傘下で長距離路線を運航
エアアジア・フィリピン	AirAsia Philippines	Z2	ニノイ・アキノ国際空港	2010	エアアジアと、フィリピンのテレビ局、不動産開発業者などと合弁で設立
タイ・エアアジア X	Thai AirAsia X	XJ	ドンムアン空港	2013	エアアジア Xにより設立され長距離路線を運航
インドネシア・エアアジア X	Indonesia AirAsia X	XT	ングラ・ライ国際空港	2013	エアアジア XとPT Kirana Anugerah Perkasa(PTKAP)が、共同出資により設立した長距離路線
エアアジア・インディア	AirAsia India	I5	ケンペゴウダ国際空港	2013	エアアジアと、インドのコングロマリット「タタ・グループ」の出資により設立

出典：著者作成。

【図表 48　ジェットスターグループ航空会社】

航空会社名		IATA コード	本拠地	設立	変遷
ジェットスター航空	Jetstar Airways	JQ	メルボルン空港	2004	カンタス航空がLCCのヴァージン・オーストラリアに対抗するために設立した完全子会社
ジェットスター・アジア航空	Jetstar Asia Airways	3K	チャンギ国際空港	2003	2005年バリューエアと合併（バリューエアの名前は残す）
ジェットスター・パシフィック航空	Pacific Airlines	BL	タンソンニャット国際空港	1990	ベトナム航空の子会社として設立し、2008年ジェットスターと提携
ジェットスター・ジャパン	Jetstar Japan	GK	成田国際空港	2011	カンタス航空グループ、日本航空などは資本参加して設立
ジェットスター香港	Jetstar Hong Kong	JM		2012	中国東方航空とカンタス航空が資本参加して設立

出典：著者作成。

【図表 49　ライオンエアループ航空会社】

航空会社名		IATA コード	本拠地	設立	変遷
ライオンエア	Lion Air	JT	スカルノ・ハッタ国際空港	1999	
マリンド・エア	Malindo Air	OD	スワンナプール国際空港	2012	ライオンエアとナショナル・エアロスペース・アンド・ディフェンス・インダストリーズが共同で設立
バティック・エア	Batik Air	ID	スカルノ・ハッタ国際空港	2013	ライオンエアの子会社
タイ・ライオン・エア	Thai Lion Air	SL	ドンムアン空港	2013	ライオンエアの子会社

出典：著者作成。

エアアジアは、マレーシアに加え、インドネシア、タイ、フィリピン、インド、日本、最近では中国河南省鄭州市にも LCC 合弁子会社を設置する。ジェットスターは、豪州に加えシンガポール、ベトナム、日本に、ライオンエアはインドネシア、マレーシア、タイにそれぞれ合弁子会社を設置している。

　ともあれ、LCC がアライアンスを形成することで、FSC のビジネスモデルの境界線がぼやけて始めて、ハイブリッド型の航空会社が出現しつつあると考えられる。

　図表 50 は、2017 年のグローバル・アライアンスごとの国際線供給シェアを示している。スターアライアンス、ワンワールド、スカイチームの合計では、西ヨーロッパと東南アジアが約 60%、北米と北東アジアが約 80% になっている。

【図表 50　グローバル・アライアンスの地域別国際線シェア】

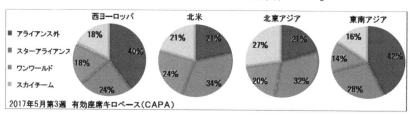

出典：株式会社航空経営研究所「グローバル・アライアンス航空会社の "アライアンス破り"」
（2017 年 5 月 16 日）図を基に著者作成、https://www.jamr.jp/jamr（2021 年 3 月 1 日閲覧）。

　グローバル・アライアンスの地域ごとのシェアの違いは、それぞれの地域の LCC 市場シェアの大小と関係する。LCC シェアが高いと、当然のことながらグローバル・アライアンスのシェアは低下し、その反対に LCC のシェアが低いとグローバル・アライアンスのシェアが上昇することになる。

　ライアン航空やイージージェットが運航する西ヨーロッパや、エアアジアやライオンエアを抱える東南アジアなど LCC のシェアが高い市場では、グローバル・アライアンスのシェアは 58 〜 60% と低くなる。逆に、LCC シェアが 12 〜 13% と低い北米や北東アジアでは、グローバル・アライアンスのシェアが 79% と高くなる。このことから、LCC の拡大がいやおうなく競争を激化させて、グローバル・アライアンスのシェアに大きな影響を及ぼしていることが読み取れる。

三大アライアンスの変化

　グローバル・アライアンスが形成されて20年が過ぎようとしている中で、グループの連携に変化が起きている。加盟航空会社の「アライアンス破り」が発生し出した。グローバル・アライアンスよりも、2社間提携が優先され始めているのである。その理由は、グローバル・アライアンスの加盟航空会社数が多くなってきたためにメンバー間の利害調整が難しくなり、自社の利益追求が希薄化するケースが増えてしまうという事態が発生してきたためである。

　また、グローバル・アライアンス設立後の10年間、すなわち2000〜2010年の間に、大手航空会社間のM&A（合併・買収）が相次ぎ発生したことも影響している。欧州では、次の組合せのM&Aが進んだ（図表51参照）。

【図表51　欧米の3大企業グループによる合併・買収】

年月日		持ち株会社	合併対象の航空会社	アライアンス	地域
2004	5月5日	エールフランス・KLM	エールフランス航空、KLMオランダ航空	スカイチーム	EU
2009	9月	ルフトハンザグループ	ルフトハンザグループのルフトハンザ航空、オーストリア航空、スイスインターナショナルエアラインズ、ブリュッセル航空	スターアライアンス	
2010	4月8日	インターナショナル・エアラインズ・グループ	ブリティッシュエアウェイズ、イベリア航空、エアリンガス	ワンワールド	
2010	1月31日	デルタ航空	デルタ航空／ノースウェスト航空	スカイチーム	アメリカ
2010	10月	ユナイテッド航空	ユナイテッド航空／コンチネンタル航空	スターアライアンス	
2012	8月31日	アメリカン航空	アメリカン航空／USエアウェイズ	ワンワールド	

出典：著者作成。

　こうして欧米両地区でそれぞれ「ビッグ3」が誕生した結果、グローバル・アライアンス内のビッグ3の影響力が強くなり過ぎて、アライアンス全体の結束力を弱めてしまっている。

　グローバル・アライアンスのマルチ提携よりも、直接自社の利害を追求できる2社間提携のほうが、メリットがずっと大きくなっている。その具体例を次に示す。

① 　ワンワールド加盟のカンタス航空は、2013年4月に、豪州欧州路線（カンガルー・ルート）のコードシェア提携で、長らく提携してきた同じくワンワールドのブリティッシュ・エアウェイズを袖にして、どこのアライア

ンスにも属していないアラブ首長国連邦（UAE）のエミレーツ航空に乗り換えた。そして、この路線の経由地をシンガポールからドバイに変更した。

② 中国国際航空は、ワンワールドのキャセイ航空と株式相互保有協定を締結しておきながら、2007年にスターアライアンスに加盟した。この加盟には、中国国際航空の国際線競争力強化の意図が込められている。

③ スカイチームのデルタ航空は、2015年5月、同じスカイチームの中国東方航空に出資して、スカイチーム内におけるマルチの契約よりも2社間戦略提携を優先させた。この提携は、東方航空の基地がある上海浦東空港の発着枠を欲しかったデルタ航空が持ちかけた提携であるといわれている。

④ ワンワールドのアメリカン航空は、2017年3月、スカイチームの中国南方航空に出資して戦略提携を結んだ。グローバル・アライアンスの中で唯一中国の航空会社をメンバーに保有していなかったワンワールドの盟主アメリカン航空は、中国の巨大市場のアクセスを強化するために中国南方航空との提携を欲したとされる。

⑤ スターアライアンスの全日空は、16年5月、スカイチームのベトナム航空との出資および業務提携を契約した。このほか全日空は、スターアライアンス以外の11社と提携している。

⑥ ワンワールドの日本航空は、スカイチームのエールフランスとコードシェアを実施しているほか、ワンワールド以外の12社と提携している。

6　結び

第2次世界大戦後、民間の旅客航空輸送は順次発展を遂げ、その運行形態は時代のニーズの変化に追随する法律の改正を伴いながら変化を続けてきた。1990年代から本格化したオープンスカイ協定は、最も顕著な例といえる。

そして、オープンスカイ協定に起因するLCCの台頭やグローバル・アライアンスの形成は、旅客航空運輸産業に大きな変化をもたらしている。

LCCの登場は、利用者にとってコストは高いが充実したサービスを受けら

れるフライトか、ただ目的地への移動に特化した低コストのフライトかを選択できることが可能になったと言える。しかし、LCC の台頭には、価格競争による航空会社の経営問題、充分な整備体制を維持した安全性の問題、運航における定時性確保の問題等あり、今後の取組みに課題があることもわかった。

　一方、世界経済のグローバル化によって、航空運輸産業における国際的な規制緩和の流れと競争の激化により、グローバル・アライアンスが世界的な規模で結成されるようになった。

　そして、この航空連合は、欧米の三大企業グループが主導する形で構成されている。

　グローバル・アライアンスの展開は、FSC にとって多くのメリットをもたらした。例えば、スケールメリットによるコスト削減や CRS による FFP 管理、空港施設やスロットの共同利用、人材育成や ERM の共有などがあることがわかった。

　そして、LCC の台頭と FSC のグローバル・アライアンスの展開はお互いに影響している。

　特に LCC の拡大は、グローバル・アライアンスに大きな影響を与えている。FSC のドル箱路線である北大西洋路線では、ノルウェー・エアシャトル（2020年破産）やカナダのウエストジェットなどの長距離 LCC が、アメリカ～ヨーロッパ間で最低片道 100 ドル以下の格安運賃で参入しシェアを拡大した。

　また、新興のアジア太平洋地域の旅客航空では、LCC がアライアンスあるいはグループ会社の連携によりネットワーク戦略を展開している。

　このような状況において、FSC のグローバル・アライアンス加盟にも変化が起きている。それは、加盟航空会社の「アライアンス破り」が発生していることにみられる。

　原因としては、アライアンス加盟航空会社数の増加やビッグ３の影響力拡大などが考えられる。いずれにしても、アライアンス全体の結束力が弱まることで、FSC にとって、グローバル・アライアンスのマルチ提携よりも直接自社の利害を追求できる 2 社間提携に経営戦略の方向性が移る可能性があることがわかった。

【図表 52　頭字語のリスト】

頭文字	正式名称	日本名
ATI	Anti-Trust Immunity	独占禁止法の適用除外
BA	British Airways	英国航空
BEA	British European Airways	英国欧州航空
BOAC	British Overseas Airways Corporation	英国海外航空
CAA	Civil Aeronautics Administration	アメリカ民間航空委員会
CAB	Civil Aeronautics Board	アメリカ民間航空委員会
USCAB	United States Civil Aeronautics Board	
CI	Corporate Identity	コーポレートアイデンティティ
CIS	Commonwealth of Independent States	独立国家共同体
CRS	Computer Reservations System	コンピューター発券予約システム
CFSP	Common Foreign and Security Policy	欧州共通外交・安全保障政策
DOT	United States Department of Transportation	アメリカ政府運輸省
EC	European Communities	欧州諸共同体
EC	European Commission	欧州委員会
EEC	European Economic Community	欧州経済共同体
EFTA	European Free Trade Association	欧州自由貿易連合
ELFAA	European Low Fares Airline Association	欧州低運賃航空会社協会
ERM	Emergence Response Manual	緊急対応対策
EU	European Union	欧州連合
FAA	Federal Aviation Administration	アメリカ連邦航空局
FSC	Full Service Carrier	フルサービスキャリア
LC	Legacy Carrier	レガシーキャリア
FFP	Frequent Flyer Program	フリークエントフライヤープログラム
FRB	Federal Reserve Board	連邦準備制度理事会
GHQ	General Headquarters	連合国軍最高司令官総司令部
HSS	Hub-and-Spoke System	ハブ・アンド・スポーク・システム
LCC	Low-cost Carrier	格安航空会社
NWC	Network Carrier	ネットワークキャリア
OSA	Open Skies Accord	オープンスカイ合意
PJCC	Police and Justice Cooperation for Criminal matter	欧州警察・刑事司法協力
WTO	World Trade Organization	世界貿易機関

参考文献

・ＡＮＡ総合研究所編（2012）「航空産業入門」東洋経済新報社
・花岡伸也（2013）「航空政策と航空需」第 5 回交通政策審議会航空分科会

基本政策部会（2013.3.12）資料 6

・松本俊哉（2005）「米国オープンスカイ政策と国際提携間競争」阪南論集
　Vol.40 No.2、 p 67-81
・宮畑建志（2007）「欧州理事会、閣僚理事会、欧州委員会」『拡大 EU：機構・
　政策・課題：総合調査報告書』国立国会図書館調査及び立法考査局、 p
　37-55
・山田徳彦（2004）「EU の展開と共通交通政策に関する一考察」『白鴎大学
　論集』18 巻 2 号
・坂本昭雄（2003）「甦れ、日本の翼」有信堂高文社
・中村遥香（2015）「アメリカの航空市場の成長戦略 ～アジア・ヨーロッパ
　の LCC 市場と比較して～」神戸国際大学学が丘論集・第 24 号
・増井健一（1983）「国際航空における規制緩和政策—アメリカ国際航空政
　策史ノート」三田商学研究 25 巻 6 号
・丹生清輝（2010）「国土技術政策総合研究所資料国内航空の運賃に関する
　分析」国総研資料№612
・高橋望（2008）「最近の航空業界の動向と今後の課題」関西大学商学論集
　第 53 巻第 4 号
・塩見英治（2009）「米国による航空規制緩和・オー プンスカイの展開と競
　争政策—国内市場と国際市場へ の影響と帰結」経済理論第 46 巻第 2 号
・丹生清輝（2010）「国内航空の運賃に関する分析」国土技術政策総合研究
　所資料、No. 612
・小熊仁（2010）「EU における航空自由化と LCC の展開」『運輸と経済』第
　70 巻第 6 号、p59-72
・鈴木賢一（2007）「交通インフラ政策—欧州横断運輸ネットワークの構築—」
　『拡大 EU：機構、政策、課題：総合調査報告書』、国立国会図書館調査及
　び立法考査局
・小熊仁（2010）「EU における航空自由化と LCC の展開」運輸と経済、第 70 巻、
　第 6 号、 p 59-72
・山路顕（2017）「「LCC ビジネスモデル」の視点から『LCC vs NWC』の様
　相を検証し展望する」日本国際観光学会論文集、第 24 号、 p 101-109

引用

87 国際民間航空条約（Convention on International Civil Aviation）、通称、シカゴ条約.

88 1946年、シカゴ形式では定めることができなかった具体的な内容を含んだ英米間の航空協定（バミューダ I）が成立したことにより、その後はバミューダ I が世界の二国間航空協定のモデルとなった。

89 パリ国際航空条約（Convention Relating to the Regulation of Aerial Navigation）は、国際航空における政治上の問題を解決するはじめての試みであり、国際民間航空機関（ICAO）の前身である国際航空委員会（ICAN）の後援により成立した。1944年のシカゴ条約（国際民間航空条約）により廃棄された。

90 二国間航空協定はシカゴ会議で署名され、1945年2月発行された。上空通過、給油・整備などの技術着陸、貨客の相手国向け運送、貨客の自国向け運送、第三国間運送、の5つの自由を定めているので「5つの自由の協定」とよばれる。当初加入したアメリカの脱退（1946）後、実効を失った。

91 第1の自由：相手国の領域を無着陸で無害横断飛行する自由、第2の自由：相手国の領域に、給油、整備等の目的で離着陸する自由、第3の自由：自国領域内で積込んだ貨客を相手国の領域内で取りおろす自由、第4の自由：自国の領域に向かう貨客を相手国の領域内で積込む自由、第5の自由：相手国の領域内で第3国の領域に向かう貨客を積み込み、または第3国の領域で積み込んだ貨客を取りおろす自由の五つの自由を定めているので「五つの自由の協定」と呼ばれる。

92 国際民間航空機関（ICAO＝International Civil Aviation Organization）は、1946年4月4日設立。シカゴ条約に基づき、国際民間航空に関する原則と技術を開発・制定し、その健全な発達を目的としている。

93 1978年8月、カーター大統領政権下において「国際航空交渉の実施のために政策声明」が発表された。これは、国際航空分野においても、多様性、質、価格を決定するための競争に基づく制度を目指すものであった。そして、相手国にも米国内の自由乗入れを与えた。この原則に基づいて作成されたのが、1978年の米国モデル航空協定である。

94 イギリスは、バミューダ I によって両国間に利益の不均衡が生じたとして、1976年にバミューダ I を廃棄する旨をアメリカに通告した。その後、両国間で改正交渉が続けられ1977年7月23日にバミューダ II が発効した。バミューダ I では、特定路線に参入できる指定航空企業の数に制限を設け、輸送力については、バミューダ I の原則を維持しつつ、具体的基準として利用率を導入した。また、新規航空企業参入の際には、既存の航空企業の輸送力を制限することを可能にした。しかし、アメリカは、バミューダ II はアメリカの意に沿わないものであるとして、バミューダ II がバミューダ I に代わる新しい雛形になることを懸念した。そこで、アメリカは「1978年モデル航空協定」を作成して、英国以外の国とバミューダ協定の改正交渉を開始した。しかし、その後、アメリカ航空業界の不振が続き、モデル航空協定による改正には消極的になった。1990年代に入るとアメリカは、航空業界の体質強化と国際競争力の向上を目指す方針を発表し、再び「モデル・オープンスカイ協定」を作成して、既存の二国間航空協定の改正交渉に動き出した。

95 IATAの設立時における業務の多くは、技術的なものであった。

96 「5つの自由の協定」を批准した国は、ボリビア、ブルンジ、コスタリカ、エルサルバドル、エチオピア、ギリシア、リベリア、ホンジュラス、オランダ、パラグアイ、トルコの11か国であった。

97 運輸省（国土交通省、1964）「国際航空政策の動向」『昭和39年度運輸白書』

98　英国欧州航空（BEA＝British European Airways）は、1946年から1974年まで運航していたイギリスの航空会社。イギリスの国内線と欧州域内の中・短距離国際線を担当していた。1974年に長距離国際線を担当していた英国海外航空（BOAC＝British Overseas Airways Corporation）と合併し、英国航空（BA＝British Airways）となった。

99　アメリカ民間航空委員会（USCAB＝United States Civil Aeronautics Board）は、1938年に制定された民間航空法（Civil Aeronautics Act）に基づく規制業務を行うために、商務省内につくられたCivil Aeronautics Authorityが、1940年にCAA（Civil Aeronautics Administration）とCAB（Civil Aeronautics Board）に分割された。1978年のカーター政権下におけるアメリカモデル航空協定の規制緩和政策により1985年廃止された。

100　アメリカは、1990年から財政赤字削減への本格的取り組みを始め、1993年に発足したクリントン政権は、議会・連邦準備制度理事会（FRB＝Federal Reserve Board）と連携して、増税・歳出削減→財政赤字削減→金利低下の道筋をつけて民間経済活動の活発化に成功した。そして金利低下→成長率上昇→税収増加→財政赤字削減・黒字化という好循環を実現した。

101　1991年1月17日～2月28日

102　任期は1993年1月20日～2001年1月20日の8年間。

103　クリントノミクスは、「小さな政府」を標榜し軍事支出を増加させ、減税と規制緩和を柱とした供給サイドに立ったマクロ経済政策であるレーガノミクスを否定し、政府が民間の経済活動に積極的に関わり、雇用の創出、経済競争力の強化を目指すという比較的「大きな政府」を目指した。

104　A Report to President and Congress, "Change Challenge and Competition," August 1993

105　U.S. International Air Transportation Policy Statement, April 1995

106　航空輸送のカボタージュ（cabotage）とは、外国航空会社が国内の2地区間を運航すること。シカゴ条約（国際民間航空条約）第7条で、外国の航空会社に対し自国の領域内で運送許可を与えない権利（カボタージュを規制する権利）を有することが決められている。資本力のある外国会社に国内市場が奪われることを避けるため、ほとんどの国で外国の航空会社に自国内の運送許可を与えないように規制がかかっている。EU圏内は市場統合により航空自由化が実施され、1997年にカボタージュ規制が撤廃された。

107　パンアメリカン航空は、1927年3月に実業家グループによって設立された。1980年代にかけて名実ともにアメリカのフラッグキャリアとして世界中に広範な路線網を広げていたが、1960年代後半頃より世界的に海外旅行が大衆化し価格競争が激化する中、高コストの経営体質を改善できなかったことや、ディレギュレーション後の国内航空会社の買収の悪影響により次第に経営が悪化し、1991年12月に会社破産し消滅した。

108　アメリカは、1970年代に入って停滞色を強めていた経済を、規制緩和による競争の促進によって、インフレを抑制しつつ再活性化を図ると同時に、財政の健全化を図るために行政の効率化、官僚機構の縮小化を目指すという狙いがあった。したがって、運航分野の規制緩和は、航空分野だけでなく、自動車輸送や鉄道輸送を含む運輸業全般を対象にしたものだった。

109　コンピューター発券予約システムCRS（Computer Reservations System）は、航空機などの座席を予約するためのコンピューターシステムである。

110　ハブ・アンド・スポークシステム（HSS＝Hub-and-Spoke System）第3編第1章でも述べる。

111 アメリカ連邦航空局（FAA＝Federal Aviation Administration）は、合衆国運輸省の下部機関で、航空輸送の安全維持を担当する部局である。アメリカ国内での航空機の開発・製造・修理・運航のすべては、同局の承認無しには行えない。本部はワシントン D.C. に置かれている。

112 アメリカ政府運輸省（DOT＝United States Department of Transportation）は、1966 年 10 月に合衆国議会で設立が承認された。それ以前は、運輸部門の商務次官が行政に当たっていた。

113 松本俊哉（2005）「米国オープンスカイ政策と国際提携間競争」阪南論集 Vol.40 No.2、p 68

114 2015 年 7 月時点では 118 か国が締結している（一般財団法人運輸政策研究機構国際問題研究所）。

115 ウィリアム・P・ホビー空港は、ヒューストンでは最も古い空港であり、1969 年にヒューストン・インターコンチネンタル空港が供用開始するまでは、ヒューストンの主要玄関口の役割を果たしていた。

116 サウスウエスト航空の申請に対して、新しい空港当局、フォートワース市、ブラニフ航空が猛烈に反対した。反対者の中にフォートワース選出の下院議員であるジム・ライトがいたことから、ロビー活動合戦が繰り広げられた。

117 ラブフィールド空港は、ダラス・フォートワース国際空港が開港するまではダラスへの玄関口であった。現在は格安航空会社大手サウスウエスト航空の拠点となっている。

118 欧州連合（EU＝European Union）の創設を定めたマーストリヒト条約は、1991 年 12 月 9 日、欧州諸共同体加盟国間での協議でまとめられ、1992 年 2 月 7 日調印、1993 年 11 月 1 日にドロール委員会の下で発効された。

119 欧州諸共同体（EC＝European Communities）は、同一の機構で運営されてきたヨーロッパの 3 つの共同体であった欧州石炭鉄鋼共同体（ECSC＝European Coal and Steel Community）、欧州経済共同体（EEC＝European Economic Community）、欧州原子力共同体（Euratom＝European Atomic Community）の総称である。3 つの共同体は、1967 年から運営機関が同一のものとなり、冷戦期において西側経済圏を代表する国際機構の 1 つとなった。1993 年にマーストリヒト条約が発効して EU が発足してからも共同体としては存続してきたが、EEC は欧州共同体（EC＝European Community）と名称を改め、3 つの柱構造の第 1 の柱を担う共同体として存続した。2002 年の欧州石炭鉄鋼共同体設立条約失効に伴い、ECSC は欧州共同体に吸収された。その後、2009 年にリスボン条約が発効したことによって EC は消滅した。現在、3 つの共同体のうち存続しているのは Euratom のみとなっている。

120 共通外交・安全保障政策（CFSP＝Common Foreign and Security Policy）は、EU の組織的外交政策で、通商政策や第三国などに対する援助協力などの分野がある欧州連合の対外関係のなかでも特定の分野のみを扱うものである。

121 警察・刑事司法協力（PJCC＝Police and Justice Cooperation for Criminal matter）は、法執行および人種差別の解消における国家間連携に焦点を合わせた、EU 加盟国間における協力枠組みである。

122 宮畑建志（2007）「欧州理事会、閣僚理事会、欧州委員会」『拡大 EU：機構・政策・課題：総合調査報告書』国立国会図書館調査及び立法考査局、p 37

123 EU 理事会は EU の政策決定機関で、EU のもう 1 つの政策決定機関である欧州議会よりも強力な権限を有している。理事会は特定の人物を議長としておらず、加盟国が 6 か月ごとに輪番制で議長国を務め、議長国の閣僚が各理事会の議論課題を定めていくことになっている。

124　欧州委員会（EC＝European Commission）は、EU の政策執行機関で、法案の提出や決定事項の実施、基本条約の支持など、日常の連合の運営を担っている。

125　欧州議会は、直接選挙で選出される EU の組織で、EU 理事会とともに両院制の立法府を形成している。

126　ローマ条約は、1957 年 3 月に調印された EU の第 1 の柱（EC および Euratom）に基づくもので、ベルギー、フランス、イタリア、ルクセンブルク、オランダ、西ドイツの 6 か国によって調印された。

127　運輸を一般的商行為とみなすベネルクス諸国の自由主義的な考え方と、公共サービスとみなすドイツ、フランスの考え方の対立など数多くの見解の相違が存在した。山田徳彦（2004）「EU の展開と共通交通政策に関する一考察」『白鴎大学論集』18巻 2 号、p153

128　1973 年 1 月、それまでの 6 か国に加えて、イギリス、アイルランド、デンマークが加盟し、1981 年 1 月にはギリシアが、1986 年 1 月にはスペインとポルトガルがそれぞれ加盟した。

129　通貨制度（EMS＝European Monetary System）は、1979 年から 1999 年まで維持された EEC 加盟国による地域的半固定為替相場制のシステムで、通貨変動が年±2.25％以内に抑えることを原則とした、ユーロ導入までの移行期間的システムであり、ヨーロッパの諸通貨の安定を目的とした。なお、イギリスは 1990 年から 1992 年の期間を除いて不参加であった。

130　Judgment of the Court of 22 May 1985 – European Parliament v Council of the European Communities – Common transport policy – Obligations of the Council – Case 13/83.
European Court reports, 1985 p1513

131　単一欧州議定書は、1986 年 2 月 17 日のルクセンブルク市と 1986 年 2 月 28 日のハーグにおける調印を経て、1987 年 7 月 1 日、ドロール委員会のもとで発効した。

132　反対派の国々に対しては、適用除外措置などにより対応した。

133　かつては制限的な二国間協定、すなわち「Double Approval 方式（運賃発効に当たって、発地国と着地国双方の政府の認可が必要）」が主流であったものの、航空自由化の流れでは、「Double Disapproval 方式（両国政府が認可しない場合以外は運賃発効となる）」、「Country of Origin 方式（発地国政府による認可のみで運賃発効となる）」を採用するなど、航空運賃設定における商業的自由度をさらに高める流れが加速しており、諸外国では自国着地運賃はもちろんのこと、自国発地運賃の申請も不要とする動きが拡大している。

134　欧州自由貿易連合（EFTA ＝European Free Trade Association）は、1960 年にイギリスが中心となって設立された自由貿易連合である。欧州経済共同体（EEC）に対抗するため、その枠外にあった欧州諸国が加盟してきた。

135　EU では、EC 法（The Treaty Establishing the European Community）第 56 条第 1 項において、加盟国間及び加盟国と第三国との間での資本移動に対する規制を撤廃している。すなわち、ある加盟国の企業が他の加盟国に進出する場合には、進出相手国におけるその企業の資本所有割合を 100％まで認められることになる。なお、加盟国以外の企業については 50％未満と規定されている。

136　F. Dobruszkes "An analysis of European low-cost airlines and their networks" Journal of Transport Geography, 14,2006, p249-264

137　ターンアラウンドタイムは、もともとコンピュータに処理要求をした時点から、その処理が行われて結果の出力が完了するまでの時間を意味するが、この場合、旅客航空運輸の区間運行時間を意味する。

138　Nigel Dennis "Industry consolidation and future airline network structures in Europe"，Journal of Air Transport Management, 11,2005, p175-183

139　フィーダー線とは、幹線と接続して支線の役割をもって運行される路線。

140　ライアンエアは、1985 年に設立され、1997 年の規制緩和以降、格安運賃を武器に規模を拡大し、現在ヨーロッパの格安航空会社の中では最大の航路ネットワークを展開している。アイルランドのダブリン空港と、イギリスのロンドンで 3 番目に大きいロンドン・スタンステッド空港を主要ハブ空港としている他、欧州の約 50 の空港にオペレーティング・ベースを置いている。

141　イージージェットは、1995 年 10 月 18 日設立され、同年 11 月 10 日より運航を開始した。予約はインターネットと電話のみ、機内食や飲料は有料にするなどサービスの徹底効率化を図り、既存の航空会社に比べ、破格の格安運賃で知られる格安航空会社である。

142　連合国軍最高司令官総司令部（GHQ＝General Headquarters）は、ポツダム宣言の執行が本来の役目であったが、実質上はアメリカ合衆国及びイギリス連邦諸国連合軍による日本国占領機関であり、結果として 1952 年 4 月 28 日に日本国との平和条約が発効されるまで、日本は外交関係を一切遮断され、日本と外国との間の人・物資・資本等の移動は連合国最高司令官（SCAP）の許可によってのみ行われた。降伏文書に基づき、天皇並びに日本国政府の統治権は、SCAP の支配下におかれた。

143　坂本昭雄（2003）「甦れ、日本の翼」有信堂高文社

144　Operation of Internal Airline Within Japan

145　パンアメリカン航空はアメリカの航空会社パンアメリカンワールドエアラインズとして 1927 年 3 月 14 日に設立。1929 年パシフィック航空として運行開始する。

146　ノースウェスト航空はアメリカの航空会社として 1926 年 10 月 1 日に設立。

147　カナディアンパシフィック航空はカナダの航空会社として 1942 年に設立。1987 年にパシフィックウェスタン航空と合併しカナディアン航空となる。2002 年にエアカナダに吸収合併される。

148　英国航空（ブリティッシュ・エアウェイズ）はイギリスの航空会社インペリアル航空として 1924 年 5 月に設立。1935 年ブリティッシュ・エアウェイズとなった。1939 年には政府に買収され英国海外航空（BOAC）となり、1946 年に設立された英国欧州航空（BEA）と国内線・欧州線、海外航路を分担していたが、1974 年に BOAC と BEA は統合され再びブリティッシュ・エアウェイズになった。1987 年に民営化されている。

149　カンタス航空はオーストラリアの航空会社として 1920 年 11 月 16 日に設立。

150　フィリピン航空はフィリピンの航空会社として 1941 年 2 月 26 日に設立。

151　民航空運公司は台湾の航空会社行総空運隊として 1946 年に設立。1948 年に民航空運隊になり、1955 年に民航空運公司に改称。1975 年に会社清算。

152　Japan Domestic Airline Company

153　第 7 条（国内営業）各締約国は、他の締約国の航空機に対し、有償または貸切で自国の領域内の他の地点に向けて運送される旅客、郵便物及び貨物をその領域において積み込む許可を与えない権利を有する。各締約国は、他の国または他の国の航空企業に対して排他的な基礎の上にそのような特権を特に与える取決めをしないことおよび他の国からそのような排他的な特権を獲得しないこと約する。

154　日本が ICAO に加盟しシカゴ条約を批准したのは 1953 年である。

155　GHQ 指令 2106-1 号第 3 項

156　藤山愛一郎は戦後の公職追放から 1950 年復帰し 1951 年に日本商工会議所会頭に再任されていた。

157　柳田誠二郎は 1945 年 10 月に日銀副総裁就任、1946 年 6 月に公職追放により日銀を去ったが、1951 年に公職追放解除され日本航空社長に就任。

158　ノースウェスト航空との運航委託契約は、1952 年 4 月 9 日に日本航空 301 便

（通称木星号）が伊豆大島に墜落し乗員乗客 37 名全員が死亡した事故により、同年 10 月に解除された。

159　日本航空がノースウェスト航空への運航委託により国内線の運航を開始。

160　一般の市民が職業上の理由や会社の都合ではなく、単なる観光旅行として自由に外国へ旅行できるようになったのは、1964 年 4 月 1 日以降であり、年 1 回 500 ドルまでの外貨の持出しが許された。さらに 1966 年 1 月 1 日以降はそれまでの「1 人間 1 回限り」という回数制限も撤廃され 1 回 500 ドル以内であれば自由に海外旅行ができることとなり、これ以降次第に物見遊山の海外旅行が広がり始めた。

161　中村寅太（1902 ～ 1978）は、1965 年第 1 次佐藤内閣第 1 次改造内閣にて、運輸大臣として初入閣し、新東京国際空港（現・成田国際空港）の建設予定地の決定に携わった。

162　橋本登美三郎（1901 ～ 1990）は、1976 年、運輸大臣在任中に国内大手航空会社の全日本空輸からの多額の収賄を受けたことで逮捕された。

163　1970（昭和 45 年）に閣議で了解され、1972（昭和 47 年）に運輸大臣通達が出されたため「45・47 体制」とよばれる。

164　この政策はその航空会社に対する拘束力の強さゆえに、比喩的に「航空憲法」とも呼ばれた。

165　日本貨物航空（NCA＝Nippon Cargo Airlines）は、日本郵船（NYK）グループの空運部門を担当する国際線貨物専門航空会社（ANA・NYK・商船三井・川汽・山汽による共同出資）で、成田国際空港を拠点とし、機材はノーズカーゴドアを持つ大型貨物専用機ボーイング 747-8F（ジャンボフレイター）に統一されている。

166　85MOU（Memorandum of Understanding）

167　アメリカの貨物専門航空会社。1945 年アメリカでは初めての貨物専門航空会社であるナショナル・スカイウェイ・フレイト（National Skyway Freight）が設立され、1946 年にフライング・タイガーに社名に変更された。1989 年 8 月にフェデラルエクスプレスに買収される。

168　山下徳夫（1919 ～ 2014）は、1985 年 8 月 12 日、福岡発羽田行日本航空 366 便に搭乗し、17 時過ぎに羽田に到着した。その機体 JA8119 番機は羽田到着後同 123 便として 18 時過ぎに大阪へ向かったが、18 時 56 分に群馬県多野郡上野村の高天原山の山中（御巣鷹の尾根）に墜落する事故に遭難した。

169　1986 年 3 月 3 日、全日空が成田～グアム線により国際定期便の運航開始。

170　日本航空システムは日本航空が日本エアシステムと合併する際の株式移転による持ち株会社。2004 年 6 月に (株) 日本航空に商号変更。

171　標準原価が一定の目安（ヤードスティック）となり、航空各社による経営合理化が促進されるという効果。

172　アルフレッド・エドワード・カーン（1917 ～ 2010）は、航空会社とエネルギー産業の規制緩和に重要な影響力を持ち、「航空規制緩和の父」として知られる。

173　サッチャー保守党政権（1979 ～ 1990 年）は、79 年、83 年、87 年の 3 度の選挙に勝ち、国営企業の民営化政策を推し進めた。国内航空民営化政策に関するものとしては、1980 年ブリティッシュ・エアロスペース法、1980 年民間航空法があり、BAe、ブリティッシュ・エアウェイズ（BA）が、それぞれ会社法の適用される公開会社として設立された。

174　世界貿易機関（WTO＝World Trade Organization）は、自由貿易促進を主たる目的として創設された国際機関で、常設事務局がスイスのジュネーブに置かれている。

175　航空連合（airline alliance アライアンス）は、各国の航空会社が合従連衡を行い構成されている。

176　1967 年にエア・サウスウエストとして、アメリカ合衆国テキサス州で設立され、1971 年に 3 機のボーイング 737 を使用して運航開始した。

177 Gudmundsson, S., Flying too Close to the Sun: The Success and Failure of New-entrant Air lines, Ashgate Publishing Ltd. 1998.pp3
178 発着地両国認可の方式（ダブルアプルーバル制度）とは、両国間の航空運賃が各政府の認可を得て実施されるという制度。
179 密度の経済とは、ある一定エリアに集中して事業を展開することで生じる経済効果をいう。航空における密度の経済とは、所与のネットワーク規模でキャパシティーの利用を最大化することによって、1便当たりの平均費用が逓減する状態を指す。
180 消費者余剰とは、消費者余剰＝総便益－総支出で表され、増加すると消費者の利益になる。
181 ライアンエア（Ryanair）は、アイルランドのLCCで、1984年11月に設立され、1985年7月に運航を開始した。1997年の規制緩和以降、格安運賃を武器に瞬く間に規模を拡大し、現在、欧州のLCCの中では最大の航路ネットワークを展開している。アイルランドのダブリン空港と、イギリスのロンドンで3番目に大きいロンドン・スタンステッド空港を主要焦点としている他、欧州の約50の空港にオペレーティング・ベースを置いている。
182 イージージェット（easyJet）は、イギリスのLCCで、1995年10月に設立され、同年11月に運航を開始した。2017年にイギリスのEU離脱に備えて、オーストリアのウイーンにイージージェット・ヨーロッパを設立している。この会社がEUのAir operator's certificate（航空運送事業許可）を保有することで、離脱以降もEU内で従来通り運行することが可能となった。
183 スカイマーク（Skymark Airlines）は1996年に設立された。全日本空輸（ANA）、日本航空（JAL）に次いで国内第3位の規模を誇る。
184 エアドゥは、1996年に設立された。2002年6月に東京地方裁判所に民事再生法適用を申請、全日本空輸（ANA）の経営支援を受けて再生した。
185 スカイネットアジア航空は、2011年からソラシドエアに名称変更した。
186 ピーチアビエーションは、ANAと香港の投資会社ファーストイースタン・インベストメントグループの共同事業として2011年に設立された。関西国際空港を拠点とする日本のLCCで、2019年10月に同じくANA傘下のLCCであるバニラ・エアと経営統合された。
187 ジェットスター・ジャパンはオーストラリアのカンタス航空グループと日本航空（JAL）が出資して2011年設立された。
188 エアアジア・ジャパンは、2020年11月に破産手続を申請した。
189 ANAホールディングス（ANAHD＝ANA HOLDINGS）は全日本空輸(ANA)を中心とする企業グループ。
190 バニラ・エアは、2011年にエアアジア・ジャパン（上掲13とは別会社）として設立したが、2013年にバニラ・エアに商号変更した。2019年にピーチアビエーションと統合された。
191 第二次世界大戦後の民間航空再興から1970年代に至るまで、ほとんどの大手航空会社（LC）は、IATAと航空会社、各国政府の間で決められた事実上のカルテル料金体系を維持しており、乗客に選択の余地は与えられていなかった。
192 スカンジナビア航空（SAS＝Scandinavian Airlines System）は、スウェーデン、デンマーク、ノルウェーのスカンジナビア3カ国が共同で運航する航空会社。本社はスウェーデンの首都ストックホルム。出資比率はスウェーデン4、デンマークとノルウェーがそれぞれ3の割合となっている。
193 ELFAA（2004）Liberalization of European Air Transport, pp.7-8
194 定時運航率とは、出発予定時刻以降、15分以内に出発した便数の割合。
195 国土交通省「特定本邦航空運送事業者に関する航空輸送サービスに係る情報」による。
196 スカイマークの定時運行率は2018年から2020年まで3年連続して1位になっている。
197 「旅行総合研究所タビリス」（tabiris.com）
198 タビリス、2014年7月7日記事。

199　オープンスカイ合意（OSA＝Open Skies Accord）

200　独占禁止法の適用除外（ATI＝Anti-Trust Immunity）は航空法においてこの言葉がしばしば使われる。同じ航空連合に加盟している航空会社同士で、ジョイントベンチャー（JV）を立ち上げて路線や便数、運航時間帯の調整、共同運賃を設定する際にこの ATI の認可が必要となる。二国間あるいは地域内の各国の政府間でオープンスカイ協定を締結していることが条件となる。

201　コードシェア（Code-sharing）とは、提携パートナーキャリア間でお互いの運航便に相手方の便名（Code）表示を認め、それぞれが自社便としてネットワークを広げ、FFP の付加価値なども活用しながら販売力を強化しようとするものである。

202　各国で用いられているサービスの一般名「フリークエントフライヤープログラム（FFP＝Frequent Flyer Program）」は、日本語としては一般的ではない。これは 1997 年当時に、日本国内で国内外の航空各社が FFP を開始した際に、この言葉を一般名としては用いず、その代わりに当時から一般名として「マイレージプログラム」または「マイレージサービス」と呼称したことによって、日本国内ではメートル法によるキロメートル表記が普及しているにも関わらず、これらの呼称が普及している状況にあるためである。

203　2004 年に KLM オランダ航空が、ブリティッシュ・エアウェイズやエールフランスとの合併交渉を行った結果、ノースウエスト航空、コンチネンタル航空と共にスカイチームに参加することが決まったことでウイングス・アライアンスは消滅した。

204　2002 年当時のアメリカの主要航空会社はアメリカン航空、ユナイテッド航空、デルタ航空、ノースウエスト航空、コンチネンタル航空の 5 社であるが、ノースウエスト航空は 2008 年にデルタ航空に経営統合され、コンチネンタル航空は 2010 年にユナイテッド航空に経営統合された。

205　コンチネンタル航空は、アリタリア航空とウイングス・アライアンス（Wings）を結成したが、Wings が Sky Team と連携したため、デルタ航空、ノースウェスト航空と併せて 3 社ということになる。

206　2018 年までは中国南方航空を入れて 3 社であった。

207　独立国家共同体（CIS＝Commonwealth of Independent States）はソビエト連邦の崩壊時に、ソビエト社会主義共和国連邦を構成していた 15 ヶ国のうち、バルト三国を除く 12 か国によって結成されるゆるやかな国家連合体である。

208　ワールドトラベルアワードは、1993 年に設立された世界の旅行・観光業界を表彰する団体で、毎年、投票によって、最も優秀な企業・団体および観光地の業績を表彰している。

209　中国の人口は約 14 億 3565 万人（WHO2020 年版の世界保健統計）。

210　国内総生産（GDP＝ Gross Domestic Product）は、経済を総合的に把握する統計である国民経済計算の中の一指標で、GDP の伸び率が経済成長率に値する。

211　イギリスの民間調査機関「経済・ビジネス研究センター（CEBR＝The Centre for Economics and Business Research）」は「世界 193 の国・地域を対象に予測した 2035 年までの経済ランキング」において、中国が 2028 年に米国を抜いて世界トップの経済規模になるという予想を発表した（2020 年 12 月 26 日）。

212　アセアン諸国の 2019 年の人口は約 6 億 6062 万人（外務省アジア大洋州局地域政策参事官室「目で見る ASEAN－ASEAN 経済統計基礎資料－」、https://www.mofa. go.jp/mofaj/files/000127169.pdf2021 年 3 月 13 日閲覧）

213　インドの人口は約 13 億 5264 万人（WHO2020 年版の世界保健統計）。

214　環太平洋パートナーシップに関する包括的及び先進的な協定（CPTPP＝Comprehensive and Progressive Agreement for Trans-Pacific Partnership）は、オーストラリア、ブルネイ、カナダ、チリ、日本、マレーシア、メキシコ、ニュージーランド、ペルー、シンガポール、ベトナムによって締結された、多国間貿易協定である。

215　CPTTP 加盟国は、2018 年における世界の国内総生産（13.5 兆アメリカ合衆国ドル）の 13.4 パーセント％を占めており、北米自由貿易協定、欧州連合市場に次ぐ GDP で、世界で 3 番目に大きな自由貿易地域となっている。

216　メガキャリア（Mega-carrier）は国際的な巨大企業で、旅客航空運輸産業では、エ

ールフランス - KLM、ルフトハンザドイツ航空、ブリティッシュ・エアウェイズ、シンガポール航空、キャセイパシフィック航空、日本航空、デルタ航空、アメリカン航空、ユナイテッド航空がある。

217　航空会社では、「最後のノンアライアンスメガキャリア」と言われた日本航空がワンワールドに加盟した 2007 年時点で、すべてのメガキャリアが航空連合に加盟した。日本の航空誌（『月刊航空情報』2008 年 11 月号「第 2 特集：メガキャリア再編後の世界」酣燈社）では、航空自由化前からある大手航空会社（LC: Legacy Carrier, FSA: Full Service Airline, NC: Network Carrier とも呼ばれる）を指すことがあり、航空自由化後に誕生した新規航空会社（LCC 含む）との対比でも使われる。

218　アンチトラスト法（antitrust law）はカルテル、トラスト (企業形態)、コンツェルンの独占活動を規制している。

219　WOW は 2000 年 7 月 4 日に結成された貨物を対象にした航空連合である。日本航空は 2010 年には 30 年以上にわたる貨物専用サービスを終了し、JAL カーゴは WOW を脱退している。

220　ルフトハンザ・カーゴは、2009 年に脱退している。

221　成田国際空港株式会社公式 WEB サイト「レイアウト」から転載。

222　CRS（Computerized Reservation System）は航空機などの座席を予約するためのコンピューターシステムで、フライト予約のみならずホテルの予約やレンタルカー・鉄道・船の手配をエンドユーザー自身が可能であるシステムは、GDS（Global Distribution System）と呼ばれる。

223　戦略情報システム（SIS＝Strategic Information System）は MIS（経営情報システム）の発展したもので、情報システムが企業の競争戦略を支援するために使われるようになったものである。

224　ネットワークキャリア（NWC＝Network Carrier）は、FSC と同義語。

225　緊急対応対策（ERM＝Emergence Response Manual）。

226　SKYTEAM の H.P.「航空会社のメンバー要件」https://www.skyteam.com/en/about/airline-member-requirements（2021 年 3 月 1 日閲覧）

227　海南集団は 2000 年に設立され、航空、不動産、金融サービス、観光、物流などを含む多数の産業に関わっていたが、2019 年以降、香港デモや COVID-19 パンデミックのために業績が急速に悪化し、2020 年に海南省主導で経営再建を行う事が決定したが、2021 年 1 月に破綻した。

第3編
空港

第1章
国際拠点空港を目指す
東アジアの主要国際空港

概要

　1978 年のアメリカ航空路規制撤廃法により自由参入と自由な運賃設定が可能になったことで、LCC のビジネスモデルが確立した。1990 年代から始まったアメリカのオープンスカイ政策により 2000 年以降の世界の航空会社は、欧米の 3 大企業グループが主導するアライアンスへの集約化が進んだ。旅客航空運輸産業におけるこれらの動きは、拠点空港都市の形成をもたらした。特に GDP レベルにおいて、世界第 2 位の経済大国となった中国と第 3 位の日本を含む東アジア地域では、国際拠点空港をめぐる競争が展開されている。

　本研究では、21 世紀初頭における東アジアの拠点空港について、「Net-Scan モデル」による CNU（乗換え上の接続性）の評価をみた。その結果、北米航路のゲートウェイ空港として地理的に有利な成田国際空港の重要度が確認された。また、中国の三大拠点国際空港の躍進が確認できた。

1　はじめに

　拠点空港都市とは、英語の「ゲートウェイ都市 (gateway city)」に相当し、ある特定の広域地域の要として機能し、その地域への表玄関となる空港または都市を指す。東アジアの拠点空港都市を例にとると、成田国際空港が 1978 年の開港以来、東アジア諸国と北米諸国を結ぶ航空便の多くが発着する拠点都市として機能してきた。

　しかし、成田国際空港では、開港当時から続く地元との用地問題のために滑走路の増設が遅れるなどの問題を抱えていた。そのため、国際的には

1998 年、1999 年、2001 年にそれぞれ供用開始した香港国際空港、上海浦東国際空港、仁川国際空港、2000 年にターミナルが増設された台北桃園国際空港などの躍進。国内では、2001 年に羽田空港の再拡張と、羽田発着定期国際線復活、羽田 24 時間運用と首都圏第 3 空港として茨城空港の開港が決定したことで、成田空港の拠点空港としての地位は低下しつつある。

また、東アジア地域では、GDP レベルで世界第 2 位の経済大国となった中国の旅客航空運輸産業への展開が注目される。中国では、2001 年に WTO 加盟後、経済活動はより活発化し、航空需要は一層増大することとなった。2001 年から始まった第 10 次五か年計画では、1,300 億人民元（約 2 兆 1,783 億 5,718 万円）が空港の整備に投入されることが決定した。これは第 9 次五か年計画における投資額の約 5 倍にも上る額となっている。

計画の主眼は、需要が集中する北京、上海、広州の三大ハブ空港の整備で、さらにはこれを補完する成都や西安などの地域的中型ハブ空港、大連や天津などの幹線空港の施設を完備するとしている。また、地方空港の増設も計画されている[228]。

本章では、グローバル・アライアンスが設立された 21 世紀初頭における日本、韓国、中国、台湾における拠点空港について、「Net-Scan モデル」により理論上のダイレクト・フライト数の算出を行うことで、地域の旅客航空運輸産業の展開を確認し、そこから現在に至るハブ空港を巡る都市間競争をみていく。

2　東アジアの拠点空港都市

1990 年代以降、東アジア地域では次々と新空港の開港や、既存の拠点空港の整備が行われ、国際輸送拠点を巡る都市間競争が激化している。日本国内では、関西国際空港の拡張（2007 年 B 滑走路供用開始）、東京国際空港（羽田）の国際化（2010 年 D 滑走路供用開始）、成田国際空港の拡張（2002 年 B 滑走路供用開始、及び 2009 年延伸）などが行われ、空港能力の引上げが図られている。

東アジアの国際空港では、1,000ha を超える新空港が 1998 年以降に次々と開港し、仁川国際空港、上海浦東国際空港では 4 本の滑走路が整備された。

図表53に2007年までに整備された国際空港を示す。

【図表53　東アジアの拠点空港】

国	都市	コード	空港	開港	ターミナル数	滑走路(本)	面積(ha)	運用時間
日本	東京	NRT	成田国際空港 ※1	1978	3	2	924	6:00～24:00
	大阪	KIX	関西国際空港 ※2	1994	2	2	1,067	24時間
	名古屋	NGO	中部国際空港	2004	2	1	471	24時間
韓国	ソウル	ICN	仁川国際空港	2001	2	4	1,170	24時間
	釜山	PUS	金海国際空港 ※3	1976	2	2	396	24時間
中国	北京	PEK	北京首都国際空港 ※4	1955	3	3	1,300	24時間
	上海	PVG	上海浦東国際空港 ※5	1999	2	4	2,080	24時間
	広州	CAN	広州白雲国際空港 ※6	2004	2	3	1,500	24時間
	香港	HKG	香港国際空港	1998	2	2	1,300	24時間
台湾	台北	TPE	台北桃園国際空港 ※7	1979	2	2	1,249	24時間
	高雄	KHH	高雄国際空港	2006	2	1	269	24時間

※1　1978年に新東京国際空港として開港し、2004年民営化に伴い名称変更した。B滑走路は2013年供用開始。
※2　1994年に511haの人工島として開港し、2007年第2期工事完了しB滑走路供用開始。
※3　新国際線ターミナルは2007年供用開始。
※4　1999年の大改造で第2ターミナルが建設され、2004年に第1ターミナル改装。2008年北京オリンピックを機に第3ターミナルと3本目の滑走路が建設された。
※5　1999年開港時は1本の滑走路であったが、2005年に2本目の滑走路、2008年に3本目の滑走路とターミナル2、2015年に4本目の滑走路が供用開始された。
※6　2018年にターミナル2が供用開始。
※7　2000年にターミナル2が供用開始。

出典：著者作成

　空港の規模からいうと、日本国内の国際空港と東アジア地域新空港とでは大きな違いがある。東アジア地域新空港はいずれも1,000ha以上の敷地面積を持って整備され、開港当初から複数の滑走路を供用しているのに対し、成田国際空港の敷地面積は約924ha、関西国際空港の1期島は約511ha（2期島は約542ha）であり、成田にあっては開港後20年以上滑走路1本での供用であった。

3　国際ハブ空港

拠点空港と焦点空港

　その国を代表する拠点空港[229]では、その国を代表する航空会社であるフ

ラッグキャリアが運行の拠点としている場合が多い。航空会社にとって、航空機・整備場・要員などの効率的な使用や乗客・貨物の効率的な輸送を可能とするため、どこかに拠点空港を持っている。多くの路線を持つほとんどの航空会社が拠点空港を持つが、拠点空港以外に拠点空港に準ずる機能を果たす空港を、焦点空港と位置づけているところもある。

　拠点空港や焦点空港のステータスは、各航空会社の事業戦略によって決まるものであり、必ずしも空港の規模や設備がこれを左右するものではない。例えば、成田国際空港は日本航空・全日本空輸の他にも、国際航空運輸において、自国から相手国を経由して、相手国からさらに先にある別の国への区間についても営業運航を行なうことができる以遠権の行使によって、アジアに広範な路線網を持つデルタ航空・ユナイテッド航空などが拠点空港としている。

ハブ空港の定義

　1978年以前のアメリカでは、各路線を運航する航空会社はアメリカ民間航空委員会（USCAB）によって指定されていた。しかし、規制緩和政策を受け、航空会社は自由に路線を設定できるようになった。そこで、各社は、自由競争の中で競争力をつけるため、国内にハブ空港を設置したのである。

　ある短時間に各地からの到着便が集中し、空港ターミナルビル内で素早く旅客を乗継ぎさせたそのすぐ後、再び短時間で各地への出発便が飛び立って行く。このようなダイヤを組むことにより、旅客は各々の目的地へ短い乗り継ぎ時間で行くことができる。この仕組みは、ハブ・アンド・スポーク・システム HSS）として、1970年代から始まったアメリカのディレギュレーションによって編み出された[230]。その後、HSS は世界中に広まることとなった。

　各航空会社が拠点と位置づけ、路線を集約している空港を一般的にハブ空港と呼ぶことができるが、本章では航空会社の拠点空港を、「広義のハブ空港」と定義し、航空網の中継を役割と焦点空港を「狭義のハブ空港」と定義する。この場合、ハブ空港と呼ばれるためには、ただ空港規模が大きいというだけでは不足であり、旅客の輸送を効率よく行うための様々な条件が付されることになる。

ハブ空港では、短時間に大量の発着機と旅客を扱わなければならないため、それ相応のキャパシティが求められる。具体的には次に示したような条件が求められる。

① 　複数の滑走路（短時間に集中する離着陸をこなすために必要）

② 　特定の航空会社専用の空港ターミナルビル（短時間で旅客が自社便への乗継ぎを行うのに必要）

③ 　安い着陸料（大量の航空便を採算に合わせるのに必要）

　また、これらの乗継ぎは、同一航空会社によって行われなければならないこと、特定の航空会社がその空港を拠点として利用していることも、厳密なハブ空港の要素の1つである。東アジアでこの組合せを満たして国際線を運航しているのは、図表53に示した空港に加えて、東京国際空港羽田、上海虹橋国際空港、ソウル金浦国際空港、台北松山空港が2010年前後に国際線を再開し、北京大興国際空港が2019年に新たに開港した。

　各空港を拠点空港とする航空会社を図表54に示す。

【図表54　東アジアのハブ空港と拠点空港とする航空会社】

国	都市	コード	空港	拠点空港とする航空会社
日本	東京	NRT	成田国際空港	デルタ航空、ユナイテッド航空、日本航空、全日空
		HND	東京国際空港	日本航空、全日空
	大阪	KIX	関西国際空港	日本航空、全日空
	名古屋	NGO	中部国際空港	日本航空、全日空
韓国	ソウル	ICN	仁川国際空港	大韓航空とアシアナ航空
		GMP	金浦国際空港	大韓航空とアシアナ航空
	釜山	PUS	金海国際空港	大韓航空とアシアナ航空
中国	北京	PEK	北京首都国際空港	中国南方航空、中国東方航空、中国国際航空、大新華航空、上海航空
		PKX	北京大興国際空港	中国南方航空、中国聯合航空、中国東方航空、中国国際航空
	上海	PVG	上海浦東国際空港	中国東方航空、中国国際航空、上海航空
		SHA	上海虹橋国際空港	中国東方航空
	広州	CAN	広州白雲国際空港	中国南方航空、中国国際航空、深圳航空
	香港	HKG	香港国際空港	キャセイパシフィック航空
台湾	台北	TPE	台北桃園国際空港	チャイナエアライン、エバー航空、タイガーエア台湾
		TSA	台北松山空港	チャイナエアライン
	高雄	KHH	高雄国際空港	チャイナエアライン
中部国際空港、台北松山空港、高雄国際空港は滑走路1本				

　出典：著者作成

また、北米、欧州、アジアなどの各大陸で、乗り継ぎの中継地として路線網の中心となっている空港もハブ空港と呼ばれている。これらの空港は、大陸間を移動する長距離路線の玄関口にもなっていることから、ゲートウェイ空港とよばれることもある。ゲートウェイ空港にて、旅客は長距離国際線から短距離国際線や国内線に乗り継ぐ（あるいはその逆）。

　ゲートウェイ空港には、多くの航空会社が路線を集約させており、乗継利便性が確保されている。米国のゲートウェイ空港には、西海岸にロサンゼルス空港、東海岸にニューヨークのジョン・F・ケネディ空港がある。欧州では、ロンドンのヒースロー空港、パリのシャルル・ド・ゴール空港、ドイツのフランクフルト空港が代表的である。これらのゲートウェイ空港とよばれるハブ空港の間では、就航路線と乗継旅客を奪い合う競争が展開されている。

4　国際ハブ空港の評価

ネットワーク・コネクティビティ（乗換え上の接続性）の類型化

　国際航空における自由化が進行し、また旅客航空運輸産業によるグローバル・アライアンスが形成されるに従って、ヨーロッパ地域に続いて、アジア地域の国際航空においても、HSS が形成されるようになった。このようなHSS の進展は、空港間競争の構造的な変化をもたらした。

　HSS の利点は、直行輸送システムと比較すると明快に理解できる。例えば、図表 55 のように 6 つの空港（地方空港）間の移動を考えると、直送郵送システムの場合では、ある航空会社が旅客を輸送する場合、各空港を結ぶには15 路線を運航する必要がある[231]。さらに、一対の空港間では、その空港ペア以上の需要は期待できない。

　一方、HSS の場合、ハブ空港を経由することにより、6 路線のみで 6 つの空港を結ぶことができる。これにより、航空会社は所有する航空機を効率的に運用できる。また、ハブ空港と地方空港間で空港ペア以上の需要を期待でき、それにより座席利用率を高め、単位旅客あたりの輸送費用を削減できるのである。旅客にとっても、ハブ空港で乗り換えることにより、数多くの都市へ移動できるようになる。

【図表 55　空港輸送システム概念図】

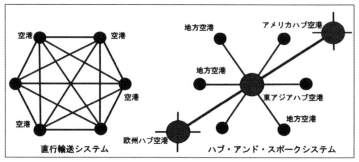

出典：花岡 (2010) P 7 図 1 を基に著者作成。

　空港の生産性や競争的地位は、「乗入れ地点数」、「便数」、「取扱旅客数」、「取扱貨物量」、「年間離着陸回数」などが指標として用いられる。これら空港データは有効な生産性指標ではあるが、HSS では、空港におけるネットワーク・パフォーマンス（路線展開の程度）やネットワーク・コネクティビティ（乗換え上の接続性）についても、同時に評価する必要があるである。

　このとき、直行便に加えて、経由便の利便性や便数もまた、空港の重要な生産性指標となる。出発地から経由地を経て目的地に向かう場合、乗客には乗換え時間と迂回時間に起因する追加的コストが発生するからである。したがって、ダイレクト・フライト（直行便）に対するインダイレクト・フライト（乗継ぎ・乗換え便）の評価を行う場合には、その追加的コストを反映する必要がある（図表 56 参照）。

【図表 56　ネットワーク・コネクティビティの類型化】

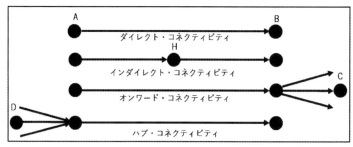

出典：著者作成。

図表56に示した4つのネットワーク・コネクティビティの類型化を次に示す。

① ダイレクト・コネクティビティ（直行便）

経由地（H）での乗換えを伴わない、出発地（A）と目的地（B）を結ぶフライト。

② インダイレクト・コネクティビティ（経由便）

経由地（H）での乗換えを伴う、出発地（A）と目的地（B）を結ぶフライト。

③ オンワード・コネクティビティ

経由地（B）での乗換えを伴う、出発地（A）と目的地（C）を結ぶフライト。

④ ハブ・コネクティビティ

経由地（A）での乗換えを伴う、出発地（D）と目的地（B）を結ぶフライト。

経由地（H）での乗換えを伴う出発地（A）と目的地（B）を結ぶインダイレクト・フライト（経由便）は、出発地（A）と目的地（B）を結ぶダイレクト・フライト（直行便）と同質ではない。換言すれば、インダイレクト・フライトを利用する乗客には、迂回と乗り換えに伴って総旅行時間が長くなり、その結果、追加的なコストが発生することになる。乗り換え時間は、経由地（H）で乗り換えるための最小接続時間に相当する。

インダイレクト・コネクティビティは、経由地で、オンワード・コネクティビティは目的地で乗り換えフライトを区別するものである。したがって、地域別にみれば両者の大きさは異なるが、全地域では一致する。また、ダイレクト・コネクティビティの存在しない空港には、オンワード・コネクティビティも存在しないことになる。

例えば、関西国際空港から直行便でアムステルダム・スキポール空港へ向かう場合と、関西国際空港から仁川国際空港経由でアムステルダム・スキポール空港へ向かう場合を比較すれば、明らかに前者のほうがフライトのクオリティーは高い。航空ネットワーク・パフォーマンスを評価する際には、このような相違を考慮する必要がある。

HSSを展開する航空会社は、乗客にダイレクト・フライトとハブを経由するインダイレクト・フライトを提供する。この場合、インダイレクト・フライトは、その利便性を最大化し、乗換え時間および迂回時間に起因する乗客の損失を最小化するために、効率的なスケジュール調整が必要とされる。こ

のため、インダイレクト・フライトの最小・最大接続時間や最大迂回率、アライアンスによる接続を考慮に入れながら、航空ネットワーク・パフォーマンスの多角的な評価を行う「Net-Scan モデル」が用いられている[232]。

「Net-Scan モデル」は、インダイレクト・フライトの質を定量化し、理論上のダイレクト・フライトに転換できるため、IATA によっても正式に採用され，世界の空港評価に際して広範に利用されている[233]。

東アジアの国際ハブ空港における CNU（理論上のダイレクト・フライト数）の算出

松本（2009）は、航空ネットワーク・パフォーマンスの評価において、東アジアの拠点空港を対象に国際ハブ空港がもたらす空港の評価を行っている[234]。

(1) 分析の方法

図表 57 は、Net-Scan モデルによってインダイレクト・フライトの質を定量化し、理論上のダイレクト・フライトに転換する計算手順を示したものである[235]。

【図表 57　Net-Scan モデルの計算手順】

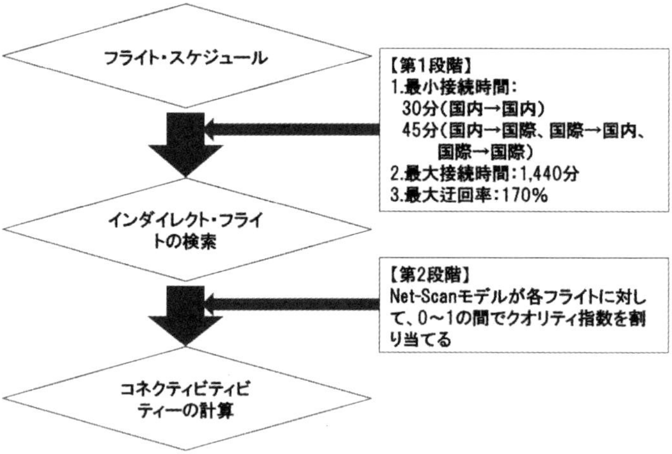

出典：著者作成。

第 1 段階として、OAG[236] データ・ベースから、ダイレクト・フライトおよびインダイレクト・フライトを検索する。ダイレクト・フライトは、OAG のフライト・スケジュール情報から直接検索可能であるが、インダイレクト・フライトについては，最小・最大接続時間や最大迂回率、あるいはアライアンスメン

バー等を設定して、情報検索アルゴリズムを構築し検索しなければならない。

　松本の研究では、フライト・スケジュール上の乗換え可能なインダイレクト・フライトを検索する際に次の前提条件を採用している。

① 　最小接続時間：30分（国内→国内）、45分（国内→国際、国際→国内、国際→国際）

② 　最大接続時間：1,440分（24時間）

③ 　最大迂回率：170%

　次に第2段階として、Net-Scanがすべてのフライトに対して、0から1の間でクオリティ指数を割り当てる。ダイレクト・フライトには、最大クオリティ指数である1が割り当てられる。インダイレクト・フライトに関しては、乗換え時間や迂回飛行に伴う追加的な旅行時間を反映して、クオリティ指数は1未満となる。ダイレクト・マルチストップ・フライトも同様に、ダイレクト・フライトと比較して、ネットワーク・クオリティは低くなる。追加的な旅行時間がある閾値を超えた場合には、そのインダイレクト・フライトのクオリティ指数は0となる。

　ここでは、2空港間のインダイレクト・フライトの閾値[237]は、その2空港間の理論上のダイレクト・フライトの旅行時間に依存する。ダイレクト・フライトにおける理論上の旅行時間は、出発地と目的地の地理的位置、飛行速度および離陸と着陸に必要な時間等の前提によって決定される。そして、クオリティ指数と当該2空港間の便数（週・月・年）を掛け合わせることで、コネクティビティー・ユニット（CNU）、すなわち「理論上のダイレクト・フライト数」が算出される[238]。

　Net-Scanモデルでは、オンライン・コネクションのみが接続便として認識される。つまり、同一企業内か同一アライアンス内で接続が行われることになる。現時点で、世界にはワンワールド、スカイチーム、スターアライアンスの3つのグローバル・アライアンスが存在するが、同じアライアンスに加盟する航空企業のフライトであれば、同一企業の接続便として認識されることになる。コードシェア便（Code sharing）といって、1つの定期航空便に複数の航空会社の便名を付与して運航される形態である。

　図表58に理論上のダイレクト・フライト数の算出方法を示す。

【図表58-1　理論上のダイレクト・フライト数（CNU）の算出①】

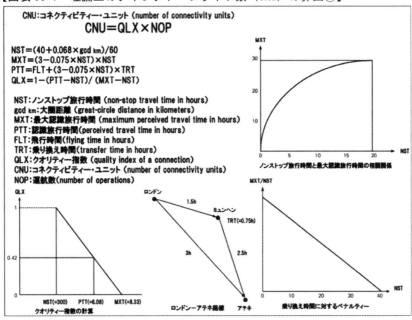

出典：著者作成。

【図表58-2　理論上のダイレクト・フライト数（CNU）の算出②】

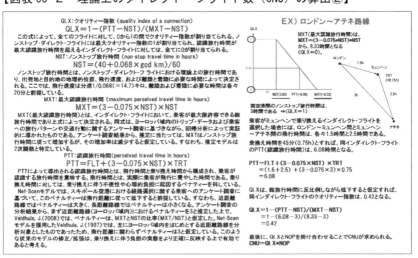

出典：著者作成。

(2) 分析対象空港

　分析対象空港は、東アジアの拠点空港を対象にしている。日本の主要3
国際空港として、東京、大阪、名古屋）、韓国の2空港（ソウル、釜山）、
中国の4空港（北京，上海、広州、香港）、台湾の2空港（台北、高雄）の
11空港に加えて、空港の位置づけを把握する観点から、この地域の地理的
中心地に当たる北部九州地域の福岡空港[239]と北九州空港[240]についても検
討している（図表59）。

【図表59　分析対象空港の概要】

	空港	都市	国	開港年
Ⓐ	成田国際空港	東京	日本	1978
Ⓑ	関西国際空港	大阪		1994
Ⓒ	中部国際空港	名古屋		2004
Ⓓ	仁川国際空港	ソウル	韓国	2001
Ⓔ	金海国際空港	釜山		1976
Ⓕ	北京首都国際空港	北京	中国	1955
Ⓖ	上海浦東国際空港	上海		1999
Ⓗ	広州白雲国際空港	広州		2004
Ⓘ	香港国際空港	香港		1998
Ⓙ	台北桃園国際空港	台北	台湾	1979
Ⓚ	高雄国際空港	高雄		2006
Ⓛ	福岡空港	福岡	（参考）	1945
Ⓜ	北九州空港	北九州		2006

出典：著者作成。

分析対象空港における2007年のCNU（理論上のダイレクト・フライト数）

　図表60は、2007年における分析対象空港のダイレクト・コネクティビ
ティ、インダイレクト・コネクティビティ（＝オンワード・コネクティビティ）、
そしてハブ・コネクティビティの各合計値（CNU）を示したものである。

a　ダイレクト・コネクティビティ（直行便）

　ダイレクト・コネクティビティは、北京（3,918CNU）、香港（2,745CNU）、
広州（2,743CNU）、上海（2,152CNU）の中国主要4空港が顕著であった。
中国本土の三大国際空港（北京、上海、広州）では、そのほとんどは国内
路線であった。その他、東京（1,685CNU）とソウル（1,746CNU）にお
いても比較的大きなダイレクト・コネクティビティが観察されたが、台北

【図表 60　分析対象空港の CNU（2007 年 9 月第 3 週）】

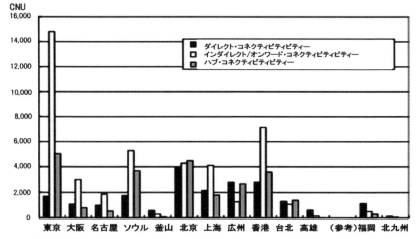

CNU

凡例:
- ■ ダイレクト・コネクティビティビティー
- □ インダイレクト/オンワード・コネクティビティビティー
- ▨ ハブ・コネクティビティビティー

横軸: 東京　大阪　名古屋　ソウル　釜山　北京　上海　広州　香港　台北　高雄　（参考）福岡　北九州

出典：松本秀暢他（2009）p 33 の図を基に著者作成。

（1,299CNU）、大阪（1,076CNU）、そして名古屋（979CNU）については、ダイレクト・コネクティビティはそれ程大きいとはいえない。

b　インダイレクト・コネクティビティ（経由便）

インダイレクト・コネクティビティに関しては、東京が顕著に大きく、2007 年において 14,821CNU であった。次いで、香港（7,138CNU）、ソウル（5,288CNU）、北京（4,285CNU）、そして上海（4,117CNU）が比較的大きなインダイレクト・コネクティビティを示していた。

c　ハブ・コネクティビティ

ハブ・コネクティビティについては、東京が 5,042CNU で最も大きく、北京（4,481CNU）、ソウル（3,683CNU）、そして香港（3,578CNU）においても、比較的大きなハブ・コネクティビティが認められた。

一方、釜山と高雄については、すべてのコネクティビティを通して絶対的に小さく、特にハブ・コネクティビティに関しては、各々 67CNU と 17CNU であり、極めて小さいといえる。東アジア地域における港湾の位置づけとは対照的に、これら 2 空港の国際航空輸送における競争的地位は低い。

また、福岡については、各々 1,142CNU、497CNU、299CNU であり、特に名古屋との比較の下では、ダイレクト・コネクティビティは上回っている

ものの、インダイレクトとハブ・コネクティビティは大幅に下回っており、両空港における国際路線展開の程度が影響しているといえる。福岡空港のインダイレクト・コネクティビティに関しては、国内主要空港経由に加えて、ソウルや上海、バンコク、シンガポールをはじめとするアジア主要空港経由も多くを占め、目的地についても、日本を含め世界各地域にわたっていた。同空港のハブ・コネクティビティに関しては、国内路線相互の接続が中心であったが、釜山、済州、上海、台北、バンコク、シンガポール等のアジア路線と日本の国内路線との接続も散見された。

　一方、北九州については、各々124CNU，53CNUと極めて小さく、ハブ・コネクティビティは存在しなかった。同空港のインダイレクト・コネクティビティに関しては、東京／羽田中心の路線構成であることから、那覇経由の宮古行き（2.5CNU）を除いて、全て東京／羽田経由の国内路線への接続であった。

分析対象空港における2001 ～ 2007年のCNU（理論上のダイレクト・フライト数）の変化率

　図表61は、分析対象空港におけるコネクティビティ別変化率を示している。分析対象期間は、2001年、2004年、2007年の各9月第3週である。

【図表61　分析対象空港のCNU（2007年9月第3週）】

空港	ダイレクト・コネクティビティビティー			インダイレクト・コネクティビティビティー			ハブ・コネクティビティビティー		
	2001～04	2004～07	2001～07	2001～04	2004～07	2001～07	2001～04	2004～07	2001～07
東京	29	4.2	34.3	10.4	15.9	28	102.1	9.3	121
大阪	▲21.6	16	▲9.1	17.5	▲18.6	▲4.4	6.8	▲15	▲9.2
名古屋	10.9	11.9	24.2	3.5	20.7	25	6.3	23.3	31.1
ソウル	23.8	43.1	77.2	87.7	37.9	158.9	90.3	73.9	230.9
釜山	▲15.8	20.7	1.6	126.3	33	201	460.9	34.4	653.6
北京	49	26.6	88.7	31.3	48.8	95.5	300.2	24.2	396.8
上海	161.3	37.6	259.6	82.9	99	263.9	983.1	43.2	1450.5
広州	51.2	50.4	127.6	385.5	62.6	689.3	109.4	102	323
香港	17.4	25.7	47.5	▲4.3	30.9	25.2	22.2	39.7	70.7
台北	11.9	6.7	6.7	▲44.5	34.8	▲25.3	31.4	8.8	43.1
高雄	▲9.9	▲29.7	▲29.7	23.4	▲13.8	6.4	124	▲50.5	10.9
(参考)									
福岡	▲5.4	4.1	▲1.6	26.9	9.3	38.2	47.3	▲0.5	46.5
北九州	33.3	342.9	490.5	101.7	146	396.1			

出典：松本秀暢他（2009）p 34 の表を基に著者作成。

すべてのコネクティビティを通して、最も高い増加率は中国本土の三大国際空港で観察された。特に、上海におけるハブ・コネクティビティについては、2001〜07年までの6年間に約14.5倍上昇し、広州におけるインダイレクト・コネクティビティについても、同期間中に約6.9倍上昇した。その要因の1つとしては、先に述べたように、1999年に上海で、2004年には広州で新空港が開港し、両空港の航空ネットワーク・パフォーマンスを押し上げたことが挙げられる。ハブ・コネクティビティに関しては、ソウル（231％）と東京（121％）が顕著な増加率を記録していた。

　その一方で、大阪、台北、および高雄においては、ネットワーク・コネクティビティの低下が観察された。大阪については、第2滑走路が供用開始された東京へのシフト、および関西経済の相対的な地盤沈下の影響で、2001〜04年までに、ダイレクト・コネクティビティが約22％低下した。そして、2004〜07年にかけては、インダイレクト・コネクティビティが約19％、ハブ・コネクティビティが約15％低下した。台北に関しては、2001〜04年にかけて、北アメリカ方面へのダイレクト・コネクティビティが減少した結果、同方面へのインダイレクト・コネクティビティが大幅に減少し、全体として約45％低下していた。そして、高雄については、2007年に台北〜高雄間の高速鉄道が開業した影響で、2004〜07年にかけて、ダイレクト・コネクティビティが約30％低下していた。

　その他、名古屋や北京、香港等は、すべてのネットワーク・コネクティビティを通して、順調な増加率を示していた。また、福岡については、ダイレクト・コネクティビティが多少の低下がみられるものの、インダイレクトとハブ・コネクティビティに関しては、比較的大きな増加率を示していた。北九州については、2006年の新空港開港と同時に、新規航空会社のスターフライヤーが羽田路線に参入した結果、ダイレクト・コネクティビティが急増すると同時に、インダイレクト・コネクティビティに関しても、それに伴って大幅に増加した。

分析対象空港における 2001 〜 2007 年の平均 CNU（理論上のダイレクト・フライト数）

　松本秀暢他（2010）は、国際ハブ空港において、「乗継ぎ／乗換え空港」

として、2001 年、2004 年、2007 年の接続を CNU のデータとしてまとめている[241]。

　図表 62 に分析対象空港における平均ハブ・コネクティビティと平均オンワード・コネクティビティを示す。

【図表 62　分析対象空港における平均ハブ・コネクティビティと平均オンワード・コネクティビティ】

空港	平均ハブ・コネクティビティビティ 1)			平均オンワード・コネクティビティ 2)		
	2001	2004	2007	2001	2004	2007
東京	1.82	2.85	2.99	9.23	7.9	8.79
大阪	0.74	1	0.74	2.61	3.92	2.75
名古屋	0.51	0.49	0.1	1.9	1.77	1.91
ソウル	1.13	1.74	2.11	2.07	3.14	3.03
釜山	0.02	0.1	0.12	0.17	0.44	0.49
北京	0.43	1.17	1.14	1.06	0.93	1.09
上海	0.19	0.8	0.83	1.89	1.32	1.91
広州	0.51	0.71	0.95	0.13	0.43	0.46
香港	1.13	1.17	1.3	3.06	2.5	2.6
台北	0.89	1.05	1.07	1.32	0.66	0.83
高雄	0.02	0.04	0.03	0.14	0.19	0.23

出典：松本秀暢他（2010）p 202 の表を基に著者作成。

　平均ハブ・コネクティビティとは、出発フライトに対して、出発空港でどれだけのフライト（CNU）が接続しているかを意味し、平均オンワード・コネクティビティとは、出発フライトに対して、到着空港でどれだけのフライト（CNU）に接続しているかを意味する。

　両指標ともに東京が最大であり、2007 年において、各々 2.99 CNU と 8.79 CNU であった。また、2007 年においては、大阪（2.75 CNU）、ソウル（3.03 CNU）、香港（2.60 CNU）においても、比較的大きな平均オンワード・コネクティビティがみられ、平均ハブ・コネクティビティに関しては、その他にソウル（2.11 CNU）が比較的高かった。その一方で、中国本土の三大国際空港については、両指標の水準は低かったことがわかる。

分析対象空港における 2001 ～ 2007 年の CNU（理論上のダイレクト・フライト数）の考察

　以上のデータから、2001 ～ 2007 年における国際ハブ空港における CNU（乗換え上の接続性）については、次のことが見い出せる。

① 2007年のCNUのダイレクト・コネクティビティでは、北京、上海、広州、香港の中国の拠点空港の値が大きかった。特に北京、上海、広州の三大空港では、そのほとんどは国内路線であった。

② 同じくインダイレクト・コネクティビティでは、東京が最も大きかった。その背景としては、東京からの直行便数の約20%がアメリカ系航空企業によるものであり、それらが多くのアメリカ国内路線に接続していることが挙げられる。

③ ハブ・コネクティビティに関して、主要な空港別に考察すると、東京は北アメリカ方面に最大のハブ・コネクティビティを示していることがわかる。ソウルは、北アメリカ方面に加えて、中国、東アジア、東南アジア方面に相対的に大きなハブ・コネクティビティを保持している一方、北京については、国内へのハブ・コネクティビティが大きな割合を占めていた。香港は東／東南アジアに加えて大陸間（北アメリカ方面およびおヨーロッパ方面）においても、大きなハブ・コネクティビティを示していた。

④ 2001～2007年の間におけるCNUの変化率では、中国の三大国際空港の伸びが最も大きかった。また、ハブ・コネクティビティにおけるソウルの伸びが大きかったのは、韓国系航空企業（大韓航空とアシアナ航空）が戦略的に航空ネットワークを展開したことがその背景にあり、日本の地方空港からの接続が影響していることが考えられる。同じくハブ・コネクティビティにおける東京の伸びが大きかったことに関しては、成田国際空港への国内8路線（新千歳、仙台、小松、中部、伊丹、広島、福岡、那覇）が国際路線のフィーダー路線として位置づけられていること、ノースウェスト航空が東京で多くの以遠権を行使していること、ユナイテッド航空が全日空と広範なコードシェアリングを行っていること等が寄与しているためと考えられる。そして、日本の拠点空港のこの期間の変化では、大阪の低下が確認された。

⑤ 2007年の平均ハブ・コネクティビティと平均オンワード・コネクティビティの値について、東京が最大であったのは、アメリカ系航空企業によるアメリカ国内路線への接続が、顕著に反映されていると判断できる。また、中国の三大国際空港について小さな値であったのは、中国系の航空会社がグローバル・アライアンスへの加入が2007年以降であったことが考えられる。

5 分析対象空港における 2007 年以降の考察

これまで 2001 ～ 2007 年にかけの東アジアの拠点空港の評価について見てきたが、2007 年以降の旅客航空運輸産業では、次の変化がトピックスとして考えられる。

① LCC の長距離路線参入と LCC によるアライアンス設立
② 三大グローバル・アライアンスのネットワークの確立と中国のアライアンス参加
③ それぞれ空港の機能強化

東アジア地域における LCC の長距離路線参入と LCC によるアライアンス設立

【図表 63　2007 年以降に設立されたアジア地域の LCC】

航空会社名		IATA コード	本拠地	設立	変遷
イースター航空	Eastar Jet	ZE	仁川国際空港	2007	2021年1月に会社更生手続きを申請
エアアジア・フィリピン	AirAsia Philippines	Z2	ニノイ・アキノ国際空港	2010	エアアジアと、フィリピンのテレビ局、不動産開発業者などと合弁で設立
タイ・スマイル	THAI Smile	WE	スワンナプーム国際空港	2011	2020年にスターアライアンスにコネクティングパートナーとして加盟
スクート	Scoot	TR	シンガポール航空	2011	2017年スクートとタイガーエアはブランド統合し、社名はスクート・タイガーエア、運航ブランドはスクート
バニラ・エア	Vanilla Air	JW	成田国際空港	2011	2019年Peachと統合し脱退
ジェットスター・ジャパン	Jetstar Japan	GK	成田国際空港	2011	カンタス航空グループ、日本航空などは資本参加して設立
ジェットスター香港	Jetstar Hong Kong	JM	香港国際空港	2012	中国東方航空とカンタス航空が資本参加して設立
マリンド・エア	Malindo Air	OD	スワンナプール国際空港	2012	ライオンエアとナショナル・エアロスペース・アンド・ディフェンス・インダストリーズが共同で設立
バティック・エア	Batik Air	ID	スカルノ・ハッタ国際空港	2013	ライオンエアの子会社
タイ・ライオン・エア	Thai Lion Air	SL	ドンムアン空港	2013	ライオンエアの子会社
ノックスクート	NokScoot	XW	ドンムアン空港	2013	2020年事業清算
タイ・エアアジア X	Thai AirAsia X	XJ	ドンムアン空港	2013	エアアジア Xにより設立され長距離路線を運航
インドネシア・エアアジア X	Indonesia AirAsia X	XT	ングラ・ライ国際空港	2013	エアアジア XとPT Kirana Anugerah Perkasa (PTKAP)が、共同出資により設立した長距離路線専門LCC
エアアジア・インディア	AirAsia India	I5	ケンペゴウダ国際空港	2013	エアアジアと、インドのコングロマリット「タタ・グループ」の出資により設立
ウルムチ航空	Urumqi Air	UQ	ウルムチ地窩堡国際空港	2014	海南航空の子会社

出典：著者作成。

2007 年以降にアジア地域において以下の LCC が設立された。このうちエ

アアジア系列では長距離 LCC の運行が行われている。また、イースター航空、ウルムチ航空は、LCC アライアンスの U-FLY Alliance の設立メンバーである。スクート、バニラ・エア、ノックスートは、バリューアライアンスの設立メンバーである。タイ・エアアジア、インドネシア・エアアジア X、エアアジア・インディアは、エアアジアグループである。しかしこのうち、ノックスートは 2020 年に、イースター航空は 2021 年に事業を清算している。

　東アジアの拠点空港を本拠地としている LCC は、仁川国際空港は 1 社、成田国際空港が 2 社、香港国際空港が 1 社で、残りの 11 社は東南アジアの拠点空港が本拠地になっていることから、LCC の展開は東南アジアでより盛んであることがわかる。

三大グローバル・アライアンスのネットワークの確立と中国のアライアンス参加

　2007 年に中国南方航空がスカイチームに（2018 年脱退）、中部国際空港がスターアライアンスに加盟した。2011 年に中国東方航空、2012 年に厦門航空がスカイチームに加盟した。また、2012 年には深圳航空がスターアライアンスに加盟している。

　そして、世界のメガキャリアとして唯一グローバル・アライアンスに加盟していなかった日本航空が 2007 年にワンワールドに加盟した。メガキャリアとは、欧州のエールフランス - KLM、ルフトハンザドイツ航空、ブリティッシュ・エアウェイズ、アメリカのデルタ航空、アメリカン航空、ユナイテッド航空という大西洋航路の拠点空港を本拠地とする欧米の 3 大キャリアと、シンガポール航空、キャセイパシフィック航空、日本航空というアジア太平洋航路を本拠地とする航空会社である。

　日本航空の加盟により三大グローバル・アライアンスが文字通り世界を 1 周する旅客航空運輸を担う体制が整ったといえるが、中国の三大国際空港を本拠地とする中国の航空会社の進出も同国が掲げる「一帯一路構想」と相俟って、これからの国際旅客航空運輸に進出することは間違いないと思われる。

東アジアの拠点空港における機能強化

　東アジアの拠点空港では、滑走路やターミナルの施設拡充が進んでいるが、

それぞれの都市圏では、拠点空港加えて複数国際空港の整備も進んでいる。

⑴ 東京

　東京では、2010 年に東京国際空港（羽田）が国際的便を再開した。東京では、羽田と成田の両空港の役割分担を図ることで、国際ハブ空港の競争に対応することが打ち出されている（図表 64 参照）。

【図表 64　東京首都圏空港の役割分担】

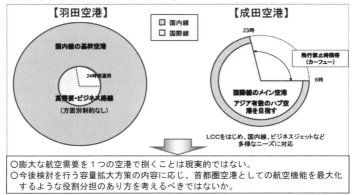

出典：国土交通省航空局（2014）「参考資料平成 26 年 4 月航空局」p 19 図より転載。

　欧米の主要空港では、年間発着回数が 100 万回を超えているところもあり、首都圏空港においても年間発着回数を 75 万回に引き上げることが計画されている。

　そのために成田国際空港については、B 滑走路の延伸及び C 滑走路の新設等の更なる機能強化を実施し、年間発着回数 50 万回の実現に向けて、2028 年度の完成を目指して整備を進める計画である（図表 65 参照）。

【図表 65　成田国際空港整備計画】

出典：国土交通省航空局（2020）「令和 3 年度航空局関係予算決定概要」p 9 図より転載。

⑵ ソウル

　ソウルでは、2001年に仁川国際空港の開港により国内線空港となっていた金浦空港国際に、2007年に新国際線ターミナルが整備され、国際線の供用が再開された。2008年には仁川国際空港の第3滑走路が供用開始され、発着回数年間41万回が可能になった。仁川国際空港では、最終的には4本の滑走路を整備する計画である（図表66参照）。

【図表66　ソウルにおける2つの国際空港】

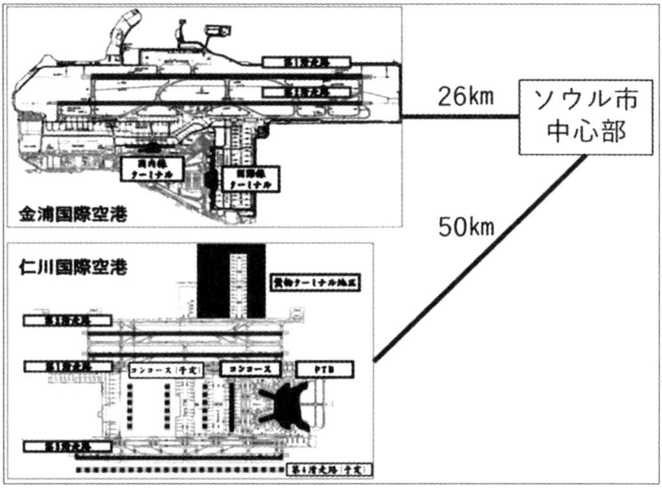

出典：国土交通省航空局2009年資料「海外空港の実態について」p5図を基に著者作成。
https://www.mlit.go.jp/common/000040248.pdf（2021年3月1日閲覧）。

⑶ 北京

　中国国内で最も利用者数の多い北京首都国際空港は、これまで何度も拡張工事を繰り返してきたが、2008年の北京オリンピックを機に第3ターミナルと3本目の滑走路が建設された。2022年の北京冬季オリンピックに備えて、北京大興国際空港が2019年に開港した。当面は航空会社6社の乗入れで、4本の滑走路を有し7200万人程度の利用者数を想定しているが、2025年の本格稼動時には60社以上が乗り入れ、4本の滑走路も8本に増設される見込みだ。

　北京は、この2つの国際空港を使って、東アジアのハブ空港の地位確立を図っている。しかし、2016年の北京首都国際空港のトランジット旅客の

割合はわずか8.4%、国際旅客の割合もわずか25%で世界36位、国際線の割合は20〜25%であった。その理由は、北京首都国際空港では、中国国内の中小空港からの直行便が多く、これが国際線の発着枠を奪っているからである。

　それらの便を周辺の天津空港と石家荘空港に振り分け、北京首都国際空港の国際線の発着枠を大幅に拡大できれば、同空港を国際ハブ空港に育てていくことも可能である。そして新しく開港した北京大興国際空港との間で、LCCやアライアンスの役割分担を行えば日本の成田と羽田以上のキャパシティーが期待できる（図表67参照）。

【図表67　北京大興国際空港の位置】

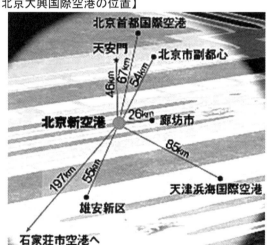

出典：Science Portal China（2018年5月28日）記事より転載。
　　　https://spc.jst.go.jp/hottopics/1806/r1806_min1.html（2021年3月1日閲覧）。

⑷　上海

　上海では、1999年に浦東国際空港の開港により国内線空港となっていた虹橋国際空港に、2010年に新国際線ターミナルと2本目滑走路が整備され、国際線の供用が再開された。浦東国際空港では、2008年にターミナル2と3本目滑走路、2015年には4本目の滑走路の供用が開始された。

⑸　広州

　広州では、2004年に広州白雲国際空港がターミナル1と3本の滑走路で

開港したが、2018 年にターミナル 2 の供用が開始された。最終的には、3
つのターミナルと 5 本の滑走路が整備される計画である（図表 68 参照）。

【図表 68　広州白雲国際空港完成予想図】

出典：AFP BB NEWS（2020 年 9 月 30 日）「広州白雲国際空港の第 3 期拡張工事始まる　広東省」
　　　図より転載。
　　　https://www.afpbb.com/articles/-/3307168?pid=3307168001（2021 年 3 月 1 日閲覧）。

⑹　香港

　香港では、1998 年に開港した香港国際空港が、2020 年にターミナル 1
を拡張した。この後、2022 年に 3 本目の滑走路、2024 年にはターミナル
2 の拡張、北滑走路の延伸、ターミナル 3 の供用により、発着回数を現在の
年間 43 万回から 102 回に増やす計画である。

⑺　台北

　台北では、1979 年に桃園国際空港の開港により国内線空港となっていた
松山国際空港で、2010 年から国際線が再開され、2011 年に国内線が第 2
ターミナルに移転して第 1 ターミナルが国際線専用になった。桃園国際空
港は、ターミナル 2 つ滑走路 2 本で運用されているが、2024 年にターミナ
ル 3 の供用が計画されている。

6　結び

　アメリカのディレギュレーションによって国際航空における自由化が進行

し、HSS が形成されるようになったことで、空港間競争の構造的な変化がもたらされた。HSS では、空港におけるネットワーク・パフォーマンス（路線展開の程度）やネットワーク・コネクティビティ（乗換え上の接続性）について評価する必要がある。

　本章では、松本（2009）らの航空ネットワーク・パフォーマンスの評価手法である Net-Scan モデルを用いて算出された結果について考察した。データは、2001 ～ 2007 年における東アジアの拠点空港を対象に、東京、大阪、名古屋、ソウル、釜山、北京、上海、広州、香港、台北、高雄と、参考として福岡、北九州の国際ハブ空港がもたらす CNU（乗換え上の接続性）の評価である。その結果次のことが確認できた。

①　経由地での乗換えを伴う、出発地と目的地を結ぶフライトであるハブ・コネクティビティに関しては、東京は北アメリカ方面に最大の接続数を示していた。ソウルは、北アメリカ方面に加えて、中国、東アジア、東南アジア方面に相対的に大きなハブ・コネクティビティを保持していた。香港は東アジア、東南アジアに加えて大陸間（北アメリカ方面およびおヨーロッパ方面）においても、大きなハブ・コネクティビティを示していた。

②　すべてのコネクティビティを通して、最も高い増加率は中国本土の三大国際空港で観察された。特に上海と広州では、それぞれ 1999 年と 2004 年に新空港が開港したためにハブ・コネクティビティについての上昇が大きかった。

③　釜山と高雄については、すべてのコネクティビティを通して絶対的に小さく、特にハブ・コネクティビティに関しては、極めて小さかった。北九州ではハブ・コネクティビティは認められなかった。

④　福岡と名古屋との比較では、ダイレクト・コネクティビティは福岡が上回っているが、インダイレクトとハブ・コネクティビティは名古屋が大幅に上回っていた。これは両空港における国際路線展開の程度が影響している。福岡空港のインダイレクト・コネクティビティは、国内主要空港経由に加えて、ソウルや上海、バンコク、シンガポールをはじめとするアジア主要空港経由も多くを占め、目的地についても、日本を含め世界各地域にわたっていた。また、ハブ・コネクティビティは、国内路線相互の接続が

中心であったが、釜山、済州、上海、台北、バンコク、シンガポール等の
アジア路線と日本の国内路線との接続もみられた。名古屋は国内線が既存
の名古屋飛行場と分担しているためにダイレクト・コネクティビティビ
ティが低いと考えられる。

⑤ 　台北は、北アメリカ方面へのダイレクト・コネクティビティが減少した
結果、同方面へのインダイレクト・コネクティビティが大幅に減少した。

　2007 年以降の東アジア主要空港では、それぞれ空港のターミナル、滑走
路の増強と都市圏での複数の国際空港による役割分担が進み、ハブ空港を巡
る競争は、欧米の主要都市の形態を踏襲する形になっている。

　そして、各都市におけるハブ空港の整備および計画では次のことが確認で
きた。

⑥ 　東京では、東京国際空港が国際線を再開し成田国際空港と併せて発着回
数年間 75 万回を計画している。大阪と名古屋は海上空港の利点を生かし
て滑走路の増設が計画されている。

⑦ 　ソウルは、日本の地方空港との接続により日本から海外へ向かうハブ空
港としての役割を増加させている。特に福岡からの接続の影響はきわめて
大きい。

⑧ 　中国の北京、上海、広州の三大国際空港と香港、及びその都市圏空港の
整備は、東アジア主要空港の中で最も大規模なものである。

　香港を除く中国の三大国際空港における現在のネットワーク・コネクティ
ビティ（乗換え上の接続性）は、まだ、国内線中心であるが、今後、中国航
空会社がグローバル・アライアンス加盟することでの欧米のメガキャリアと
のコードシェア便の増加や、中国の航空会社による LCC の展開が予想され
る。

　そうなれば、中国のハブ空港が、東アジアのみならず、太平洋地域、イン
ド洋地域、シルクロード中東を経由したアフリカ、ロシア北極圏を経由した
欧州にまで及ぶ旅客航空運輸網の中心を担うことは十分に考えられるところ
である。

第2章
日本における空港民営化
―福岡空港民営化を例として

概要

　1980年代以降の旅客航空運輸産業の規制緩和は、空港の民営化・商業化を拡大したことで、空港経営をとりまく環境は変化していった。その中で2020東京オリパラリンピックを獲得した日本は、成長著しいアジア太平洋地域のゲートウェイ構想を掲げて、国際拠点空港を整備することで、東アジアのハブ空港化に照準を合わせた航空自由化への転換を図っている。一方で地方空港の経営の合理化においてもコンセッション方式による空港民営化が進められている。

　課題として見えてきたものは、東アジアのハブ空港としての役割は、首都圏空港のみで賄えるものではなく、関西国際空港、中部国際空港など他の国際拠点空港との役割分担や地方空港を含めた国内航空のネットワーク充実が必要であるとがわかった。

1　はじめに

　空港は、国際・国内の航空ネットワークを構成する極めて重要な公共インフラであり、その国の経済、文化などの社会の発展や地域の活性化に大きな役割を果たしている。日本の空港は、第二次世界大戦後の経済の発展や社会資本整備における高速交通需要の増大に伴い順次整備が進められてきた結果、現在、全国で合計101を数えるに至っており、配置的側面から見ればほぼ概成しているといえ、「整備」から「運営」へと空港政策の重点がシフトしている。

　また、わが国では、1970年に空港整備特別会計が創設され、航空機燃料税など各種の公租公課が課され、その後何度か引上げが繰り返された。その

ため日本の航空会社は、世界的に見てかなり高い公租公課を払わされている。公租公課以外でも空港施設の利用料金は一般に高く、わが国航空会社のビジネスリスクを高くしている一因となっている。

今日の旅客航空運輸産業における航空自由化の政策潮流は、航空会社が収益重視という明確な戦略を追求しているために、空港は選択される立場にあるといえる。それはハブ機能を果たす大規模空港のみならず、地方空港や共用空港なども何らかの改革に着手しなければならない。

空港運営の効率性向上を促進する目的から、民営化が１つのキーワードとなっているが、政府による民営化企業の株式保有や運営権譲渡によるコンセッションなど、空港民営化のタイプは多様である。

本章では、日本の空港の旅客数の実績から、拠点空港と地方空港の利用者状況を見ることで、それぞれの経営戦略について見ていく。

２ 日本の空港

空港の種別

日本の空港は、空港法[242]（旧：空港整備法）などにより大きく４種類の空港に分類され、さらに拠点空港は３つに分類される。分類は空港施設整備費の負担や設置・管理主体の違いであり、分類された空港の名称及び位置は政令で定められている。

【図表 69　コンセッション方式導入前の日本の空港】

種別		空港名	数
拠点空港	会社管理空港	成田、中部、関西、大阪	4
	国管理空港	新千歳、稚内、函館、釧路、仙台、羽田、新潟、広島、高松、松山、高知、福岡、北九州、長崎、熊本、大分、宮崎、鹿児島、那覇	19
	特定地方管理空港	旭川、帯広、秋田、山形、山口宇部	5
地方管理空港		利尻、礼文、奥尻、中標津、女満別、紋別、青森、花巻、大館能代、庄内、福島、大島、新島、神津島、三宅島、八丈島、佐渡、富山、能登、福井、松本、静岡、神戸、南紀白浜、鳥取、隠岐、出雲、石見、岡山、佐賀、壱岐、対馬、小値賀、上五島、福江、種子島、屋久島、奄美、喜界、徳之島、沖永良部、与論、伊江島、慶良間、粟国、久米島、北大東、南大東、宮古、下地島、多良間、新石垣、波照間、与那国	54
その他の空港		龍ヶ崎、大利根、調布、三保、名古屋、八尾、但馬、岡南、天草、大分県央、薩摩硫黄島	11
共用空港		丘珠、千歳、三沢、百里（茨城）、小松、美保（米子）、岩国、徳島	8

出典：著者作成。

拠点空港は、国際航空輸送網又は国内航空輸送網の拠点となる空港（旧第一種及び旧第二種空港）であるが、3つの種類がある。

1つは、空港法4条1項に掲げられた各空港のうち、同4条3項および同4条4項に掲げられた会社が設置し管理する会社管理空港で、成田空港は成田国際空港株式会社が、中部空港は中部国際空港株式会社が、関西空港と大阪空港は新関西国際空港株式会社（2016年4月に関西エアポート株式会社に移管）が運営している。

2つ目は、同4条1項2号の東京国際空港および同4条1項5号によって政令で掲げられた国管理空港で、羽田空港（東京国際空港）を含めて19か所がある。

3つ目は、同4条1項5号によって政令で掲げられた空港のうち、法施行時に現に旧空港整備法4条2項の規定により地方公共団体が管理している特定地方管理空港が5か所ある。

地方管理空港は、国際航空輸送網又は国内航空輸送網を形成する上で重要な役割を果たす空港（旧第三種空港）で、同5条の規定によって拠点空港以外の地方公共団体が設置し管理する空港が54か所ある。

その他の空港は、同第2条に規定する空港のうち、拠点空港、地方管理空港および公共用ヘリポートを除く空港で11か所ある。

共用空港は、自衛隊の設置する飛行場もしくは在日米軍が使用している飛行場で、民間の空港の機能も果たす空港が8か所ある。

空港利用者数

前章で見たように、アメリカから始まったオープンスカイ政策により、LCCの台頭や三大アライアンスによるコードシェア便による新たなるHSSによる空港需要が産まれた。1990年代から東アジア地域では、HSSの国際拠点空港をめぐる競争が展開されている。

日本では、成田国際空港の整備が遅れたために、東京、大阪、名古屋の三大都市圏において新たなる国際空港が整備された。関西国際空港が1994年に、中部国際空港が2004年に開港し、首都圏では、東京国際空港羽田に国際定期便が再開された。図表70は2005年における日本の空港の利用者数

である。日本の空港においても LCC による新路線が整備され出した。

【図表 70　国内空港 2005 年 1 ～ 42 位ランキング】

	空港	合計(人)	国内線(人)	国際線(人)		空港	合計(人)	国内線(人)	国際線(人)
				2005年					
1	東京国際空港	66,089,277	64,526,328	1,562,949	22	高松空港	1,509,138	1,470,093	39,045
2	成田国際空港	31,735,733	1,115,133	30,620,600	23	高知空港	1,497,688	1,493,267	4,421
3	新千歳空港	18,392,635	17,643,529	749,106	24	秋田空港	1,329,676	1,285,410	44,266
4	福岡空港	18,191,678	15,980,757	2,210,921	25	富山空港	1,303,471	1,173,482	129,989
5	大阪国際空港	17,050,440	17,050,440	0	26	旭川空港	1,265,436	1,179,050	86,386
6	関西国際空港	16,353,549	5,399,867	10,953,682	27	青森空港	1,254,325	1,198,217	56,108
7	那覇空港	14,172,504	13,894,732	277,772	28	新潟空港	1,242,760	1,008,826	233,934
8	中部国際空港	11,652,700	6,548,973	5,103,727	29	宮古空港	1,119,120	1,119,120	0
9	鹿児島空港	5,712,889	5,633,055	79,834	30	北九州空港	1,107,896	1,081,473	26,423
10	仙台空港	3,336,314	3,004,654	331,660	31	女満別空港	1,088,195	1,076,360	11,835
11	広島空港	3,332,201	2,982,591	349,610	32	釧路空港	909,704	876,495	33,209
12	熊本空港	3,137,184	3,089,290	47,894	33	山口宇部空港	909,512	904,200	5,312
13	宮崎空港	3,081,863	3,011,669	70,194	34	徳島空港	884,467	882,710	1,757
14	松山空港	2,725,614	2,666,426	59,188	35	出雲空港	737,249	735,245	2,004
15	長崎空港	2,641,228	2,582,095	59,133	36	帯広空港	644,304	608,828	35,476
16	小松空港	2,541,446	2,448,766	92,680	37	奄美空港	602,124	602,124	0
17	神戸空港	2,380,829	2,380,786	43	38	名古屋空港	387,542	385,468	2,074
18	函館空港	2,019,140	1,895,288	123,852	39	静岡空港	364,405	249,112	115,293
19	石垣空港	1,957,361	1,955,411	1,950	40	佐賀空港	298,171	287,829	10,342
20	大分空港	1,875,381	1,842,565	32,816	41	山形空港	197,212	195,466	1,746
21	岡山空港	1,592,750	1,384,307	208,443	42	茨城空港	145,221	56,146	89,075

出典：国土交通省「暦年別空港管理状況調査」を基に書著者作成。

　世界経済のグローバル化とアジア太平洋地域の経済発展は旅客航空運輸産業の発展をもたらすことになった。首都圏では、成田国際空港の滑走路の増設と東京国際空港羽田の国際空港が再開されたことで、東アジア地域における北米航路のゲートウェイ空港の地位を確立した。

　2015 年の空港利用者数は、1 位が東京国際空港羽田で、利用者の合計は 75,254,942 人（国内線 62,500,489 人、国際線 12,754,453 人）であった。2 位は成田国際空港で、利用者の合計は 34,751,221 人（国内線 6,720,743 人、国際線 28,030,478 人）で、この順位は 2005 年以来変わっていない。

3位には、訪日外国人の増加で、関西空港が2005年の140％増加で6位から順位を上げている。4位には、国際線利用者が400万人、合計利用者が2000万人を突破した福岡空港である。福岡空港は1本の滑走路としては限界の乗入便数であり、那覇空港とともに2本目の滑走路の増設が実施されている。図表71は、2015年と2019年の日本の空港の利用者数である。

【図表71　国内空港2015年及び2019年の1～42位ランキング】

順位	2015				2019			
	空港	合計(人)	国内(人)	国際(人)	空港	合計(人)	国内(人)	国際(人)
1	東京国際空港	75,254,942	62,500,489	12,754,453	東京国際空港	89,920,293	68,382,811	18,537,482
2	成田国際空港	34,751,221	6,720,743	28,030,478	成田国際空港	42,413,928	7,642,779	34,771,149
3	関西国際空港	23,136,223	6,964,297	16,171,926	関西国際空港	31,807,820	6,981,770	24,826,050
4	福岡空港	20,968,463	16,611,454	4,357,009	福岡空港	24,679,617	18,281,552	6,398,065
5	新千歳空港	20,461,531	18,348,794	2,112,737	新千歳空港	24,599,263	20,732,744	3,866,519
6	那覇空港	18,336,030	16,007,888	2,328,142	那覇空港	21,761,828	18,080,998	3,680,830
7	大阪国際空港	14,541,936	14,541,634	302	大阪国際空港	16,504,209	16,504,209	0
8	中部国際空港	10,177,713	5,490,437	4,687,276	中部国際空港	13,460,149	6,676,623	6,783,526
9	鹿児島空港	5,220,710	5,066,570	154,140	鹿児島空港	6,075,210	5,663,539	411,671
10	熊本空港	3,241,633	3,179,783	61,850	仙台空港	3,855,387	3,462,344	393,043
11	仙台空港	3,152,569	2,979,698	172,871	熊本空港	3,492,188	3,321,313	170,875
12	長崎空港	3,110,686	3,036,471	74,215	宮崎空港	3,410,361	3,312,416	97,945
13	宮崎空港	2,976,563	2,881,698	94,865	神戸空港	3,362,720	3,362,671	49
14	松山空港	2,863,239	2,821,545	41,694	長崎空港	3,360,170	3,275,270	84,900
15	広島空港	2,669,210	2,394,910	274,300	広島空港	3,166,572	2,821,076	345,496
16	神戸空港	2,435,110	2,435,062	48	松山空港	3,152,419	3,054,961	97,458
17	石垣空港	2,308,065	2,291,524	16,541	新石垣空港	2,614,822	2,515,210	99,612
18	大分空港	1,849,834	1,789,456	60,378	高松空港	2,152,430	1,815,458	336,972
19	小松空港	1,844,117	1,651,204	192,913	大分空港	1,982,377	1,876,887	105,490
20	高松空港	1,809,820	1,660,624	149,196	小松空港	1,887,535	1,653,086	234,449
21	函館空港	1,772,052	1,567,196	204,856	宮古空港	1,803,490	1,803,490	0
22	岡山空港	1,391,723	1,249,297	142,426	函館空港	1,800,577	1,632,697	167,880
23	高知空港	1,350,930	1,350,057	873	北九州空港	1,753,525	1,450,606	302,919
24	宮古空港	1,335,697	1,333,200	2,497	高知空港	1,656,279	1,653,971	2,308
25	北九州空港	1,317,504	1,302,639	14,865	岡山空港	1,611,958	1,312,970	298,988
26	秋田空港	1,238,082	1,208,548	29,534	秋田空港	1,380,863	1,369,033	11,830
27	旭川空港	1,148,825	966,786	182,039	青森空港	1,250,569	1,178,205	72,364
28	徳島空港	1,000,121	999,985	136	徳島空港	1,218,852	1,210,359	8,493
29	青森空港	992,696	954,877	37,819	新潟空港	1,201,419	1,063,706	137,713
30	新潟空港	984,629	856,056	128,573	旭川空港	1,158,948	1,109,517	49,431
31	山口宇部空港	918,238	907,111	11,127	出雲空港	1,051,155	1,049,260	1,895

32	出雲空港	832,825	832,279	546	山口宇部空港	1,028,166	1,014,939	13,227
33	女満別空港	757,103	756,032	1,071	名古屋空港	942,753	942,062	691
34	富山空港	736,740	627,070	109,670	奄美空港	891,990	891,990	0
35	名古屋空港	735,114	734,277	837	釧路空港	866,970	866,198	772
36	静岡空港 1)	699,276	308,536	390,740	女満別空港	860,458	858,500	1,958
37	釧路空港	685,379	680,459	4,920	茨城空港	822,208	653,265	168,943
38	奄美空港	676,601	676,601	0	佐賀空港	813,082	610,419	202,663
39	美保(米子)空港	666,445	624,830	41,615	静岡空港	805,195	488,053	317,142
40	佐賀空港	630,494	540,478	90,016	帯広空港	701,557	700,943	614
41	帯広空港	605,703	604,519	1,184	美保(米子)空港	692,137	604,792	87,345
42	茨城空港 2)	538,227	392,020	146,207	富山空港	575,172	455,614	119,558

出典：国土交通省「暦年別空港管理状況調査」を基に書著者作成。

　図表 72 は、図表 70 と図表 71 のデータを基に、国内空港における 2005年と 2015 年の 10 年経過した旅客数の推移の比較と、2015 年と 2019 年の 4 年経過した旅客数の推移を比較したものである（静岡空港は 2009 年からの 6 年間、茨城空港は百里空港 2010 年からの 5 年間の比較となる）。

【図表 72　日本の空港利用者数の推移】

比較年	2015年	2005年	増減	増加(%)	2019年	2015年	増減	増加(%)
4空港	拠点国際空港・羽田、成田、関西、中部の空港利用者数合計(人)							
国内線	81,675,966	77,590,301	4,085,665	105	89,683,983	81,675,966	8,080,023	109
国際線	61,644,133	48,240,958	13,403,175	127	84,918,207	61,644,133	23,274,074	137
合計	143,320,099	125,831,259	17,488,840	113	177,602,190	143,320,099	34,282,091	123
4空港	国内拠点空港・大阪、福岡、新千歳、那覇の空港利用者数合計(人)							
国内線	65,509,770	64,569,458	940,312	101	73,599,503	65,509,770	8,089,733	112
国際線	8,798,190	3,237,799	5,560,391	271	13,945,414	8,798,190	5,147,224	158
合計	74,307,960	67,807,257	6,500,703	109	87,544,917	74,307,960	13,236,957	117
34空港	その他の空港の利用乗客数合計(人)							
国内線	51,661,398	52,745,824	△ 1,084,426	97	59,054,820	51,661,398	7,393,422	114
国際線	2,834,562	2,385,992	448,570	118	4,344,694	2,834,562	1,510,132	153
合計	54,495,960	55,131,816	△ 635,856	98	63,399,514	54,495,960	8,903,554	116
42空港	表2-2, 2-3の空港の利用者数合計(人)							
国内線	198,847,134	194,905,583	3,941,551	102	222,338,306	198,847,134	23,491,172	111
国際線	73,276,885	53,864,749	19,412,136	136	103,208,315	73,276,885	29931430	140
合計	272,074,019	248,770,332	23,303,687	109	325,546,621	272,074,019	53,472,602	119
2015年の静岡空港は2009年、茨城空港は百里空港2010年度のデータ								

出典：著者作成。

全体では国内線、国際線両方で増加しているが、空港によって違いがある。2015 年と 2019 年の 1 〜 8 位までの空港（図表 71）、すなわち図表 72 の拠点国際空港、国内拠点空港 8 空港の合計では、国内線、国際線両方が増加しているが、9 位以下の 34 空港の合計では 2005 年と 2015 年の 10 年間の旅客数の合計では、国内線が 1,084 千人の減少になっている。国際線は 409 千人が増加したが、合計で 635 千人の減少となっている（図表 72）。

この期間の地方空港の国内線旅客数の減少は、2000 年の改正航空法発効（図表 73）から LCC の参入により、拠点空港と結ぶ路線を持つ空港の旅客数は増加しているが、九州新幹線、北陸新幹線の開通に伴う競合区間の空港は減少したと考えられる。

【図表 73　日本の旅客航空運輸産業における規制緩和】

年	事項	内容
1972	運輸大臣通達 45・47体制	・幹線は、JAL、ANAが運航 ・ローカル線は、ANA、TDAが運航 ・ローカル線の複数社運航(D.T./T.T.)化の推奨
1986	航空企業運営体制在り方 答申	・国内線の競争の促進 ・複数運航化基準を明示 ・D.T.70万人、T.T.100万人(幹線D.T.30万人、T.T.70万人)
1992	複数社運航化基準緩和	・複数社運航化基準の緩和 ・D.T.40万人、T.T.70万人
1995	幅運賃制度導入	・基準運賃から下側25%の範囲で自由に運賃設定が可能 (標準原価に基づき路線ごとに基準運賃幅運賃を決定) ・事前購入割引導入
1996	複数社運航化基準緩和	・複数社運航化基準の緩和 ・D.T.20万人、T.T.35万人
1997	複数社運航化基準緩和	・複数社運航化の基準を廃止
1998	航空会社の新規参入	・新規航空会社参入(SKY、ADO) ・対抗運賃として特定便割引を導入
2000	航空法改正 羽田発着枠配分	・普通運賃の上限、下限を撤廃 ・特別運賃(割引)下限50%を撤廃 ・運賃を許可制から届出制に変更 ・航空会社を評価して新発着枠を配分
D.T.(ダブルトラック)は、同一区間の路線に、異なる航空会社2社が「競合して」運行すること。3社の場合はT.T.(トリプルトラック)となる。		

出典：著者作成。

3 オープンスカイ締結による「空の自由化」

日本におけるオープンスカイ政策

　1990 年代にアメリカから始まったオープンスカイ政策は、航空会社の路線や便数、乗入れ企業、運賃など、航空協定で決める規制 [243] を撤廃（自由化）し、自国の空港を広く開放することで、人・物の流通を促進した。しかしその一方で、自国の航空会社が厳しい国際競争に立ち向かうことにもなった。

　国際社会では、二国間で航空協定が締結されていないと、国際線の定期便を開設することはできない。

　多くの航空協定では、乗り入れる航空会社や便数などが細かく規定されているので、航空会社が、○○空港に路線を開設したいと考えていても、希望通りの路線を簡単には開設できない。こうした制限を設けたのは、外国の航空会社が自由に路線を開設してしまうと、自国の航空会社の経営に不利になる可能性があるためである。

　したがって、自国の航空会社を保護するために航空協定で制限をかけていたことになる。しかし、グローバル化の伸展により、航空会社にも国際競争が求められるようになり、オープンスカイ政策が推進されるようになった。アメリカでは、1978 年に航空規制緩和法が成立し、以後、主に国内市場において航空自由化を推進してきたが、1992 年にはオープンスカイ政策を発表し、多くの国・地域との間で路線・輸送力・航空企業の規制を撤廃するオープンスカイ協定を締結している。

　日本は、オープンスカイに慎重であったが、2007 年、成長戦略の 1 つとして「アジア・ゲートウェイ構想 [244]」を発表し、アジア・オープンスカイ（航空自由化）を最重要課題のトップに掲げ、首都圏空港以外の空港でオープンスカイを実施することにした。そして、2007 年、韓国、タイとオープンスカイ協定を締結し、その後、2010 年 10 月に日米間でオープンスカイが締結され完全自由化が実施された。また、同年 12 月に韓国と、2011 年に台湾、香港、マカオと協定を締結。2012 年になるとオープンスカイの流れは加速し、1 月にイギリス、7 月にフランス、8 月に中国など次々にオープンスカ

イ協定し、2020年までに33か国・地域とオープンスカイを締結している[245]。

　現在は、発着枠が拡大したことから成田空港もオープンスカイの対象空港となっている[246]。オープンスカイも2国間の協定であるが、日本は、ASEAN経済共同体の発足に伴い、2016年までにASEAN10か国との航空自由化における地域的な協定を締結している[247]。

【図表74　ASEAN10か国との航空自由化における地域的な協定】

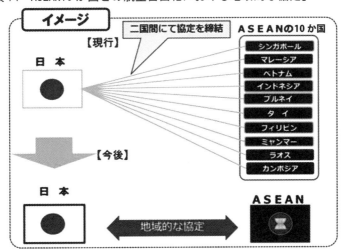

出典：国土交通省 H.P.「ASEANとの地域的な航空協定について」図より転載。

日本におけるオープンスカイの課題

　アメリカからのオープンスカイへの参入要求に対して日本は、既存の航空権益の内容がアメリカ側に有利であることを理由にオープンスカイの受入れには慎重であった。2009年時点において、成田国際空港ではアメリカ系企業が28％の発着枠シェアを持っており、その権益は著しくアメリカ側に有利になっていたからである。

　しかし、2009年12月に日米両政府は、その格差解消のため、アメリカ側が持つ成田の発着権シェアを低下させることを条件としてオープンスカイに関する合意に達した。

　決定された内容は次のとおりである。

① 乗入れ地点に関して制限なく自由に路線を設定することができる。

② 便数の制限は行わない（ただし、別途空港の発着枠を確保することが必要）。

③ 参入企業数制限の撤廃。

④ コードシェア等の航空企業間協力を行うことができる。

⑤ 運賃については企業の商業的判断を最大限に尊重（ただし、差別的運賃等を除く）。

⑥ 航空企業間の包括的業務提携が可能となった（ただし、独占禁止法適用除外の認可が必要）。

これによって実現される利点とは、次の内容が考えられる。

(1) 乗入れ地点や便数の制限がなく、第3国への輸送を含めた路線ネットワークや輸送力を充実させることができる。

(2) 参入航空企業に関する制限が撤廃されたため、従来の「運輸権、輸送力に制限を設けない既得権を持つ先発企業」と「制限が存在した後発企業」の区別がなくなった。このことにより、航空企業間の競争促進に伴う運賃の低下やサービスの向上が期待される。

(3) 航空企業にとって増収や費用削減効果が期待できる。例えば、同じ路線を2社の航空企業が個別に運航していた場合、機材を大型化した上で1社に運航を集約させ2社の便名をそれぞれつける（コードシェアという）ことで、座席当たりの運航費用が削減可能となる。また、個別の運航でも、それぞれの航空便の運航時刻に違いを持たせて2社の便名をつけることにより、スケジュールの多様化と増収効果が期待できる。

(4) 世界の主要航空企業はグローバル・アライアンスを組織しており、そのグループ化が伸展中である。同一航空アライアンス内企業間での包括的業務提携はマーケティングや販売協力も含まれ、売上向上、市場シェアの増大、費用削減などの効果は効率的かつ大規模なものとなる。

日本におけるオープンスカイ実施後の課題は、2つ考えられる。

1つは、航空ネットワークの強化による旅客航空運輸産業の更なる成長である。2019年の訪日外国人旅行者数は、3,188万人（対前年比2.2％増）と前年に続き3,000万人を突破し、過去最高を記録した。訪日外国人旅行

者数の内訳は、アジア全体で2,637万人（全体の82.7%）となった。また、中国では950万人を、欧米豪では400万人を、東南アジアでは350万人をそれぞれ初めて突破した[248]。このインバウンドビジネスの成長は、首都圏空港のみで賄えるものでは当然なく、地方空港を含めた国内航空のネットワーク充実が課題となる。

　図表75は、国際交流人口拡大における日本の空港の状況と課題を示したものである。

【図表75　国内航空ネットワークの充実】

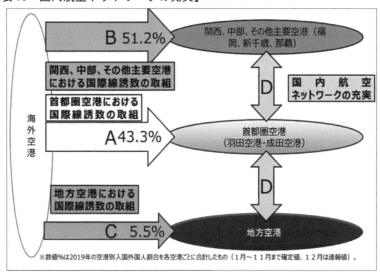

出典：国土交通省航空局「航空を取り巻く状況と今後の課題」令和2年2月、p6図から転載。
https://www.mlit.go.jp/policy/shingikai/content/001330402.pdf（2021年3月1日閲覧）。

　東アジア、東南アジア地域からの交流人口は、首都圏空港以外の国際拠点空港である関西国際空港、中部国際空港、福岡、新千歳、那覇各空港の増加を示している。また、その他の地方空港にも国際線誘致の取組みが行われている。課題は、首都圏空港と関西国際空港などの国際拠点空港、そして地方空港との国内航空の効率的なネットワークの充実である。

　図表76は、2012、2018、2019年における入国外国人を空港別に示しているが、地方空港のシェアは、インバウンドの拡大を背景に5%台を維持している。

【図表76　入国外国人数　空港別割合（2012年・2018年・2019年）】

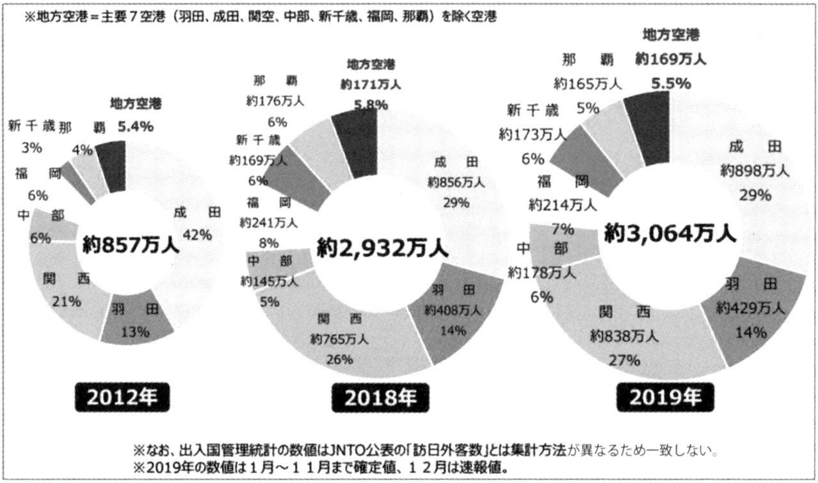

※地方空港＝主要7空港（羽田、成田、関空、中部、新千歳、福岡、那覇）を除く空港

2012年

地方空港 5.4%
那覇 4%
新千歳 3%
福岡 6%
中部 6%
関西 21%
羽田 13%
成田 42%
約857万人

2018年

地方空港 5.8%
那覇 約176万人 6%
新千歳 約169万人 6%
福岡 約241万人 8%
中部 約145万人 5%
関西 約765万人 26%
羽田 約408万人 14%
成田 約856万人 29%
約2,932万人

2019年

地方空港 約169万人 5.5%
那覇 約165万人 5%
新千歳 約173万人 6%
福岡 約214万人 7%
中部 約178万人 6%
関西 約838万人 27%
羽田 約429万人 14%
成田 約898万人 29%
約3,064万人

※なお、出入国管理統計の数値はJNTO公表の「訪日外客数」とは集計方法が異なるため一致しない。
※2019年の数値は1月～11月まで確定値、12月は速報値。

出典：国土交通省航空局「航空を取り巻く状況と今後の課題」令和2年2月、p26 図から転載。
https://www.mlit.go.jp/policy/shingikai/content/001330402.pdf（2021年3月1日閲覧）。

　2つ目は、首都圏空港の発着権配分である。日本の国際航空需要は、専ら成田・羽田に集中している。しかし、これまで空港容量不足から、需要に対応ができない状態が続いている。2009年の成田国際空港のB滑走路延伸に続き、2010年には羽田空港の新滑走路と新国際線ターミナル運用開始となり、首都圏空港の発着容量は飛躍的に増大した。しかし、日本政府は、その発着権に関し、運航上の安全面などの理由から徐々に増加させる方針を示した。

　こうした状況下、成田国際空港、東京国際空港羽田の発着権配分において、各航空企業や航空アライアンスの事業展開において、質・量両面での検討が課題となった。国土交通省では、東京国際空港羽田において、2020年夏ダイヤからの国際線増便に当たっては、国際競争力の強化や訪日需要への対応の観点から各国・地域に発着枠の配分を行っている。

　2020年は、COVID-19パンデミックにより開催が延期された東京オリパラリンピックの年であったが、図表77、図表78からわかるように、アメリカからの増便枠が多いことがわかる。2000年以降では、成田国際空港が東アジア地域における北米航路のゲートウェイ空港であったが、東京国際空港羽田が更にその機能を補完した形になっている。

【図表 77　2020 年夏ダイヤからの羽田空港国際線ネットワーク（昼間時間帯）】

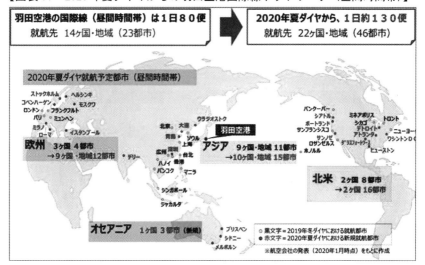

出典：国土交通省航空局「航空を取り巻く状況と今後の課題」令和 2 年 2 月、p14 図から転載。
https://www.mlit.go.jp/policy/shingikai/content/001330402.pdf (2021 年 3 月 1 日閲覧)。

【図表 78　2020 年夏ダイヤにおける羽田増便一覧】

国名	運航企業	就航地点	国名	運航企業	就航地点
米国	ANA（6便）	サンフランシスコ	米国	ユナイテッド航空（4便）	ニューアーク
		ロサンゼルス			シカゴ
		サンノゼ			ワシントン
		シアトル			ロサンゼルス
		ワシントン		アメリカン航空（2便）	ダラス・フォートワース
		ヒューストン			ロサンゼルス
	JAL（6便）	ニューヨーク		デルタ航空（5便）	シアトル
		シカゴ			デトロイト
		ダラス・フォートワース			アトランタ
		ロサンゼルス			ポートランド
		ホノルル			ホノルル
		ホノルル		ハワイアン航空（1便）	ホノルル
中国	ANA（2便）	深圳	中国	中国国際航空	北京（首都）
		青島		中国東方航空	北京（大興）
	JAL（2便）	大連		中国南方航空	北京（大興）
		上海（浦東）		上海航空	上海（浦東）
ロシア	ANA	モスクワ	ロシア	アエロフロート・ロシア航空	モスクワ
	JAL	モスクワ		S7航空	ウラジオストック
豪州	ANA	シドニー	豪州	カンタス航空	メルボルン
	JAL	シドニー		バージン・オーストラリア	ブリスベン
インド	ANA	デリー	インド	ヴィスタラ	デリー
	JAL	デリー			
イタリア	ANA	ミラノ	イタリア	アリタリア-イタリア航空	ローマ
トルコ	ANA	イスタンブール	トルコ	トルコ航空	イスタンブール
フィンランド	JAL	ヘルシンキ	フィンランド	フィンエア	ヘルシンキ
スカンジナビア	ANA	ストックホルム	スカンジナビア	スカンジナビア航空	コペンハーゲン

出典：国土交通省航空局「航空を取り巻く状況と今後の課題」令和 2 年 2 月、p15 表から転載。
https://www.mlit.go.jp/policy/shingikai/content/001330402.pdf (2021 年 3 月 1 日閲覧)。

以上のことから、日本におけるオープンスカイの課題から見えてきた今後の日本の航空の全体像を次に示す。

・空港経営の合理化（コンセッションの推進）
・首都圏空港をはじめとする各空港の機能強化
・オープンスカイの合意国の拡大
・LCC の振興
・地方航空ネットワークの維持
・安全・安心の確保
・管制処理能力の向上

　本章では、空港経営の合理化として、日本の空港民営化について見ていく。

4　空港経営の合理化

民活空港運営法、「整備」から「運営」へと空港政策のシフト

　1980 年代にイギリスで始まった空港の民営化や商業化が世界の空港の主流となっているのに対し、日本では空港の民営化は、関西国際空港、成田国際空港、中部国際空港の民間会社管理の 3 空港についてさえ民営化とは形ばかりのものであり、世界の主要な民営化空港に比べ、また、公的所有の諸外国の空港に比べても、商業主義の感覚は乏しいものであった。

　その原因としては、2 つのことが考えられる。

　1 つは、諸外国の空港経営が公営民営を問わず、非航空系と航空系を同一組織が運営するのに対し、日本の空港経営の特徴は（上記 3 空港を除いて）、商業施設であるターミナルビルについては、民間事業者が整備運営を行ってきたことである。

　このため、非航空系のターミナルビル会社は、そのほとんどが経営の努力を行わなくとも黒字を計上している。そのため、航空系との同一運営に消極的であることが、課題となっていた。

　日本の空港経営のもう 1 つの特徴は、空港整備についての全国的なプール制度の存在である。ヨーロッパの空港が公営民営を問わず、空港や属する空港グループごとの独立採算になっているのに対し、日本の空港整備は（3 空

港を除いて)、航空利用者全体が支払った空港使用料の一部や航空燃料税・航行援助施設使用料などの収入は、いったん国の社会資本整備特別会計空港整備勘定(旧空港整備特別会計)に計上され、そこから各空港に再配分される仕組みになっている。このことは、社会資本整備特別会計空港整備勘定により、利用者の多い空港から少ない空港へ内部補助的に再配分が行われており、利用者間の負担の不公平感と費用を負担しない地方自治体が効率の悪い空港整備を進めてしまう原因となってきた。

　このような空港の制度は、次の課題を引き起こす。

・地元が非効率な空港整備を進めてしまう原因となり、地方空港などで必要以上の投資が行われる一方で、国際拠点空港への必要な投資が遅れてしまう

・それぞれの空港に財政や経営の自由度が少ないため、空港は利用者を増やす努力もコストを下げるモチベーションも働かず、経営効率は低下する

・そのため空港経営に関する専門家は育成されない

　日本の国の空港経営では、以上のような管理者(国や自治体等)が運営する滑走路等の航空系事業と第三セクター等が運営するターミナルビル等の非航空系事業で運営主体が分離していることや、特別会計のプール管理の下で全国一律の着陸料等となっている等の課題が存在していた。

　こうした背景の中、2013年に開催された183回国会において、地域の実情を踏まえつつ民間の能力を活用した効率的な空港運営を図るため、「民間の能力を活用した国管理空港等の運営等に関する法律(平成25年法律第67号。以下「民活空港運営法」)」が成立し、同年7月25日から施行された。

　この民活空港運営法は、国管理空港等についてPFI法[249]に基づく公共施設等運営権を設定して運営等が行われる場合における関係法律の特例を設ける等の所要の措置を講じたものである。これにより、空港における事業について、空港の管理者である国が土地等の所有権を留保しつつ、運営権を設定することにより、民間事業者が航空系と非航空系事業を一体経営すること(コンセッション)が可能となった。

　民活空港運営法に基づき、滑走路等の航空系事業とターミナルビル等の非航空系事業について、民間による一体経営を実現し、着陸料等の柔軟な設定

等を通じた航空ネットワークの充実を図ることが目的とされた。

　民活空港運営法の制度化の背景には、人口減少が進む中、地域の玄関口たる空港を活性化して交流人口の拡大による地域活性化を目的とするものであった。例えば、国管理の空港では、滑走路やターミナルビルなどの空港核施設の運営主体がバラバラなのに対し、民活空港運営法では、経営主体を一本化できる。そのメリットは、物販・飲食等の収入を原資とした着陸料の引下げなどによる就航便数・路線の拡大などの空港活性化に向けた取組みが可能になると考えられる。

　また、経営主体一本化は、国や地方自治体が管理する空港運営権を民間に売却できるようになったことで可能となる[250]。これは、空港施設の更新における国の財源不足対策と民間投資を狙ったものといえる。

コンセッション方式

　空港民営化の枠組みは、滑走路などの所有権を国に残し、運営権を民間会社に与えるコンセッション方式を取る。コンセッション方式とは、施設の所有権を移転せず、民間事業者にインフラの事業運営に関する権利を長期間にわたって付与する方式である。2011年5月の改正PFI法[251]では「公共施設等運営権」として規定された。

　従来、国管理の空港は、着陸料など使用料を国がほぼ一律に決め、滑走路は国、空港ビルは地元自治体出資の第3セクター会社が所有してきた。しかし、民営化後は民間会社がこれらを一体で運営し、着陸料も自由に決めることができるようになった。

　例えば、空港ビルの物販収入などを使い、着陸料を下げるなど様々な工夫が可能になり、就航路線の拡大などが期待できる。施設の初期投資が必要ないことも民間が参入しやすいという利点がある。

　しかし、地方空港の収支状況は、決して明るいものではない。2014年9月に発表された国管理の27空港の収支推計結果では、滑走路など空港本体の事業と空港ビル、駐車場といった関連事業を合わせた2014年度の営業損益で、黒字だったのは新千歳、羽田、小松、広島、松山の5空港だけであった（図表79参照）。

【図表 79　2014 年度「航空系事業＋非航空系事業」の収支（損益）】

国名	運航企業	就航地点	国名	運航企業	就航地点
米国	ANA（6便）	サンフランシスコ	米国	ユナイテッド航空（4便）	ニューアーク
		ロサンゼルス			シカゴ
		サンノゼ			ワシントン
		シアトル			ロサンゼルス
		ワシントン		アメリカン航空（2便）	ダラス・フォートワース
		ヒューストン			ロサンゼルス
	JAL（6便）	ニューヨーク		デルタ航空（5便）	シアトル
		シカゴ			デトロイト
		ダラス・フォートワース			アトランタ
		ロサンゼルス			ポートランド
		ホノルル			ホノルル
		ホノルル		ハワイアン航空（1便）	ホノルル
中国	ANA（2便）	深圳	中国	中国国際航空	北京（首都）
		青島		中国東方航空	北京（大興）
	JAL（2便）	大連		中国南方航空	北京（大興）
		上海（浦東）		上海航空	上海（浦東）
ロシア	ANA	モスクワ	ロシア	アエロフロート・ロシア航空	モスクワ
	JAL	モスクワ		S7航空	ウラジオストック
豪州	ANA	シドニー	豪州	カンタス航空	メルボルン
	JAL	シドニー		バージン・オーストラリア	ブリスベン
インド	ANA	デリー	インド	ヴィスタラ	デリー
	JAL	デリー			
イタリア	ANA	ミラノ	イタリア	アリタリア・イタリア航空	ローマ
トルコ	ANA	イスタンブール	トルコ	トルコ航空	イスタンブール
フィンランド	JAL	ヘルシンキ	フィンランド	フィンエア	ヘルシンキ
スカンジナビア	ANA	ストックホルム	スカンジナビア	スカンジナビア航空	コペンハーゲン

出典：国土交通省（2014）「空港別収支の試算結果について」を基に著者作成。
https://www.mlit.go.jp/common/001121336.pdf（2021 年 3 月 1 日閲覧）。

　外国人観光客の増加による増便で着陸料が伸びたほか、物販も好調だったが、老朽化や耐震対策、滑走路増設に向けた調査の費用がかさみ、福岡、熊本、宮崎、鹿児島の 4 空港が前年度の黒字から赤字に転落している。

　国や自治体が管理する空港の運営を民間企業に委託する動きが加速している。日本の空港は、滑走路、空港ビル、駐車場を国や第三セクターなどがバラバラに所有・運営している例が多い。民営化では、国が滑走路などの施設を所有したまま運営権を売却して、民間企業が一体的に経営する。30 年間などの期間を設けた運営権を入札で民間に売却する方式が主流である。管制業務は引き続き国が担い、民間企業が滑走路とターミナルビルを一体経営する。ターミナルビル運営の利益で着陸料を値下げするなど、柔軟な経営戦略で路線や利用者を拡大し空港の活性化を狙うものである。

国内空港の民営化

　2000 年までの国内の空港配置と 2010 年の東京国際空港羽田の再拡張が終わったことで、日本の空港政策の中心は、整備から運営へ移行したといえる。空港業務についても、施設の管理と安全運航の確保に代わって、効率的

な施設利用の促進が重視されるようになった。航空会社が民間会社である
以上、効率性を追求するのはいうまでもないが、空港経営合理化の追求は、
21世紀の旅客航空運輸産業における課題といえる。

図表80は、2020年までに民営化が実施された国内空港の概要である。

【図表80　日本の国内空港の民営化】

空港名	概要	民営化開始時期	運営期間
コウノトリ但馬空港	2015年1月1日から、但馬空港ターミナル株式会社によるコウノトリ但馬空港の運営を開始。	2015年1月	
仙台空港	2015年に東急前田豊通グループは特定目的会社である仙台国際空港株式会社を設立し、2016年に仙台空港ビル・仙台エアカーゴターミナル・仙台エアポートサービスの3社を吸収合併した。	2016年7月	最長65年
関西国際空港・伊丹空港	2015年にオリックスとフランスのヴァンシ・エアポート、パナソニック、阪急阪神ホールディングス、南海電気鉄道等の関西の企業30社で構成される「オリックス・ヴァンシエアポートコンソーシアム」が関西国際空港及び大阪国際空港特定空港運営事業等の交渉権者に選定され、関西エアポート株式会社が設立された。そして、2016年に新関西国際空港株式会社から運営権が移管された。	2016年4月	44年
神戸空港	2018年から関西エアポートの100%出資会社である関西エアポート神戸株式会社が、神戸空港（KOBE）の運営を神戸市から引き継ぎ、事業を開始した。	2018年4月	
高松空港	三菱地所などが設立したSPC（特別目的会社）の高松空港会社が運営する。	2018年4月	最長55年
鳥取砂丘コナン空港	2018年7月から、県や鳥取市、全日空、日ノ丸自動車などが出資する鳥取空港ビル株式会社による空港運営が実施される。	2018年7月	
みやこ下地島空港	三菱地所、国場組、双日などが設立した下地島エアポートマネジメントが運営会社となった。	2019年3月	
富士山静岡空港	三菱地所・東急電鉄グループが主体となった富士山静岡空港株式会社に運営が移行。	2019年4月	最長45年
福岡空港	西日本鉄道（株）、三菱商事（株）、九州電力（株）、シンガポール空港を運営するチャンギ・エアポート・グループの5社で構成された福岡エアポートHDグループが主体となる福岡国際空港株式会社（FIAC）が運営会社となった。	2019年4月	30年
南紀白浜空港	経営共創基盤、みちのりホールディングス、白浜館からなるコンソーシアム株式会社南紀白浜エアポートが運営会社となった。	2019年4月	
阿蘇くまもと空港	三井不動産、九州電力、地元企業の九州産業交通ホールディングスが加わる11社の企業連合である熊本国際空港株式会社が運営会社となった。	2020年4月	33年
新千歳空港	2019年に北海道空港会社と三菱地所、東京急行電鉄（東急）、日本政策投資銀行（DBJ）、北洋銀行、北海道銀行、北海道電力、サンケイビル、日本航空、ANAホールディングス、三井不動産、三菱商事、岩田地崎建設、道新サービスセンター、電通、大成コンセッション、損害保険ジャパン日本興亜の17社が出資する北海道エアポートが、国土交通省や旭川市、帯広市、北海道との間で、「北海道内7空港特定運営事業等」の実施契約をそれぞれ締結し、2020年から運営7空港のターミナル運営を移管、運営会社3社を子会社化したことで、北海道エアポートグループとして7つの空港の運営会社となった。	2020年6月	
旭川空港		2020年10月	
稚内空港			
函館空港		2021年3月	
釧路空港			
帯広空港			
女満別空港			
広島空港	三井不動産（東京）などの大手と、広島銀行（広島市口区）や中国電力（同）など地場企業の計16社が出資した広島国際空港が運営会社となった。	2020年12月	30年

出典：著者作成。

2015年にコウノトリ但馬空港が、地方自治体が管理する空港で初の民営
化が実施された。そして、続く2016年には、国が管理する空港で、仙台空
港が初の民営化された。また、2016年には関西国際空港と大阪国際空港伊

丹を運営する関西エアポート株式会社が設立され、新関西国際空港株式会社から運営権が移管された。2018年には神戸空港も傘下に加わった。

　以後、2020年までに18の空港の民営化が実施されている。これらの民営化については、基本的な事業移管の骨格は変わらないが、事業のあり方については、それぞれの空港や地元の事情からの違いもある。違いの要素としては次の要素があげられる。

・地方自治体の出資・関与

・空港会社を含む地元企業の出資・経営参画

・航空会社の出資・関与

　仙台空港の民営化では、地方自治体や航空会社の出資は結果的に行われなかった。関西の3空港の経営統合では、関西国際空港を主軸に、各空港の特性を活かした最適活用「関西地域における1つの空港システム」構築が目指されている。北海道では、北海道エアポートが、国土交通省や旭川市、帯広市、北海道との間で、「北海道内7空港特定運営事業等」の実施契約をそれぞれ締結し、2020年から運営7空港のターミナル運営を移管、運営会社8社を子会社化したことで、北海道エアポートグループとして7つの空港の運営会社となった。

　続いて次の民営化の特徴を見ていく。

・会社管理空港として関西国際空港・大阪国際空港伊丹・神戸空港の民営化

・国管理空港として仙台空港、高松空港の民営化

・地域空港を統合した民営化として北海道7空港

・地方管理空港として富士山静岡空港の民営化

⑴　関西国際空港、大阪国際空港伊丹、神戸空港の民営化

　オリックス株式会社やフランスの空港運営会社ヴァンシ・エアポート[ヴァンシ・エアポート[252]などが出資する関西エアポート株式会社による関西国際空港、大阪国際空港伊丹の民営化は2016年4月1日から始まった。関西エアポート株式会社[253]は、関西国際空港、大阪国際空港伊丹の両空港への投資を、44年間の運営期間に計1兆規模を投じる計画をしている[254]。

　このような巨額な投資がなされるのは、オリックスとヴァンシ・エアポートが、国際空港経営において両社の経営ノウハウを活用することで、路線を

拡充することと空港施設を拡充することで、商業収入を伸ばす「稼ぐ空港」を目指していると考えることができる。

　空港の路線拡充については、航空機の着陸料収入などがメインとなる航空系事業の柱となるものであるが、世界で 20 以上の空港を運営するヴァンシ・エアーポートが培った 150 以上の航空会社とのコネクションを活用することができる。そして、これまで基本的に一律だった着陸料を柔軟に設定することは、新規路線の拡充につながる。また、LCC 向けの第 4 ターミナルの整備も進められた。

　商業収入を伸ばすことについては、商業施設など非航空系事業の改良が行われることになった。高級ブランドや関西独自の土産物を扱う店舗を免税店に誘致すること、乗継ぎ客の利用を想定した簡易宿泊施設の整備が行われた[255]。

　関西エアポートの事業報告では、2016 年冬期での国際線便数が前年を上回り過去最高となったこと。国内線は 2016 年 9 月から春秋航空日本、2017 年 2 月からバニラ・エアが運航を開始し、同年 3 月からは函館線と奄美大島線の開設により航空ネットワークの拡大が進んだことが報告されている[256]。

⑵　仙台空港の民営化

　仙台空港の公募には、航空会社の ANA が大手デベロッパーやゼネコン等とコンソーシアムを組んで応募したが、最終的には選定されなかった。東急前田豊通グループの事業運営案が最も高く評価された結果であることは間違いないが、複数の国内航空会社が乗り入れる空港において特定の航空会社のみが経営参画することから派生する、将来的なコンフリクトを回避する思惑も働いたと考えることもできる。

　2015 年に東急前田豊通グループは、特定目的会社である仙台国際空港株式会社を設立し、2016 年 2 月に空港関連 2 企業を完全子会社化して事業を開始した。そして 4 月に仙台エアポートサービスを含めた空港関連 3 企業を吸収合併し、7 月に滑走路維持管理や着陸料収受等の事業を民営化ことにより、国管理空港として、全国で初めて民営化された空港となった。

　仙台空港は、民営化以降、国内線に加えて国際便が増え、東北地方の拠点

空港になりつつある。仙台国際空港株式会社は、新規事業としてエアラインの誘致に力を入れており、就航の可能性が高いエアラインをリサーチし、東北のニーズを考えて戦略的に活動している。ターゲットとしては、中部以西の日本人利用者、さらに客数の伸び代が大きい外国人旅行者を想定した。

その結果、民営化初年度の 2016 年度は、当初計画の旅客数 321 万人には 5 万人ほど届かなかったが、民営化前と比べて微増だったものの、国際旅客数は計画の 15 万人を大幅に上回る 22 万 5,600 人に達し、貨物も計画の 0.6 万トンを上回る 0.7 万トンとなった[257]。これは、2016 年に台北路線にタイガーエア台湾が新規就航し、翌 2017 年にスカイマークの就航、同年 9 月には LCC のピーチ・アビエーションが仙台空港を拠点化した成果である。また、2016 年よりソウルへのアシアナ航空は週 4 便から 7 便に増えている。

仙台空港からは、東北新幹線の仙台駅まで JR 直結のアクセス線が 2008 年に開通したことにより、新幹線へのアクセスが向上していた。東北地方の各県庁所在地には新幹線でアクセスできるために、仙台空港からの東北の観光地への乗継ぎが可能である。さらに、仙台駅からの高速バス便の充実も進んでいた。このため新幹線開業後は、観光地と空港の直通バス便が減っていた。

しかし、仙台の市街地に出るよりも、旅の目的地に直接行きたいという旅行者のニーズも多くあったことから、2016 年から 6 路線が、具体的には、福島・会津若松へは 2016 年 11 月、松島、平泉へは 2017 年 1 月、酒田、山形へは 2017 年 4 月、秋保温泉へは 2017 年 9 月からスタートしている。

こうした動きも空港民営化によって、バス会社と商談しやすい体制になったことが影響している。

⑶　高松空港の民営化

高松空港の民営化は、事業者として三菱地所などが設立した特別目的会社[258]（SPC ＝ Special Purpose Company）の高松空港会社が 2017 年 9 月に設立され、11 月に事業者と香川県と高松市による地元自治体が出資する新会社を設立し、2017 年 12 月に子会社の高松空港ビル株式会社が、空港ビル事業を開始した。

空港運営事業開始は 2018 年 4 月である。国が管理する空港の民営化では、仙台空港の民営化に次いで 2 例目であった。

民営化された高松空港の成長ステップを図表81に示す。

【図表81　民営化された高松空港の成長ステップ】

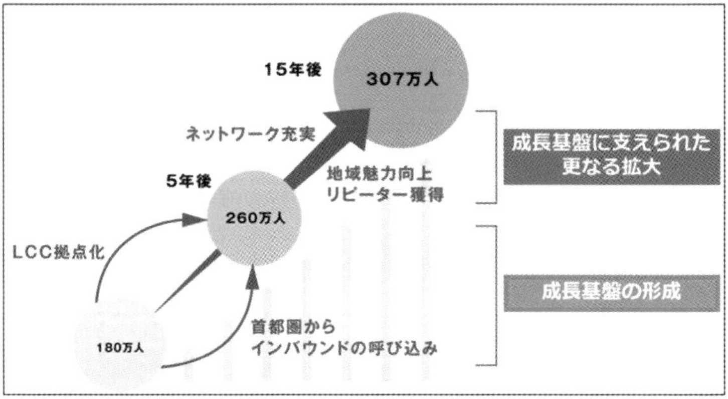

出典：高松空港株式会社（2018）「高松空港 マスタープラン 2018 年 4 月 1 日」図 13 より転載。
https://www.mlit.go.jp/common/001271622.pdf（2021 年 3 月 1 日閲覧）。

　民営化後の高松空港では、マスタープランに示された成長ステップを実現するために、香川県と「高松空港特定運営事業等パートナーシップ協定」を締結して、2018 年 6 月から「高松空港エアライン誘致等協議会」を開催している。パートナーシップ協定の目的は、次のとおり、3 点である。
①　「香川高松空港」から「四国瀬戸内高松空港」へ
②　「ハブ＆ダイレクト」な空港へ
③　「NEO」国際観光都市へ
　①では、中四国で最も利用される空港を目指すために、交流人口の拡大を図ることが目的とされている。②では、ビジネス・観光等につながる高松空港の拠点性を一層高めるために、空港から市中心部や観光地へ直接つながる交通アクセスの充実が目的とされている。③では、地域をあげて魅力を創出し一層の国際交流を進めるために、新たなる観光コンテンツを開発し、積極的に発信することが目的とされている。
　成長基盤の形成としては、LCC の拠点化としてジェットスター・ジャパンが成田国際空港便を 2018 年 4 月に開設し、首都圏からのインバウンドの呼込みが行れている。また、2018 年 7 月にはエアソウルが仁川国際空港との定期便を週 7 便（毎日運航）に増便され、2019 年には、2013 年からチャ

イナエアラインが運航する桃園国際空港との定期便が増便された。

⑷　北海道 7 空港の民営化

【図表 82　北海道エアポート株式会社により民営化された 7 空港と
　　　　　北海道内 13 空港の国内線の 2017 年実績（北海道庁調べ）】

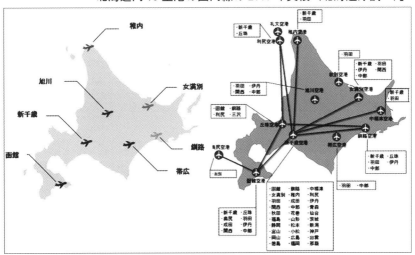

出典：北海道庁（2018）「北海道航空ネットワークビジョン 2018 年 3 月」p 11 図より著者作成。
http://www.pref.hokkaido.lg.jp/ss/kkk/networkvision.pdf.

　北海道では、2008 年に「北海道交通ネットワーク総合ビジョン」を策定
し、総合的な交通ネットワークの形成に向けた取組みを進めてきたが、ビ
ジョン策定後、北海道新幹線の札幌延伸決定、新たな国際航空路線の開設や
LCC の就航など交通を取り巻く環境が変化してきた。このため 2013 年 5
月に地元の産学官が連携した北海道運輸交通審議会が立ち上げられ、道内 6
連携地域において交通課題に関する意見交換会などが開催され、2014 年に
ビジョンが改訂された。
　旅客航空運輸関係では、2013 年 7 月に施行された民活空港運営法を活用
し、全国でも前例のない管理者が異なる複数空港の一括民間委託を通じて、
北海道の航空ネットワークの充実強化や道内空港の機能強化を図るととも
に、広域観光の振興や地域経済の活性化につなげていく取組みが追加された。
具体的には、国管理空港の新千歳、稚内、函館、釧路と特定地方管理空港の
旭川、帯広、地方管理空港の女満別の 7 つの空港を一括で民営化すること

により、北海道全体での航空ネットワークの活性化が目指されている。

　一括民営化のメリットは、単体での空港民営化では、地域内空港間の競合による経営悪化を招く可能性があるが、複数の空港を一括民営化することで役割分担が期待できる。北海道知事はこの民営化に伴い残りの地方管理空港の利尻、礼文、奥尻、中標津、紋別、共用空港の丘珠を含めた道内13空港すべてを連携させた「大北海道空港」構想を推進する方針も示している[259]。

　民営化7空港の一括運営委託先は、2018年5月に募集が開始され、2019年7月に北海道空港株式会社[260](HKK)を中心とした「北海道エアポートグループ」が優先交渉権者に決定された。北海道エアポート株式会社は、空港管理者の国土交通省・旭川市・帯広市・北海道と基本協定を締結し、同年8月に設立された。委託期間は30年間で、7空港で約4290億円に上る設備投資が計画されている[261]。

　北海道エアポートのビジョンでは、東アジアからの観光需要をメインターゲットとして10年間で道内の航空ネットワークを形成することが目指されている。特に新千歳を除く地方6空港について、2017年度比約2倍の1048万人、43路線を62路線にすることが目標にされた。これは、新千歳を介さない離発着、国外旅客対応の強化が図られている。

⑸　静岡空港の民営化

【図表83　富士山静岡空港から東京国際空港羽田、中部国際空港へのアクセス時間】

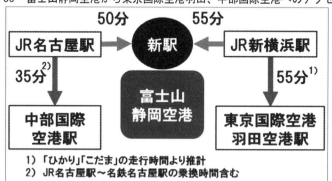

出典：sky-budget（2019年4月1日）「本日19年4月1日より静岡空港が民営化 三菱地所・東急電鉄グループによる運営開始」図を基に著者作成。https://sky-budget.com/（2021年3月1日閲覧）。

　2009年6月に開港した静岡空港は、県が富士山静岡空港株式会社を指定

管理者として運営されてきた。同社社長は県 OB が務めるなど「官」の色が強かった。

　静岡県は、2016 年 5 月、2019 年度に予定した静岡空港運営の民営化に向けた「基本スキーム案」を公表した[262]。事業期間は当初 20 年間で、公募で選んだ民間事業者が株主となる SPC に運営権を設定する形を想定し、行政による管理から民間による経営に転換することで、空港活性化と県負担の軽減が目指された。

　静岡空港は、2019 年 4 月に富士山静岡空港として民営化され、三菱地所・東急電鉄グループが主体となった富士山静岡空港株式会社に運営が移行された。

　静岡空港では、東海道新幹線が空港敷地直下を走行していることから、静岡県が静岡空港駅の新設を JR 東海に要望している。現状では実現の可能性はないが、今後、リニア新幹線の開通などの影響により、新幹線新駅が設置されるとなると、首都圏第三空港の地位を得ることも考えられる。

5　福岡空港民営化の事例考察

福岡空港の過密化

　福岡空港は国管理空港であったが、2019 年 4 月に民営化された。福岡市街地から 5km 以内という至近距離に位置しており、アクセスのよい空港として知られる。

　福岡市地下鉄空港線が国内線ターミナル直下に乗り入れ、市街中心地の 1 つである博多駅まで約 5 分、天神駅まで約 11 分で結んでいるほか、福岡都市高速のランプも至近に所在し、九州自動車道太宰府インターチェンジへの所要時間は 15 分から 20 分程度となっている。

　そのため、中国地方の西部、九州各地からの利便性が高く、大都市圏拠点空港に次ぐ主要地域拠点空港と位置づけられている。2019 年の旅客利用者数（国内線と国際線合計）は、東京国際空港、成田国際空港、関西国際空港に次いで 4 番目であった。

　国内線では、福岡～東京（羽田）線は新千歳～東京線に次いで乗降客数が

多いドル箱路線であり、4つの航空会社（日本航空・全日空・スカイマーク・スターフライヤー）が1時間に最大で計5便を運航するという高頻度運航路線である。2019年の国内線旅客利用者数は、東京国際空港、新千歳空港については、3番目であった。

　国際線は、東アジア、東南アジア、ヨーロッパ、アメリカから各社が乗り入れている。特に隣国の韓国からは、チェジュ航空、エアプサン、ティーウェイ航空、ジンエアー、イースター航空、エアソウルのLCCが6社乗り入れている。2020年の国際線就航実績は32路線である（図表84参照）。

【図表84　福岡空港国際線就航実績（2020年）】

航空会社	IATA	就航地	航空会社	IATA	就航地
Peach Aviation	MM	台北：桃園	厦門航空	MF	福州
大韓航空	KE	ソウル：仁川、釜山	深圳航空	ZH	深圳
アシアナ航空	OZ	ソウル：仁川	キャセイパシフィック航空	CX	香港
チェジュ航空	7C	ソウル：仁川、釜山	香港エクスプレス航空	UO	香港
エアプサン	BX	釜山	マカオ航空	NX	マカオ
ティーウェイ航空	TW	ソウル：仁川、大邱	フィリピン航空	PR	マニラ
ジンエアー	LJ	ソウル：仁川	セブパシフィック航空	5J	マニラ
イースター航空	ZE	ソウル：仁川	ベトナム航空	VN	ハノイ、ホーチミン
エアソウル	RS	ソウル：仁川	タイ国際航空	TG	バンコク：スワンナプーム
チャイナエアライン	CI	台北：桃園	タイ・ライオン・エア	SL	バンコク：ドンムアン
エバー航空	BR	台北：桃園、高雄	タイ・エアアジア	FD	バンコク：ドンムアン
タイガーエア台湾	IT	台北：桃園、高雄	エアアジア	D7	クアラルンプール
中国国際航空	CA	北京：首都、上海：浦東、大連	シンガポール航空	SQ	シンガポール
中国東方航空	MU	北京：大興、上海：浦東、青島、武漢	ハワイアン航空	HA	ホノルル
吉祥航空	HO	北京：大興	ユナイテッド航空	UA	グアム
中国聯合航空	KN	北京：大興、煙台	フィンランド航空	AY	ヘルシンキ

出典：著者作成。

　このように福岡空港は、日本における西の拠点空港として国内線のみならず東アジアの航空ネットワークの機能も担っている。しかし、福岡空港は、便利な空港として多くの人に利用されている結果、年間の発着回数は14万回に達している。福岡空港の滑走路は、2800mが1本である。その発着能力は、年間164,000回程度であるために福岡空港は急速に容量限界に近づいている。かつ、都市部に位置することから騒音に対する規制があるため、運用時間は7：00〜22：00までに制限されている。

　このため福岡空港では、2012年から、老朽化したターミナルビルを移転することによる平行誘導路二重化整備と2本目の滑走路の増設を行ってい

る。

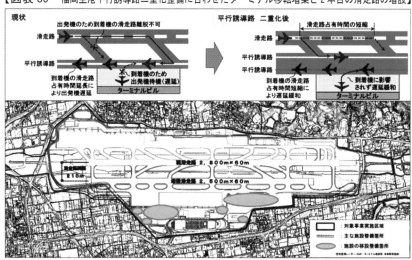

出典：国土交通省航空局（2014）「福岡空港滑走路増設事業における 新規事業採択時評価について」p16 と22 の図を基に著者作成。
https://www.mlit.go.jp/common/001065917.pdf（2021 年 3 月 1 日閲覧）。

空港の運営権売却

　2016 年 1 月 20 日、国土交通省は福岡空港の過密化対策として進める滑走路増設事業の概要を官報に告示した[263]。福岡空港は、LCC の就航などで、2013 年度の福岡空港の発着が処理容量（164,000 回）を上回る 167,000回に達したが、滑走路増設事業が完了する 2025 年 3 月以降では、容量は211,000 回に増える[264]。国土交通省は、新事業実施完了までの当面の混雑対策として、2016 年 3 月から福岡空港を新規就航に許可が必要な「混雑空港」に指定し 1 時間当たりの発着を最大 35 回に制限している[265]。

　滑走路増設事業は、長さ 2500m、幅 60m の新滑走路を現行滑走路の西側に現行滑走路と平行に増設するもので、2016 年度着工、2024 年度の供給開始を目指し、国土交通省が 2015 年度に事業着手、本格着工に入るための準備測量や設計を進めていた（図表 85 参照）。また、同事業では、滑走路増設に加え、現行滑走路の誘導路複線化事業も 2019 年度に完成する予定

である。

　福岡空港滑走路増設事業において国土交通省は、2019 年度をめどに空港の運営権を民間に売却する方針を発表した。空港核施設であるターミナルビルと滑走路などの運営を一体化し民間企業に委託するものである。これは、運営権売却益を滑走路増設事業の費用に充てられること、および民間の資金やノウハウを活用してターミナルビルの経営や利用者サービスを改善するなどのメリットがある。また、航空会社から徴収する着陸料などを自由に設定でき、国内外の新規路線を開拓して地域経済を活性化することにもつながる。

福岡空港の民営化

　福岡空港は、国が管理する空港の民営化で 3 例目として 2019 年 4 月に民営化された。それまでの国管理空港では、ターミナルビルを福岡県と福岡市が 28％出資する第三セクター「福岡空港ビルディング[266]」が運営していた。滑走路などの運行施設は国が管理し、着陸料は原則全国一律で定められていた。

　今回の空港の運営権売却による民営化では、2014 年 1 月に福岡県が開催した福岡空港民営化協議会で福岡空港ビルディングが民営化入札に参入する意向を表明していたが、国土交通省は入札の公正さを保ち、大幅な経営改革を実現するために入札手続には第三セクターは認めない方針を出した。これは、福岡県が運営会社への発言権の確保から出資を求めたが、国土交通省は、民営化は行政の関与を減らし、民間の自由な判断で空港を運営することが狙いなので自治体の出資は大原則に逆行すると主張したものである。

　ただ、近隣の騒音対策などに地元自治体が関与することでスムーズな運営も考えられことから、運営会社に対する自治体の出資比率を 10％まで認める基本計画（スキーム）案を 2016 年 7 月に公表した。これは、自治体出資の解消や新持ち株会社設立などの条件を満たせば、新会社として公募に加わることが可能となるもので（図表 86 参照）、国土交通省が高松空港（香川県）の民営化実施方針策定に当たって実施したことが前例としてあげられる。高松空港の場合、国土交通省は民間企業の意向を調査し、25％未満の出資ならば第三セクター扱いとならず議会の承認なども不要と判断した経緯

があった。福岡空港の場合も高松空港と同様に10%を上限としたことになる。

【図表86　福岡空港民営化の持株会社のイメージ】

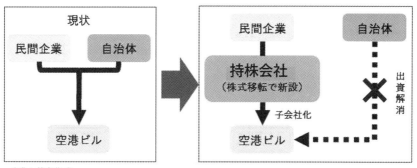

出典：著者作成。

　また、福岡空港の民営化計画には、他空港には見られない次の例外条件があった。

①　騒音などの環境対策は国が当分の間担うこと

②　北九州空港との相互補完を進めること

　①について、福岡空港の空港用地の3割は民有地が占めているが、民有地の借地料は、国が引続き年間約80億円を負担し、騒音などの環境対策も当面、国と独立行政法人空港周辺整備機構が担うことが盛り込まれた。②は、過密化が進む福岡空港からこぼれる発着便を、余裕のある北九州空港に振り向け、バランスのとれた地域振興につなげるものである[267]。これらは、いずれも福岡県が強く要望していたもので、住宅地に近く民有地が多い福岡空港の特殊性から、国土交通省も「妥当な措置」と判断された[268]。

福岡空港の民営化におけるSPC

2016年8月22日、福岡空港ビルディングは、臨時取締役会を開き株主企業による空港民営化準備委員会を設立した。地場企業の西日本鉄道や九州電力などの企業連合からなる委員会は、持ち株会社の原型となり、解消する県・市の出資28%分の取り扱いなどを協議し2019年に予定される運営権落札の準備を整えた。

2017年1月、ANAホールディングスと日本航空は、地元企業が設立する持株会社に出資、参画することを表明した。しかし、空港の民営化においては利便性を高めるために、LCCを含めた新路線の誘致は不可欠で、滑走路や駐機場の運用で公平性が求められる。そこで、国土交通省は、福岡空港の運営権入札に関して、航空会社の出資比率を15％未満にするなどの条件を付すことを認めた[269]。

　仙台空港と高松空港では、民営化前のターミナルビル運営企業に県・市が過半数を出資しているのに対し、福岡空港ビルディングへの福岡県・福岡市の出資は3割弱である。すなわち、福岡の場合、元々航空会社を含めた民間企業の連合を中心に成長してきた経緯があったため、民営後もこれまでのノウハウは活かせることが評価されたと考えられる。

　福岡空港の民営化は、海外でも注目された。地元連合が専門部署の設置や拡充を図る一方、海外勢や国内大手による「福岡空港の民営化」の情報が収集された。地場企業連合のここでの戦略は、「どの企業がどこと組むか」であった。路線誘致など長期戦略の策定と実行は、グローバル化でのコードシェア便が増加する中で、地場企業の情報ネットワークだけでは対処が難しくなっている。福岡空港の民営化の前、2015年にオリックスとフランスのヴァンシ・エアポート等の企業連合による関西エアポートの運営が国際線誘致の実例を示している。

　地元の経済団体である九州経済連合会の空港民営化研究会では、オリックスなど民営化を手掛ける大手企業に加え、投資会社や海外の領事館も名を連ねている。これは、アジア太平洋地域が21世紀の国際経済の成長域となる中で、日本の西の交通拠点、東アジアに近い福岡空港の地政学的魅力が大きいためであるといえる。

　2018年5月に福岡エアポートホールディングスを代表とする「福岡エアポートHDグループ[270]」が、福岡空港の民営化受託者の優先交渉権者に選定された。グループには、シンガポール政府系チャンギ・エアポート・グループ（CAG＝Changi Airports International Pte. Ltd.）が参加している。CAGはシンガポール国営投資会社が100％出資する企業で、ロシア、ブラジル、インドでも空港を運営するなど空港運営、また国際線を就航させるノウハウ

が豊富である。

　国土交通省は 2018 年 6 月、福岡空港特定運営事業等に関し、福岡エアポートホールディングスを代表企業としたコンソーシアム「福岡エアポートホールディングスグループ」と基本協定を締結した。これを受けて、7 月に SPC として福岡国際空港株式会社が設立された。初代社長には地元で交通事業を展開する西日本鉄道の上席グループ理事であった永竿哲哉氏が就任した。福岡国際空港株式会社は、2018 年 8 月に国土交通省と、福岡空港特定運営事業等公共施設等運営権実施契約を締結し、翌年の 2019 年 4 月から空港運営が開始された。しかし、そこにその年の 12 月から始まった COVID-19 により、これまで航空業業界が経験したことのない危機が始まった。

　福岡国際空港株式会社は、運営権の対価として国に年約 140 億円を 30 年間支払うことになっている。永竿社長は、2021 年度分の支払猶予や運営期間の延長を含めて国と議論を続けているとした。

　また、民営化の目玉だった国内線地区のホテルや商業の複合施設の開業やターミナル間バスの専用道化については、新型コロナの影響で設計が進まなかったこともあり、予定の 2023 年 4 月には間に合わないとした。

　COVID-19 パンデミック期間を振り返ると、同社の 2020 年 4 〜 9 月期の営業収益は、前年同期比 71% 減の 66 億円。着陸料など空港運営事業収入が 32 億、ターミナルビルのテナント料などが 34 億円減った。83 億円あった空港と市内の免税店売上は「ほぼゼロ」となった。

　また、4 〜 9 月の旅客数は 8 割減の 234 万人。運休が広がった国際線は 3000 人にとどまった。便数は、国内線が 4 割減の 2 万便、国際線が 96% 減の 389 便だった。

　同社では、清掃や消毒の内製化、国際線ビルで就航のない日の全面閉館などのコスト削減に取り組んだが、4 〜 9 月期の最終損益は 117 億円の赤字になった。

　一方で明るい兆しもある。2021 年夏ダイヤの就航希望は、1 日当たり 638 回あり、発着枠上限を 88 回上回る。

　韓国や、新空港が開港した中国北京からの要望が多くなってきており、「福岡への旺盛な需要はある」との見通しも示されている。

6 結び

　アメリカから始まったオープンスカイ政策は、旅客航空運輸産業の規制緩和をもたらしたが、それは航空会社の経営だけではなく、空港の民営化・商業化の拡大をもたらすことにもなった。国際空港においては、経済のグローバル化の要として国際ハブ空港の競争が激しくなっている。

　空港の利便性向上は、乗り入れる航空会社の便数だけではなく、中心市街地や観光地とのアクセスも評価の対象となる。また、空港は、エアポートタウンとして、商業施設としての集客力も評価される。そして、便利で魅力ある空港には、LCC を含めた路線誘致が有利になる。したがって、空港経営の合理化の流れは、国際空港だけではなく、地方空港経営を取り巻く環境も変化していった。

　その中で 2020 東京オリ・パラリンピックを獲得した日本は、成長著しいアジア太平洋地域のゲートウェイ構想を掲げて、国際拠点空港を整備することで、東アジアのハブ空港化に照準を合わせた航空自由化への転換を図っている。一方で、地方空港の経営の合理化においても、コンセッション方式による空港民営化が進められている。

　空港の民営化に当たっては、地元の交通体系の重要なインフラストラクチュアであるため、地場企業が結集して運営権の取得を目指すのは自然な形である。大手・外資との競合がある中「地元」の利点をどこまで明確にできるかが鍵になる。地場連合の強みは、地域活性化の視点で事業に取り組むことである。産業構造が重厚長大から軽薄短小にシフトし、多国籍企業のグローカル戦略が進む中、臨空型の産業都市戦略は大きな柱になり得る。

　福岡空港の民営化を例にとれば、福岡県では、産業集積がある北九州市に24 時間就航可能な海上空港である北九州空港があり、過密化が進む福岡空港からこぼれる発着便を余裕のある北九州空港に振り向けバランスの取れた地域振興につなげる狙いがある。したがって、福岡空港の民営化では、路線誘致に加え、北九州空港など他空港との連携という地域経済に絡む課題について、地場企業ならではのアイデアが出る可能性もある。

加えて、福岡空港は、空港用地の約 3 割が民有地という全国でも特異な都市型空港だけに、地権者との調整も不可欠である。年間の借地料約 80 億円については、運営権が民間に移った後も国が負担することになっているが、騒音などの環境対策は民間が担うことになる。この点でも福岡県と福岡市を含めた地場連合のほうがスムーズに進めやすかったと考えられる。

　しかし、こうした地元の利点は「弱点」と表裏一体でもある。リスクを取った大胆な取組みは、しがらみが薄く、資金調達やノウハウが豊富な大手・外資勢に分がある。

　運営権売却第 1 号の仙台空港では、東京急行電鉄など在京大手が落札した。着陸料の設定を、乗客数に応じた仕組みとすることが検討されている。関西国際・伊丹空港の運営権を取得したのもオリックスと空港運営大手のヴァンシ・エアポートなどとの企業連合が 2 兆円を超す落札額で応札した。

　入札では、応札額だけでなく、路線誘致などの多岐にわたる計画の具体性が審査された。地場連合には地元の利害を踏まえつつ、それにとらわれない利用者視点の戦略が求められることは言うまでもないことであろう。

　最後に、これからの日本の空港政策について、著者の私見を述べてみたい。

メガリージョンの形成と九州、北海道でのコンセッションによる航空ネットワーク戦略

　本章をこれまで見てきた中で、日本の空港の種類を 3 つに分けてそれぞれの戦略を考えると、次の区分になる。

(1)　国際拠点空港
　　・首都圏空港：東京国際空港、成田国際空港
　　・関西圏空港：関西国際空港、大阪国際空港伊丹
　　・中部圏空港：中部国際空港
(2)　地方拠点空港
　　・新千歳空港
　　・福岡空港
　　・那覇空港
(3)　地方空港

　わが国は、北海道から沖縄まで、南北に細長く連なる島国であるため、国

【図表 87　日本の空港における航空ネットワーク戦略】

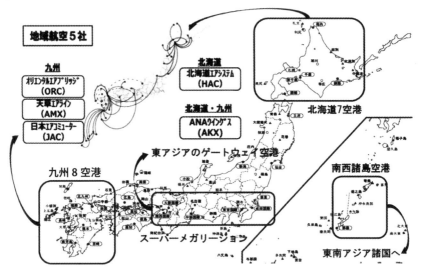

出典：国土交通省航空局（2020）「令和3年度航空局関係予算決定概要」p14, 29 の図を基に著者作成。
https://www.mlit.go.jp/page/content/001379070.pdf（2021 年 3 月 1 日閲覧）。

内の往来における航空機での移動は必要不可欠である。また、地政学的には、東アジアの太平洋地域にあるため、太平洋を挟む北米航路、北極圏を挟む欧州航路のゲートウェイ国際拠点空港となっている。しかし、国土の大半は山林地域で、海岸線に沿った平地には人家が多いわが国の土地利用状況では、欧米、中国のような大陸にあって複数の滑走路を持つことができる 1000ha を超える空港は、ほぼ不可能である。もちろん、海に囲まれているため、海上空港の展開は考えられるが、埋立てや海上での巨大土木構造物建設による環境負荷は、地球温暖化による海面上昇の問題も含めて難しいと考えられる。

(1)　国際拠点空港

　わが国の国際拠点空港は、首都圏の成田国際空港、東京国際空港が連携して年間発着回数 75 万回を計画し、さらに欧米並みの 100 万回をも目指すことになる。そのためには成田国際空港の 3 本目の滑走路の増設も進んでいるが、海上空港の羽田と違い、成田には滑走路使用の時間制限がある。そのため、東京国際空港と成田国際空港の両空港を補完する第 3 の空港首都圏となる茨城空港（旧百里空港）の活用が検討されている。

【図表 88　首都圏第 3 空港候補】

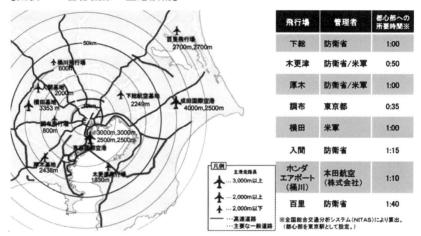

飛行場	管理者	都心部への所要時間※
下総	防衛省	1:00
木更津	防衛省/米軍	0:50
厚木	防衛省/米軍	1:00
調布	東京都	0:35
横田	米軍	1:00
入間	防衛省	1:15
ホンダエアポート（桶川）	本田航空（株式会社）	1:10
百里	防衛省	1:40

※全国総合交通分析システム（NITAS）により算出。
（都心部を東京駅として設定。）

出典：国土交通省（2014）「首都圏空港の機能強化策について（平成 26 年 7 月）」中間取まとめ
参考資料、p 66 図より転載。
https://www.mlit.go.jp/common/001047128.pdf（2021 年 3 月 1 日閲覧）。

　茨城空港は、防衛省航空自衛隊が管理する百里飛行場であったが、2010
年に民間共用化され「茨城空港」としての営業を開始した。首都圏に於け
る拠点国際空港は、羽田と成田の 2 つのみで、その処理容量は限界を超え、
超過した旅客者数を捌くためは、空港の拡張や発着枠の拡大を余儀なくされ
ている。さらに、首都圏の北側は最寄り空港まで 2 〜 3 時間を要するなど、
空港空白地帯となっていた。茨城県が、防衛省が管理する百里飛行場を民間
利用の共用空港としたのは、この需要に応えることで、首都圏第 3 の空港
としての茨城空港の位置づけを目指しているためである。

　関西圏では、関西エアポートが関西国際空港、大阪国際空港伊丹、神戸空
港の 3 つを併せて運営しているため、国際線、国内線、そして FSC と LCC
就航の役割分担が効率的に行われている。図表 89 に示すように、関西圏の
3 つの空港は、大阪都心から距離が大阪国際空港伊丹で 16㎞、神戸空港が
38㎞、関西国際空港が 50㎞に位置し、欧米のロンドン、ニューヨーク、ワ
シントンが持つ都市圏空港の位置関係と同様の条件を備えている。

　さらに、関西国際空港と神戸空港は海上空港のため、海上での高速船ベイ・

シャトルが両空港を 30 分で結んでいる。このため、地方から LCC で神戸空港に到着し、ベイ・シャトルで関西国際空港へ移動、そこから国際線に乗り継ぐことも十分可能である。

【図表 89　関西圏 3 空港の位置関係と欧米主要空港の位置関係】

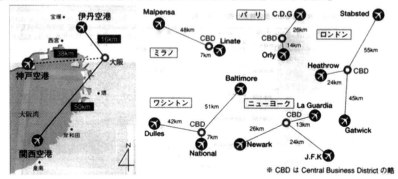

出典：花岡伸也（2005）「関西 3 空港の有効活用」、土木学会誌 Vol.90,no.9、p 54 図および p 56 図より転載。
http://www.ide.titech.ac.jp/~hanaoka/Kansai.pdf（2021 年 3 月 1 日閲覧）。

　中部圏の中部国際空港は、関西国際空港と同様に会社管理空港で、中部国際空港株式会社（CJIAC ＝ CENTRAL JAPAN INTERNATIONAL AIRPORT COMPANY, LIMITED）が運営している。

　空港人工島を管轄する中部地方整備局は、2 本目の滑走路の増設のための埋め立てたことにより、漁業への影響を受ける愛知、三重両県の漁協と補償協議の合意を得たことにより、2022 年度中には埋立工事に着手する計画である。

【図表 90　リニア中央新幹線によるスーパーメガリージョンの形成】

出典：リニア中央新幹線早期全線開業実現協議会「リニア中央新幹線パンフレット」を基に著者作成。
https://linear-osaka.jp/files/pdf/brochure.pdf（2021 年 3 月 1 日閲覧）。

首都圏、中部圏、関西圏では、リニア中央新幹線の開業により、東京〜大阪のそれぞれの都心が約 1 時間余りで結ばれ、時間的にはいわば都市内移動に近いものとなるため、三大都市圏がそれぞれの特色を発揮しつつ一体化し、4 つの国際空港を共有することが可能なスーパーメガリージョンを形成することになる。そしてこの区域では、茨城空港、富士山静岡空港が国内線、LCC 国際線の補完を担うことになる。

⑵　地方拠点空港

　次に地方拠点空港であるが、北海道では、新千歳空港を含む北海道 7 空港が民営化され、そのすべてを一括して HKK を中心とした北海道エアポートグループが運営している。新千歳空港の敷地面積は 726ha で、利用者数が同規模である福岡空港の 353ha、那覇空港の 327.8ha の倍以上であり、当初から 3000 m 滑走路が 2 本整備され、周辺に民家がないことから内陸部でありながら 24 時間運用可能である。

　北海道エアポートは、東アジア、東南アジアからの LCC 国際線の誘致を積極的に展開している。冬季は、ウィンタースポーツを知らないアジア諸国からのインバウンド観光客を、夏季は、高温多湿のアジア地域にない清涼な気候と、北海道ならではの自然景観を売りにした観光需要を取り込むオールシーズン型の観光開発を推進している。

　そのため、路線誘致は、新千歳に集約するのではなく、それぞれの地域観光資源を持つ地方空港にも LCC 国際線の誘致が展開されている。そして、北海道地域内の連携では、リージョナル航空の北海道エアシステム（HAC）が、新千歳空港をハブ空港として 6 空港とのスポーク接続形式の運行を行っているので、7 空港の航空ネットワーク戦略は、役割分担によるシーズン観光に特化した戦略が可能になっている。

　九州地域では、地理的に東京や大阪と離れていたために、各県が大型航空機の就航可能な空港を整備していた。また、福岡空港の過密化が問題になった 1989 年には、九州地方知事会と九州・山口経済連合会が意見交換会において、九州国際空港の研究・検討の場を設置することに合意した。そして、これを受けた 1990 年に、九州国際空港検討委員会が設置され、4,000m 滑走路 2 本、敷地面積 1,000ha の国際ハブ空港構想が第 7 次空港整備五箇年

計画に盛り込まれ、2020年に開港することが目指されたことがあった。

　しかし、福岡県以外の九州各県からは、九州国際空港は福岡空港の代替え空港だとし、賛同する県は少なかった。当時、九州国際空港は九州を1つにして国に要望するものであることを九州・山口経済連合会は主張したが、皮肉なことに、九州国際空港の誘致問題において、九州は1つひとつということを再認識させられる結果になったのであった。その後、バブル崩壊等による景気後退や、海の埋立てや巨大構造物建設による環境問題が取りざたされるようになったため九州国際空港建設問題は棚上げされ、福岡空港の過密化問題は、滑走路の増設で当面対処することとなった。

　福岡空港の過密化問題に焦点を当てれば、滑走路を増設しても、近い将来において滑走路使用の限界が訪れることは既に判明している。福岡空港が民営化された際に24時間就航可能な北九州空港との役割分担が条件づけられたが、関西エアポートのように同一の経営主体による両空港の運営は行われていない。そのため、既存路線の譲渡や新路線開拓の役割分担は思うようには進んでいないのが現状である。

　福岡空港の抜本的な混雑緩和を行い、同時に東アジアの国際拠点空港の一翼を担う役割を持つ空港として発展させるには、確かに九州国際空港の実現が必要である。しかし、それは、海を埋め立てた1000haを超えた敷地に4本の滑走路を持つ巨大空港の新設ではなく、北海道エアポートの形式が参考になると考えられる。九州7県の空港を民営化し、SPCとして九州国際空港株式会社が九州各県の主要空港を管理することになれば、それぞれの空港の特性を生かした役割分担が期待できる。

　九州7県の空港では、早い時期からターミナルビルや滑走路の整備が進んでいた。滑走路が2本となり国際線ターミナルビルも充実した福岡空港を、日本の西の拠点空港として位置付け、国際線では実績がある韓国、台湾、香港等の東アジアの国際拠点空港とつながり、福岡空港民営化のSPCに参加しているシンガポール政府系チャンギ国際空港の力で、東南アジア諸国からの新路線誘致を行うことで、国内線ハブ＆スポークを南九州、四国の空港と形成することが期待される。

　また、海上空港として24時間運行可能な長崎空港と北九州空港は、他の空港が運航制限されている時間帯での路線誘致が可能である。鹿児島空港

【図表91　福岡空港から九州北部、中部の空港へのアクセス】

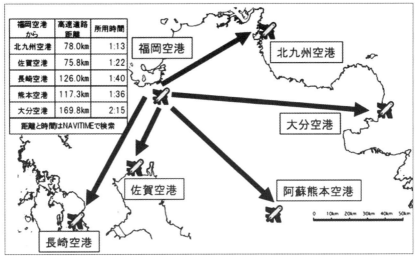

福岡空港から	高速道路距離	所用時間
北九州空港	78.0km	1:13
佐賀空港	75.8km	1:22
長崎空港	126.0km	1:40
熊本空港	117.3km	1:36
大分空港	169.8km	2:15

距離と時間はNAVITIMEで検索

出典：著者作成。

は、宇宙航空研究開発機構（JAXA ＝ Japan Aerospace Exploration Agency）
の宇宙基地がある種子島、日本で初めて世界自然遺産に登録された屋久島、
そして現在世界自然遺産登録準備中の奄美群島などとの間で、地域ハブ＆ス
ポークを形成するため、観光資源を活かした路線誘致が可能である。

　大分空港では、2022年に、ロケットで小型衛星を打ち上げる計画が進め
られている。計画しているのは、イギリスの企業グループであるヴァージン
グループの傘下で、アメリカ・カリフォルニア州を拠点に小型衛星を打ち上
げる事業を手がけているヴァージン・オービット社である。同社は、これま
でに米カリフォルニア州のモハーヴェ空港や英ニューキー・コーンウォール
空港など、欧米の4つの空港をロケットの打ち上げ拠点となる宇宙港とし
て選定して公表してきた。大分空港はアジアで初めての「宇宙港」となる。

　九州各県の航空ネットワーク戦略は、北海道に比べ優れている点がある。
それは、それぞれの県の中心都市からのアクセスの整備とその中心都市を結
ぶ既存の交通ネットワークの整備である。九州新幹線や鉄道在来線、高速道
路を走行する高速バス便の整備が北海道よりも充実している。

　那覇空港は、貨物専用機（B767F）が国内3空港、海外6空港に就航し

ている。これにより、那覇空港および東京国際空港羽田の国内線旅客便ネットワークを利用した国内各地の空港との接続や、成田国際空港、関西国際空港、中部国際空港の国際便旅客ネットワークを利用した国外主要空港との接続により、国内のみならず世界各地へのスピーディーな貨物輸送が可能である（図表92参照）。

【図表92　那覇空港国際物流の展開】

出典：沖縄県「沖縄国際物流ハブに関するパンフレット」p6図より転載。
https://www.pref.okinawa.lg.jp/site/shoko/asia/kikaku/documents/documents/nihon02.pdf
（2021年3月1日閲覧）。

　国内の地方空港では、これまでは東京とつながることが目的であった。そのため、数少ない羽田の発着枠に食い込む必要があった。しかし、国内における航空ネットワーク戦略が進めば、地方空港が立地する条件において最も経済的なスーパーメガリージョンのどれかの拠点空港、あるいは北海道か九州の拠点空港と接続することで、FSC、LCCのどちらを利用するにしても、拠点空港間の乗継便にて国内、および海外の目的地に行くことが可能になる。

　東アジアのグローバル・ハブ空港競争において、成田国際空港、関西国際空港にしても日本の国際拠点空港では、単体で北京や上海の国際空港とアジア・ゲートウェイ空港の座を争うことはできない。スーパーメガリージョンの国際拠点空港の連携、さらには北海道、九州の拠点空港との連携において、日本の空港が東アジアのグローバル・ハブ空港になり得ると考えるものであ

る。

　さらに、技術革新によって超音速旅客機が実用化されれば、超音速旅客機の発着するスーパーハブ空港を有する都市が東アジア等の地域の主役になるであろう。スーパーメガリージョン、北海道・九州の拠点空港の拠点空港航空ネットワーク戦略が行われなければ、神戸港がアジアのローカル港に脱落したように、日本の国際拠点空港も同じ運命になる。

【図表 93　頭文字のリスト】

頭文字	正式名称	日本名
OAG	Official Airline Guide	旅行データプロバイダー
CAG	Changi Airports International Pte. Ltd.	チャンギ・エアポート・グループ
CNU	number of Connectivity Units	理論上のダイレクト・フライト数
FLT	Flying time	飛行時間
gcd	great-circle distance	大圏距離
HSS	Hub and Spoke System	ハブアンドスポーク
MXT	Maximum perceived travel time	最大認識旅行時間
NOP	Number of Operations	運航数
NST	Non-stop travel time	ノンストップ旅行時間
PFI	Private Finance Initiative	民活促進法
PTT	Perceived travel time	認識旅行時間
QLX	Quality index of a connection	クオリティー指数
SPC	Special Purpose Company	特別目的会社
TRT	Transfer time	乗り換え時間

参考文献

・花岡伸也（2010）「アジアの国際ハブ空港」『高等学校地理・地図資料 2010 年 2 学期特別号』帝国書院、p 7-9

・㈶自治体国際化協会（2005）「中国から日本の地方都市への航空直行便開設」　CLAIR REPORT NUMBER 267（July 15, 2005）

・Veldhuis, J. 他（2008）「日本の主要空港における航空ネットワーク・パフォーマンスの評価」運輸政策研究、Vol.11 No.3 2008 Autumn

・松本秀暢他（2009）「東アジア主要空港における競争的地位の評価と比較」東アジアの視点 2009 年 3 月号、p29-40。

・宇城真他（2006）「空港ターミナルにおける旅客の利便性等の評価に関す

る基礎的研究」国土政策技術総合研究所資料、第 313 号（2006 年 6 月）

・小熊仁（2017）「DEA による国管理空港の効率性評価」中央大学経済学論纂、第 57 巻第 3・4 合併号（2017 年 3 月）p 55-67。

・Veldhuis, J.（1997）" The Competitive Position of Airline Networks" Journal of Air Transport Management, 3（4）, p181-188.

・松本秀暢（2010）「関西国際空港における航空ネットワークと競争的地位の評価－アジア主要国際空港との比較分析－」『関西圏のあらたな航空市場・航空交通研究会』㈶関西空港調査会編、2010 年 6 月、p 172-207

・「来年開港！ 京津冀エリア発展の新たな動力源　北京新空港」『月刊中国ニュース』2018 年 6 月号（Vol.76）p 26-33

・国土交通省「オープンスカイ交渉の進捗状況」国土交通省 H.P.　https://www.mlit.go.jp/koku/koku_tk1_000021.html（2021 年 3 月 1 日閲覧）

・堀雅通（2013）「わが国の空港経営の現状と課題に関する一考察」観光学研究、第 12 号、2013 年 3 月、p 35-47

・北海道庁（2018）「北海道航空ネットワークビジョン 2018 年 3 月」http://www.pref.hokkaido.lg.jp/ss/kkk/networkvision.pdf

・国土交通省航空局（2020）「令和 3 年度航空局関係予算決定概要」https://www.mlit.go.jp/page/content/001379070.pdf

・国土交通省（2014）「首都圏空港の機能強化策について（平成 26 年 7 月）」中間取まとめ、参考資料 https://www.mlit.go.jp/common/001047128.pdf

・花岡伸也（2005）「関西 3 空港の有効活用」土木学会誌 Vol.90,no.9、p 54-57

・沖縄県「沖縄国際物流ハブに関するパンフレット」https://www.pref.okinawa.lg.jp/site/shoko/asia/kikaku/documents/documents/nihon02.pdf

引用

228　㈶自治体国際化協会（2005）「中国から日本の地方都市への航空直行便開設」CLAIR REPORT NUMBER 267（July 15, 2005）、p 25

229　日本では、拠点空港とは空港法第 4 条第 1 項各号に掲げる空港（成田国際空港、東京国際空港、中部国際空港、関西国際空港、大阪国際空港並びに国際航空輸送網または国内航空輸送網の拠点となる空港）をいうが、ここでは特定の航空会社が運用の拠点として利用する空港を指す。航空会社ハブ空港とも呼ばれる。ハブ空港の

ある都市を中心とする地域において、何らかの中心的役割を持っている都市を拠点空港都市と呼ぶ。

230　最初にハブ＆スポークの構築を行ったのは、貨物輸送のフェデックスである。このシステムをデルタ航空が旅客輸送に利用したのが、今日のハブ空港とそのシステムの誕生の嚆矢である。その成功を受けて、1978年の航空自由化を機に、アメリカ国内の大手航空会社に広がっていったのである。

231　花岡伸也（2010）「アジアの国際ハブ空港」『高等学校地理・地図資料2010年2学期特別号』帝国書院、p7-9

232　Veldhuis, J(1997) "The Competitive Position of Airline Networks" Journal of Air Transport Management, 3（4），p181-188.

233　Net-Scanモデルは現在、SEO Economic Research（アムステルダム大学附属経済研究所）が所有している。

234　松本秀暢他（2009）「東アジア主要空港における競争的地位の評価と比較」東アジアの視点2009年3月号、p29-40

235　上掲書3

236　OAG（Official Airline Guide）は、英国に本社を置くグローバルな旅行データプロバイダーで、スケジュール、フライトステータス、接続時間、空港コードなどの業界参照コードを含むフライト情報データの大規模なネットワークがある。

237　閾値（Threshold）とは、境目となる値のことで、基準を設定して変数を区別する処理のことを閾値処理と呼ぶ。

238　コネクティビティー・ユニット（CNU：Connectivity Units）は、頻度、移動時間、乗換えの必要性等の変数による関数。

239　福岡空港は、1972年アメリカから返還され「第二種空港」として供用を開始。ターミナルは2つ、滑走路1本（2024年を目標に2本目を工事中）。面積は353ha。運用時間は7：00 ～ 22：00。

240　北九州空港は、24時間使用可能な海上空港で、ターミナルは1つ、滑走路1本。

241　松本秀暢（2010）「関西国際空港における航空ネットワークと競争的地位の評価－アジア主要国際空港との比較分析－」『関西圏のあらたな航空市場・航空交通研究会』㈶関西空港調査会編、2010年6月、p172-207。

242　空港法（1956年4月20日法律第80号）は、空港の設置および管理を効果的かつ効率的に行うための措置を定めることにより、環境の保全に配慮しつつ、空港の利用者の便益の増進を図り、もって航空の総合的な発達に資するとともに、日本の産業、観光等の国際競争力の強化及び地域経済の活性化その他の地域の活力の向上に寄与することを目的とする。従来の名称は空港整備法であったが、2008年6月18日に法律が改正され、名称が変更された。

243　第二次世界大戦後の民間航空制度について1944年にシカゴで開かれた会議では、領空主権の原則を再確認するとともに、国際民間航空機関（ICAO）の設立が合意されるなど、民間航空に関する枠組みが構築された（シカゴ条約）。しかし、同会議では、航空運送業務に関するコンセンサスは得られず、二国間の協定にゆだねられることとなった。多くの航空協定では、路線および輸送力については航空当局間の合意に従う旨定めているため、航空企業が国際路線の開設や増便を自由に行うことはできず、国際路線への新規参入も自由ではない。日本は1952年に米国との間で最初の航空協定を締結し、2017年までに計55か国1地域との間で航空協定を締結している。

244　アジア・ゲートウェイ構想とは、アジアの成長と活力を日本に取り込もうという趣旨で 2007 年に第 1 次安倍政権が掲げた構想。アジアの国々との経済的・人的・知的・文化的交流を強化し、日本の成長図ろうとする考え方のもと、「航空自由化に向けた航空政策の転換」など 10 の最重要項目、人流・物流ビッグバンなど 7 つの重点分野を掲げている。

245　国土交通省 H.P.「オープンスカイ交渉の進捗状況」https://www.mlit.go.jp/koku/koku_tk1_000021.html（2021 年 3 月 1 日閲覧）。

246　日本と中国は、2012 年に航空会社が両国間の路線を自由に開設・増便できるオープンスカイ協定を結んだ。しかし、発着枠に余裕がない北京、上海（浦東）と羽田、成田の 4 空港は対象外とされてきた。しかし、2019 年から中国線の実質的なオープンスカイが始まっている。

247　国土交通省 H.P.「ASEAN との地域的な航空協定について」https://www.mlit.go.jp/common/001173669.pdf （2021 年 3 月 1 日閲覧）。

248　国土交通省航空局「航空を取り巻く状況と今後の課題」令和 2 年 2 月、https://www.mlit.go.jp/policy/shingikai/content/001330402.pdf（2021 年 3 月 1 日閲覧）。

249　PFI（Private Finance Initiative）は 1992 年にイギリスで生まれた行財政改革の手法であり、広義の業務改善の一手段でもある。この手法を利用する目的は、官が取ることが当然だと思われていた事業のリスクを民間事業者に移転し、それによって官のリスクコストを削減し、民間の利益を生み出すことによって官民双方の利益を産み出す仕組みづくりである。

250　2011 年 7 月、国土交通省の有識者会議が空港の民営化について、「民営化を軸とした経営改革」を提言し、2013 年施行の民活空港運営法などに基づき、運営権を民間に売却できるようになった。

251　日本では、1999 年に PFI 推進法（民間資金等の活用による公共施設等の整備等の促進に関する法律）が施行されたが、2011 年に PFI 法改正法（関空伊丹統合法）が成立した。改正 PFI 法では、PFI 事業の適用範囲を拡大し、事業運営を民間に包括的に委ねる「コンセッション方式」の活用を可能にした。

252　ヴァンシ・エアポート（VINCI Airports S.A.S）はフランスの空港運営会社である。フランス、ポルトガル、イギリス、スウェーデン、セルビア、カンボジア、日本、アメリカ、コスタリカ、ドミニカ共和国、ブラジル、チリの国において 45 空港を運営している。フランス建設大手のヴァンシのグループ会社である。

253　関西エアポートは、新関西国際空港会社が空港の土地建物を所有したまま、施設の運営権を買い取り、着陸料や商業施設の収入で利用料を支払う形態をとっている。使用料は、運営期間 44 年で総額 2 兆 2,000 億円になる。

254　西日本新聞 2016 年 4 月 2 日朝刊 7 面記事「関西エアポートの投資計画は、政府が全額出資する新関西国際空港会社がこれまで想定していた規模を約 6 割上回る。新関空会社の安藤圭一社長は『民間運営になることで戦略的でタイムリーな投資が期待できる』と期待を寄せる」。

255　関西国際空港は空港ターミナルが 24 時間利用可能で、無料休憩所をはじめ、24 時間営業の店舗、コンビニも営業している。また空港内には、市街地に立地するものと同様のサービスを兼ね備えたシティホテルと、比較的手頃な価格で泊まれるカ

プセルホテルがある。

256 関西エアポート事業報告（平成 28 年 10 月〜平成 29 年 3 月）http://www.kansai-airports.co.jp/company-profile/ir/file/report_02.pdf（2021 年 3 月 1 日閲覧）。

257 一般財団法人自治体国際化協会（2018 年 3 月 28 日）「仙台空港の運営が民間に移り、活発な動きで成果が実る」http://economy.clair.or.jp/casestudy/inbound/2169/（2021 年 3 月 1 日閲覧）。

258 特別目的会社は、「資産の流動化に関する法律（「資産流動化法」または「SPC 法」）に基づいて設立できる法人で、資産を所有するだけの箱として機能するのが特徴であり、いわゆるペーパーカンパニーの一種である。普通の株式会社と違って財務省の管轄下に置かれ、利益を追求する事業活動はできない。SPC は事業活動を行わないため、資産を保有するのが役割である。資産の管理や資金調達といった実際の業務は、SPC ではなく設立した親会社が行うことになる。

259 北海道庁（2018）「北海道航空ネットワークビジョン 2018 年 3 月」。http://www.pref.hokkaido.lg.jp/ss/kkk/networkvision.pdf（2021 年 3 月 1 日閲覧）。

260 北海道空港株式会社（HKK）は、1961 年に設立され、新千歳空港ターミナルビルを所有、管理・運営してきた。

261 北海道建築新聞社電子版（2019 年 8 月 10 日）https://e-kensin.net/news/119917.html（2021 年 3 月 1 日閲覧）。

262 日本経済新聞電子版 2016 年 5 月 20 日「静岡県、静岡空港民営化へ基本案」より。

263 2009 年、国は福岡県の要望を受けて過密化する福岡空港の滑走路増設方針を決めた。国による環境影響評価（アセスメント）は 2015 年度に完了している。

264 福岡空港は、滑走路 1 本の空港としての発着回数は国内最多。便数が多い午前 10 時台や午後 5 時台には遅延や待機が常態化している。

265 2016 年 3 月 27 日より国内 5 例目、滑走路 1 本の空港としては唯一の、航空法 107 条 3 項に基づく混雑空港に指定されており、新規航空路線の開設が制限されている。

266 1967 年、福岡県と福岡市、地元経済界、航空会社などの出資で設立された。ターミナルビルの管理や免税店の運営などを手掛ける。2015 年度末時点での大株主は、①日本航空（出資比率 17.48%）、②九州電力（15.39%）、③ANA ホールディングス（14.96%）④西日本鉄道（14.48%）⑤福岡県（14.39%）⑥福岡市（14.12%）⑦西部ガス、電気ビル（ともに 1.59%）など。

267 福岡市は、スキーム案に地元自治体が行うまちづくりへの協力や、運営会社を含めた法定協議会の設置が盛り込まれたため、「地元自治体の関与は担保された」として出資しない意向である。国への意見書は県と連名で提出したが、「運営会社は福岡空港のためのもの。北九州空港まで視野に入れるのはいかがなものか」と県との思惑の違いも浮彫りにされている。

268 「福岡空港の民営化案公表」西日本新聞 2016 年 7 月 23 日朝刊 3 面の記事による。

269 仙台空港の民営化では、受入れ会社への ANA の参加は認められなかったが、福岡空港の民営化では、JAL、ANA とも空港ビル会社の株主で取締役を派遣していたこともあり、一定の条件においてコンソーシアム参画が認められた。

270 コンソーシアム構成員は、西日本鉄道株式会社、三菱商事株式会社、CAG、九州電力株式会社である。

あとがき

　ライト兄弟が、1903 年にライトフライヤー号によって人類初の有人動力飛行を実現してまだ 120 年に満たない。民間航空が成長したのは第二次世界大戦後であるので、旅客航空運輸産業が本格的に展開して 80 年に満たないといえる。この人の一生に相当する間において、航空産業では、科学技術における新技術の導入、企業経営における新しいビジネスモデルや経営戦略、顧客サービスなどにおいて、様々なイノベーションが産み出されてきた。

　特に 21 世紀になってからは、地球温暖化問題に対処するための新技術の開発や、グローバル・アライアンス、格安航空会社の登場による新しいビジネスモデルやサービスの提供が、航空会社の存続に関わることにもなっている。そして、2020 年から猛威を振るった COVID-19 パンデミックによる人の移動制限は、旅客航空運輸産業にとって深刻な経営変革を促すことになった。

　21 世紀は、旅客航空運輸産業が持続可能な産業として生き残るため試金石とも考えられる。解決すべき課題は山積しているが、旅客航空運輸産業にとって最も革新が期待される課題は、やはり地球温暖化問題への対処であろう。この問題には、航空会社が単独では対応できないからである。

　2020 年のアメリカ合衆国大統領選挙で、民主党のジョー・バイデンが、共和党のドナルド・トランプを破り、2021 年 1 月 20 日に大統領に就任した。バイデン大統領は、就任後直後の 27 日には、気候変動対策に関する一連の大統領令に署名した。これらの大統領令は、トランプ政権によってパリ協定からの離脱されたことなどの環境保護を削減した政策から大転換するものであった。

　パリ協定は、世界の平均気温の上昇を産業革命前に比べ 2 度未満に保つとともに 1.5 度に抑える努力をすることを目標に掲げている。目標達成に欠かせないとされているのが、世界各国が温室効果ガスの排出を実質ゼロにすること（カーボンオフセット）である。中国に次ぐ世界第 2 位の温室効果ガスの排出国のアメリカが、パリ協定に復帰することで世界の気候変動対策

は加速していくが期待されている。

　バイデン大統領は、2050年までに温室効果ガスの排出を実質ゼロにすること（カーボンニュートラル）を掲げている。アメリカでは、トランプ前大統領がパリ協定からの離脱を決めた後も、環境問題に取り組む企業や自治体が、「われわれはまだパリ協定にいる」というグループを立ち上げて温室効果ガスの削減を進めてきた。バイデン大統領が掲げた実質ゼロの目標は、このような企業や自治体の取組みを後押しすることになっている。

　世界最大の温室効果ガス排出国である中国も、2020年9月に2060年までに実質ゼロを実現できるよう努力すると表明しており、アメリカもあわせれば、世界の温室効果ガスの排出の60%以上を占める両国が、今世紀中頃までに実質ゼロを目指すことになった。

　航空世界大手米ユナイテッド航空は、2020年12月10日、2050年までにカーボンニュートラルを達成すると宣言した。また、空気中の二酸化炭素を吸収するDAC（直接空気回収）技術に投資することを世界の航空会社で初めて表明した。また、アメリカン航空も同日、2020年度ESGレポートの中で、フライトを2050年までにカーボンニュートラルにするロードマップ発表をした。

　アメリカン航空では、機体の燃費改善において、2013年以降、230億米ドル（約2.4兆円）を投資し、ボーイング787やエアバス321ネオ等の機体を550機導入。2020年には新型コロナウイルス・パンデミックの影響で、燃費の悪い旧式機体の退役を増やした。投入を予定しているボーイング737MAXは、ボーイング757と比べ、燃費が35%改善することができる。また、短期的には燃費改善効果を全体としても10%から15%高めつつ、長期的には、抜本的なエンジンや航空技術の変革も目指すとしている。

　しかし、化石燃料を必要としない電気のみで駆動する航空機向けジェット推進装置の開発には、まだまだ時間が必要である。そのため、旅客航空運輸産業単独でカーボンニュートラルを達成することは、バイデン大統領が掲げる2050までには、決して簡単な取組みではないと考えられる。したがって、旅客航空運輸産業全体で排出される二酸化炭素などの温室効果ガスの排出をできるだけ減らすように努力をした上で、それでも排出してしまう温室効果

ガスの排出量を、他の仕組みでの削減・吸収活動（削減・吸収量）により埋め合わせ（オフセット）することが必要である。

　このオフセットを可能にするのが、航空ネットワーク戦略であると考える。例えば、日本のスーパーメガリージョンの拠点空港は、レシプロエンジンで飛ぶ航空機並みの速度である時速500km/hで運転されるリニアモーターカーで繋がることになる。地方空港においても、スーパーメガリージョンの拠点空港か北海道か九州の拠点空港を乗り継ぐことで、国内線運行で排出される温室効果ガスの排出を必要最小限に抑えることができる。そして、このようなスーパーメガリージョンの拠点空港による航空ネットワーク戦略が、世界の他の地域でも形成されることで、旅客航空運輸産業によるカーボンオフセットは飛躍的に向上することができる。

　将来的には、東アジア地域、東南アジア地域、北米、ヨーロッパなどにもスーパーメガリージョンのグローバル・ハブ空港が形成されて、ハブ空港間には化石燃料を使用しない超音速機が就航し、東京～ニューヨーク間を2時間半で飛ぶことが予想される。2021年4月に、バイデン大統領が就任して初めての外国首脳との会談が、日本の菅総理と行われたが、将来の日米首脳会談では、多忙な首脳同士の日帰り訪問も可能になるかもしれない。

　最後に、本書の出版に当たり、本書の主題でもある福岡国際空港の問題については、巻頭言をいただいた長谷川裕一氏に、本書の監修を含めて多くの示唆を与えていただきました。長谷川氏は、福岡でシンクタンク「C&C21研究会の会長」を35年務められ、福岡の発展にお力を尽くして来られています。また、長谷川氏は、国土審議会特別委員も務められました。

　C&C21研究会は、1986年設立以来「福岡の将来像を見つめ、地域の社会・経済の活性化に一石を投じる」ことを目的に、これまでサークル・シティ（C&C）構想をはじめとして、過密化する福岡国際空港の代替えとしての九州国際空港の提言などの活動を続けています。

　長谷川氏は、特に新空港問題について熱心にご研究を行われてます。そこでは、単なる飛行場施設の建設ということではなく、福岡の将来的な街づくり・九州の経済的発展・国際化への対応・市街地の安全性確保・現空港周辺の環境改善など様々な観点から判断して、後の時代からも高く評価される空

の玄関口を整備することが急務だというお考えを一貫して訴えて来られました。長谷川氏の未来を見通す眼差しには、誠に慧眼の至りと心から感服いたしております。

　また、発刊に当たって、貴重なご寄稿をいただいた株式会社アクロテリオン代表取締役下川弘氏は、長く長谷川会長の下でC & C21研究会事務局長として会の活動を支えて来られました。そのため。本書の方向性についても多くの教えを賜りました。この場をお借りして、厚く御礼申し上げます。

　そして、JALで客室乗員部部長を務められた日本経大学新井敦子教授には多くのご指導をいただきました。

　筆者による旅客航空運輸産業の研究は、まだとば口であり、この先においても、この興味深いテーマについて調査研究を継続して行く所存です。引き続きご指導いただきたく、この場を借りてお願い申し上げます。

　2021年11月吉日

西嶋　啓一郎

著者略歴

西嶋　啓一郎 （にしじま　けいいちろう）

1960 年	福岡県福岡市生まれ。
1985 年	多摩美術大学美術学部建築科卒業。芸術学士。
1997 年	福岡大学大学院経済学研究科経済学専攻博士課程前期修了。経済学修士。
2002 年	九州工業大学大学院工学研究科設計生産専攻博士課程後期修了。工学博士。
2006 年	北九州市立大学国際環境工学部空間デザイン専攻非常勤講師。
	（2009 年 3 月まで）
2008 年	第一工業大学工学部建築デザイン学科准教授。
2012 年	第一工業大学工学部建築デザイン学科教授。
2015 年	日本経済大学経営学部経営学科教授。
2017 年	日本経済大学経営学部経営学科東京渋谷キャンパス教授。
現　　在	日本経済大学大学院経営学研究科エンジニアリング・マネジメント専攻・政策科学研究所教授（2018 年 4 月から）。
経歴 ：	文部科学省戦力 GP「大学コンソーシアム鹿児島」運営委員（2009 ～ 2013 年）
	霧島市外部評価委員会委員長（2014 ～ 2015 年）
	太宰府市事務事業外部評価委員会副委員長（2015 ～ 2018 年）
論文 ：	「社会思想家としてのジョン・ラスキン—生活の豊かさにおける本質的価値について—」1997 年 3 月福岡大学修士学位論文。
	「風景生成における心的過程に関する研究—朝鮮通信使を例として—」2002 年 3 月九州工業大学博士学位論文。
	「柳川掘割の価値」2014 年度日本建築学会大会（近畿）農村計画部門パネルディスカッション資料集。
著書 ：	『第二次世界大戦後のアメリカ旅客航空運輸の変遷』『亜東経済国際学会研究叢書 21・東アジアの観光・消費者・企業』（五弦舎、2019 年 3 月刊）、『SDGs を基盤とした大学連携型地域貢献』（セルバ出版、2019 年 12 月刊）、『市民憲章を基盤とした NPO 活動連携と SDGs パートナーシップ』『亜東経済国際学会研究叢書 22・東アジアの観光・消費者・企業』（五弦社、2020 年 7 月刊）、『SDGs を基盤とした大学連携型国際貢献—エルサルバドルの OVOP』（セルバ出版、2020 年 9 月刊）など。

21 世紀の旅客航空運輸産業

2021 年 12 月 10 日　初版発行　　2024 年 3 月 21 日　第 3 刷発行

著　者	西嶋　啓一郎　 ©Keiichiro　Nishijima
発行人	森　　忠順
発行所	株式会社 セルバ出版
	〒 113-0034
	東京都文京区湯島 1 丁目 12 番 6 号 高関ビル 5 B
	☎ 03 (5812) 1178　　FAX 03 (5812) 1188
	http://www.seluba.co.jp/
発　売	株式会社 三省堂書店／創英社
	〒 101-0051
	東京都千代田区神田神保町 1 丁目 1 番地
	☎ 03 (3291) 2295　　FAX 03 (3292) 7687

印刷・製本　株式会社 丸井工文社

Printed in JAPAN
ISBN978-4-86367-717-3